Inteligencia de Negocios con Excel y Power BI

Power Query, Power Pivot y DAX

Inteligencia de Negocios con Excel y Power BI

Una Guía Exhaustiva para la: Preparación, Análisis y Visualización de Datos

Didier Atehortúa Morales

Fabian Torres Hernández

Miguel Caballero Sierra

www.biisoluciones.com

www.excelfreeblog.com

Inteligencia de Negocios con Excel y Power BI

Un Guía Exhaustiva para: Preparación, Análisis y Modelamiento de Datos
Power Query, Power Pivot y DAX

Copyright © 2018 por Didier Atehortúa, Fabian Torres y Miguel Caballero
Todos los Derechos Reservados.

Publicado por:
Bii Soluciones & Excel Free Blog
Medellín y Bogotá, Colombia: Publicación Simultánea │ **Publicado**: 14/6/2018
www.biisoluciones.com
www.excelfreeblog.com

ISBN: 978-958-48-3993-0
Manufacturado en Medellín, Colombia.

Para información general o de nuestros otros productos por favor contactar a:
excelfreebymcs@gmail.com

ISBN: 978-958-48-3993-0 │ Edición 1, Distribución 1: 14/06/2018.

Agradecimientos

A Vanessa Quintero, la esposa de Didier Atehortúa, sin ella este proyecto que palpaba lo quijotesco hubiera sido cuando menos utópico. Su apoyo semana a semana, día tras día fue la catapulta para que los autores produjeran a un ritmo de película con calidad exquisita. Su amabilidad y generosidad fue el catalizador para que elector tengas en sus manos la presente obra.

A Don Carlos Álvarez; por facilitar el espacio, entorno y condiciones más que necesarias para que lo autores pudieran trabajar hombro a hombro y de manera sinérgica bajo el mismo techo. Pero, sobre todo, por creer en este proyecto.

A la familia de Fabian Torres, por su confianza y apoyo de proporciones infinitas, pues fueron los ladrillos para construir este castillo.

A la familia de Miguel Caballero: María Sierra y Luis Fernando Caballero, por su apoyo y constante inyección de motivación para culminar este desafío.

A ti lector; por apostar por ti y dejar la piel cuando vayas página a página aprendiendo y utilizando esta joya.

A todos, gigantes, mil gracias prestarnos sus robustos hombros para llegar más alto.

Contenido Resumido

PARTE I: PREPARACIÓN Y LIMPIEZA DE DATOS (POWER QUERY) 35

Introducción a Power Query (Proceso ETL) 37

Paseo por la interfaz de Power Query 43

Extrayendo datos de múltiples orígenes 49

Integración de datos 107

Reordenación avanzada de datos 125

Manejo de consultas 139

Inteligencia de Negocios con fechas 155

Introducción al Lenguaje M 179

Casos prácticos con Power Query 221

PARTE II: ANÁLISIS Y MODELAMIENTO DE DATOS (POWER PIVOT) 229

Introducción al Modelo Tabular 231

Topología, Relación entre Tablas y sus Tipos 243

Los 3 Sabores de Cálculos DAX más un Aroma 257

Recetas DAX (Medidas Rápidas) 291

La Llave para Dominar DAX: Síntesis de Contextos 307

Funciones Doradas: FILTER, Iteración y ALLxxxx 321

Propagación de Filtros al Desnudo 349

La Crema y Nata de las Funciones: CALCULATE 371

Indicadores y Métricas de Razones y Proporciones 405

Indicadores y Métricas de Inteligencia de Tiempo 415

PARTE III: VISUALIZACIÓN DE DATOS Y OBJETOS VISUALES (POWER BI) 469

Introducción a Objetos Visuales de Power BI 471

Gráficos de Comparación 479

Gráficos de Tendencia 529

Gráficos de Seguimiento 551

Gráficos Geográficos 567

Didier Atehortúa Morales
Fabian Torres Hernández
Miguel Caballero Sierra

Contenido Especifico

Agradecimientos v

Contenido Resumido vii

Contenido Especifico ix

Acerca de los Autores xvii

Dedicatorias xix

Introducción xx

Acerca de Este Libro xxi

PARTE I: PREPARACIÓN Y LIMPIEZA DE DATOS (POWER QUERY) 35

Capítulo 1: Introducción a Power Query (Proceso ETL) 37

Extracción: 38

Transformación: 39

Carga: 39

Tabla: 40

Informe de tabla dinámica: 40

Gráfico dinámico: 40

Crear solo conexión: 40

Agregar estos datos al modelo de datos: 40

Versiones de Power Query 41

Capítulo 2: Paseo por la interfaz de Power Query 43

Conceptos Básicos 43

¿Qué es una consulta? 43

Formato Tabular 43

Ingreso a Power Query desde Excel 44

Ingresar a Power Query en Power BI 46

Capítulo 3: Extrayendo datos de múltiples orígenes 49

Extraer datos de un archivo de texto o formato CSV 49

Extraer Datos de un archivo txt 50

Extraer Datos de un archivo CSV 60

Extraer datos desde una tabla o rango 61

Aspectos por resaltar 64

Extraer datos de varias tablas o rangos de un mismo libro 66

Conectando datos de un libro de Excel a otro 80

Tratar errores en Power Query 91

Error en cambio de nombre o ruta del archivo 93
Consolidar datos de una carpeta 95
Consolidar varios archivos con una sola hoja 95
Consolidar varios archivos con varias hojas 100
Conectar datos de la Web 105

Capítulo 4: Integración de datos 107

Anexar consultas 107
Definir encabezado 108
Extraer datos de la carpeta 109
Extraer datos de txt 111
Extraer datos de archivo de Excel xlsx. 111
Consolidar consultas 112
Combinar consultas 114
Ejemplo de Combinación de Consultas 114

Capítulo 5: reordenación avanzada de datos 125

Transponer tablas 125
Anulación de dinamización de columnas (Unpivot) 127
Anulación de dinamización con dos niveles de encabezado 132

Capítulo 6: Manejo de consultas 139

Propiedades de las consultas 139
Actualizar cada "X" tiempo 142
Actualizar consultas con macros VBA 144
Crear consulta desde una columna 147
Organizar consultas 150

Capítulo 7: Inteligencia de Negocios con fechas 155

Crear tabla calendario 155
Año 158
Mes 159
Trimestre 160
Semana 161
Día 162
Cálculo entre columnas fechas 164
Cálculo de días en la misma columna 170
Formatos fecha 175

Capítulo 8: Introducción al Lenguaje M 179

Listas, Registros y Tablas en Power Query 179
Listas 181

Registros (Record)..183

Tablas...186

Editor Avanzado..187

Let..188

in..188

Creación de Bloques..190

Declaración de variables..194

Nombres de variables...194

Caracteres en el editor avanzado...195

Funciones básicas..195

Funciones de texto...199

Funciones Lógicas..209

Funciones Lógicas Anidadas...213

Tratar errores en fórmulas..216

Descargar listado de funciones de Power Query....................................219

Capítulo 9: Casos prácticos con Power Query

Capítulo 9: Casos prácticos con Power Query 221

Análisis de inventario y pedidos 221

PARTE II: ANÁLISIS Y MODELAMIENTO DE DATOS (POWER PIVOT)

....229

Capítulo 10: Introducción al Modelo Tabular

Capítulo 10: Introducción al Modelo Tabular 231

El modelo multidimensional y tabular...231

¿Por qué el modelo tabular? 232

Modelo Tabular Vs Modelo Multidimensional...234

Futuro del Modelo Multidimensional..234

¿Qué es Power Pivot y el Lenguaje DAX?...234

Por qué deberías tomártelo enserio...235

Qué es el Lenguaje DAX..236

Introducción a Power BI...236

La Suite de Power BI..237

Instalar Power BI de Escritorio..239

Interfaz de Power BI de Escritorio...242

Capítulo 11: Topología, Relación entre Tablas y sus Tipos

Capítulo 11: Topología, Relación entre Tablas y sus Tipos 243

Tipos de Tablas en Bases de Datos..243

Tablas de Hechos (Fact Tables)..244

Tablas de Dimensión o Tablas de Búsqueda (Dimensión Table) 244

Tipos de Columnas en Tablas de Bases de Datos 245

Clave Primaria o Primary Key...245

    Clave Externa o Foreign Key 245

  Entretejido de Tablas 246

    Relaciones Automáticas en Power BI 246

    Relacionar Tablas Manualmente 249

  Tipos de Relaciones 251

    Relación Uno a Muchos 252

    Relación Uno a Uno 252

    Relación Muchos a Muchos 253

    Miniinforme de Múltiples Tablas Relacionadas 253

Capítulo 12: Los 3 Sabores de Cálculos DAX más un Aroma 257

  ¿Qué es el Lenguaje DAX? 257

    Los 3 tipos de cálculos (3 sabores) 258

  Introducción a Medidas 260

    ¿Qué es una Medida? 260

    Medidas en Power BI 261

    Tipos de Medidas en Power BI 262

    Medidas implícitas 264

    Medidas explícitas manuales 268

    Medidas explícitas automáticas 273

  Introducción a Columnas Calculadas 273

    Tablas de Población de la Web 273

    Crear Columna Calculada 278

    Funciones DAX en Columnas Calculadas 280

  Variables en el Lenguaje DAX 281

    Acerca de Variables 281

    Ejemplo Básico: Descuentos 282

  Elementos Para Medidas 283

    Tablas para Alojar Medidas 283

    Descripción de Medidas 288

Capítulo 13: Recetas DAX (Medidas Rápidas) 291

  Medidas Rápidas 291

    Agregados por Categorías 293

    Filtros 298

    Inteligencia de Tiempo 301

Capítulo 14: La Llave para Dominar DAX: Síntesis de Contextos 307

  Los 3 Pilares de Todo Crack en DAX 308

    Analogía para Propagación, Contexto y VertiPaq 308

  Acerca del Ecosistema DAX Engine 309

    Contextos en DAX 310

Tres Pasos (Internos) Primordiales en DAX 313
    Identificar Filtros 314
    Aplicar Filtros 314
    Ejecutar Expresión DAX 316
Contextos en DAX 317
    Contexto de Filtro 318
    Contexto de Fila 318

Capítulo 15: Funciones Doradas: FILTER, Iteración y ALLxxxx 321

Funciones Tabulares y Escalares 322
    Funciones Escalares 322
    Funciones Tabulares 323
Función FILTER 324
    Sintaxis de la Función FILTER 324
    Argumentos Tabulares en Funciones Escalares 328
Funciones de Iteración 331
    Funciones con Sufijo X 332
    Funcionamiento Interno de las Funciones con Sufijo X 333
    Otras Funciones de Iteración 339
    Lista de Funciones de NO Sufijo X 340
Funciones ALLxxxx 340
    Función ALL 340
    Las Dos Caras de ALL 342
    Función ALLEXCEPT 347
    Lista de Otras Funciones ALLxxxx 348

Capítulo 16: Propagación de Filtros al Desnudo 349

La Importancia de los Contextos 350
Propagación de Filtros 351
    Configuración de la Matriz 353
    Tres Pasos Primordiales en DAX 354
    Filtros Indirectos o Cruzados 362
Mecanismo de Propagación de Filtros 363
    Propagación en Acción 364
    Tres Pasos (Internos) Primordiales en DAX con Propagación 369
    Recomendaciones para trabajo con múltiples tablas y Propagación 369

Capítulo 17: La Crema y Nata de las Funciones: CALCULATE 371

Anomalías en Medidas de Participación con SUMX y ALL 372
    Variación Discreta de Contexto 374
Primera Profundización en el Contexto de Filtro 379
    Listas (Filtros) en el Ambiente de Contextos 379

Significado de Modificar el Contexto de Filtro 382

Contexto de Filtro una Definición más Aproximada 383

El ABC de la Función CALCULATE 383

Sintaxis de la Función CALCULATE 384

Procedimiento Interno de la Función CALCULATE 385

La Máscara para Condición Booleana 386

El Operador IN 395

Condiciones Booleanas con Disyunción Lógica 397

Casos de Condiciones Booleanas para CALCULATE 400

Las 3 Posibles Condiciones de CALCULATE 400

Condición en Forma de Tabla 401

Solución % Participación 403

Capítulo 18: Indicadores y Métricas de Razones y Proporciones 405

% Participación Dinámica 406

Función ALLSELECTED 408

Total de Fila o Columnas 411

Capítulo 19: Indicadores y Métricas de Inteligencia de Tiempo 415

Tablas de Calendario 415

Qué es una Tabla de Calendario 416

¿Cuáles son las columnas que debe tener una tabla de calendario? 419

Características y Propiedades de una Tabla de Calendario 420

Métodos de Construcción de Tablas de Calendario 422

Construcción de Tabla de Calendario con CALENDAR y CALENDARAUTO 423

Marcar como Tabla de Calendario 430

Construcción de Tabla de Calendario con GENERATE y ROW 432

Interacción de Tabla de Calendario con las demás Tablas 434

Orden Cronológico para Meses 435

Extensión de Tablas de Calendario 437

Días No Laborales con Tablas de Calendario (Sábados, Domingos y Festivos) 440

Funciones de Inteligencia de Tiempo (Time Intelligence) 443

Acumulados: Total a la fecha (YTD, MTD y QTD) 443

Acumulados con: TOTALYTD, TOTALQTD y TOTALMTD 453

Acumulado: Histórico a la Fecha (HTD) 454

Comparación de Períodos (PY, PQ y PM) 456

Total del Año Pasado 461

Mismo Acumulado del Año Pasado: PY YTD 463

Diferencias en Periodos 465

Cálculo del Total Anual Móvil 466

PARTE III: VISUALIZACIÓN DE DATOS Y OBJETOS VISUALES (POWER BI) 469

Capítulo 20: Introducción a Objetos Visuales de Power BI 471

Cómo Crear un Objeto Visual en Power BI 471
¿Qué es un Gráfico? 472
Panel de Visualizaciones 472
Creando Objetos Visuales en Power BI 473
Evolución Matriz a Gráfico 475
Cambiar el Tipo de Visualización 475
Evolución Matriz a Gráfico 476
Tipos de Objetos Visuales en Power BI 478

Capítulo 21: Gráficos de Comparación 479

Objetivo de los Gráficos de Comparación 479
¿Cuáles son los gráficos de Comparación? 480
Subcategoría I: Columnas y Barras 481
Gráfico de Barras Apiladas 481
Gráfico de Columnas Apiladas 492
Gráfico de Barras Agrupadas 495
Gráfico de Columnas Agrupadas 500
Gráfico de Columnas Apiladas y de Líneas 502
Gráfico de Columnas Agrupadas y de Líneas 504
Subcategoría II: Distribución 506
Gráfico de Barras 100% Apiladas y Gráfico de Columnas 100% Apiladas 506
Gráfico Circular 510
Gráfico de Anillos 513
Treemap 515
Subcategoría III: Flujo de Datos 517
Gráfico de la Barra de Herramientas 517
Embudo 526

Capítulo 22: Gráficos de Tendencia 529

Objetivo de los Gráficos de Tendencia 529
¿Cuáles son los Gráficos de Tendencia? 530
Gráficos de Tendencia 530
Gráfico de Líneas 530
Gráfico de Áreas 536
Gráfico de Áreas Apiladas 539
Gráfico de Dispersión 541

Capítulo 23: Gráficos de Seguimiento 551

Objetivo de los Gráficos de Seguimiento 551
¿Cuáles son los Gráficos de Seguimiento? 552
Gráficos de Seguimiento 552
  Medidor 552
  Tarjeta 557
  Tarjeta de Varias Filas 559
  KPI 561

Capítulo 24: Gráficos Geográficos 567

Objetivo de los Gráficos Geográficos 567
¿Cuáles son los Gráficos Geográficos? 568
Gráficos Geográficos 568
  Mapa 568
  Mapa Coroplético 572
  Mapas ArcGIS para Power BI 575

¿Qué Piensas Acerca de Este Libro? Queremos Escuchar de Ti

En Business Intelligence Information y Excel Free Blog estamos interesados en escuchar tu retroalimentación para de esta manera estar en una mejora constante de nuestros libros y todo el material que proporcionamos, para participar por favor:

www.excelypowerbi.com/libroencuesta

Acerca de los Autores

Didier Atehortúa Morales

Empresario y fundador de la empresa Bii Soluciones (*Business Intelligence Information Soluciones*) una compañía dedicada a la consultoría y desarrollo de soluciones en análisis financiero y de costos, inteligencia de negocios y análisis de información. Didier es ingeniero financiero certificado por Microsoft como especialista en Excel, con un amplio recorrido en el sector empresarial.

Además de su labor como asesor y consultor, es también docente en Excel y las herramientas inteligencia de negocios, entrenando anualmente más de mil personas en esta extraordinaria herramienta. Convencido de que la información es la columna vertebral de toda compañía o negocio, por ende, Excel y Power BI son las herramientas más poderosas para analizar datos y resumir gerencialmente la información.

Fabian Torres Hernández

Es creador de contenido, autor y consultor en análisis de datos utilizando Excel y la suite de herramientas de Microsoft BI. Miembro del equipo en EFB y Coautor de los libros: *Tablas Dinámicas La Quinta Dimensión* y *El ADN de Power Pivot*. Ingeniero Industrial por formación, desarrollador de Cuadros de Mando, reportes Inteligentes e informes interactivos.

Él ha ejecutado variedad de entrenamientos con empresas privadas y de grupos independientes, gracias al trabajo continuo en Excel Free Blog con un enfoque en visualización de datos.

Fabian es entusiasta en visualización de datos y se especializa en la optimización a través de la comunicación mediante gráficos, objetos visuales y herramientas de diseño.

Miguel Caballero Sierra

Es formador y consultor en análisis de datos e inteligencia de negocios utilizando las tecnologías de Microsoft BI. Ha entrenado a centenares de personas en Medellín y Bogotá Colombia, ello gracias a la vinculación con empresas privadas y su gestión mediante su blog y canal de YouTube: Excel Free Blog.

Miguel, También se ha ido erigiendo como un autor prolífico gracias a tu coautoría en los libros *Tablas Dinámicas La Quinta Dimensión* y *El ADN de Power Pivot*, este último posicionado como uno de los mejores títulos en habla hispana en la bibliografía para aprender y dominar Power Pivot y DAX para Excel. El también escribió *Funciones Primordiales en Excel*, un minilibro en versión beta que enfatiza en las funciones claves de Excel para generar un diferencial ágilmente.

Ingeniero industrial por formación y profesional Excel developer por entrenamiento, ha desarrollado proyectos en el sector textil, financiero y comercial, así mismo ha trabajado en el área de retribución salarial creando y validando modelos de compensación fija y variable apoyadas en hojas de caculos sofisticadas.

Dedicatorias

A Dios en primer lugar, por darme la capacidad y dones que tengo, por conocer amigos como Miguel y Fabian y hacer sinergia y crear este gran proyecto.

A mi esposa Vanessa Quintero, porque es de esas personas que hace todo detrás de cámaras, por ello terminan con un papel de más peso que el mismo protagonista, gracias por todo su apoyo en esta aventura.

A mis hijos: Sofía, Miguel y Simón, son un motivo más para segur avanzado.

– Didier Atehortúa

Para Enith y Pablo, por enseñarme el valor de la disciplina y el amor hacia el trabajo.

– Fabian Torres

A la memoria de mi padre: Miguel Antonio Caballero Arrieta.

– Miguel Caballero

Introducción

Power BI no es un programa para analizar datos, tampoco es un conjunto de tecnologías para el análisis de negocios, Power BI es en realidad y esencia: un *estilo de vida*.

¿Una premisa excesiva?, ni de cerca, es en su lugar la definición más fiel a la realidad, la que mejor encaja cuando nos volcamos en el aprendizaje de la que es hoy por hoy el software líder en BI o Business Intelligence. Te lo vamos a dibujar con detalle: Qué sucede cuando depende de tu voluntad las horas que trabajas, cuando tienes la potestad absoluta de decidir si le dedicas mayor o menor tiempo a un proyecto o tarea laboral, en filtrar y seleccionar entre un trabajo u otro; en que escalar sea una constante del día a día, parte de tu ser *¿No es eso un estilo de vida?*

Power BI va a poner a tu disposición todo eso gracias a que te dará más de lo necesario para preparar datos como solo la élite de la élite puede lograrlo, analizarlos como un genio adelantado a su época, visualizarlos como cual Leonardo Da Vinci y su Mona Lisa más un horizonte tupido de posibilidades para compartir, manejar niveles de privacidad, generar roles de administración, manejo de biga data y muchísimo más. Y, *¿Dónde ha quedado Excel?*

Excel está ahí, asechando, siempre a la vanguardia y despuntando como la herramienta número uno para manipular datos, y, para que no quede el mínimo vestigio de duda, hay que conocer y resaltar con tinta indeleble que Power BI es la yuxtaposición de Power Query, Power Pivot, Power View y Power Map; todos ellos complementos y características nativas de Excel, así que como mínimo cuando aprendes Power BI aprendas las herramientas de inteligencia de negocios de Excel y viceversa. Quieres un super estilo vida, haz tu mantra: *Excel y Power BI*.

¿Preparado para saborear y devorar cada hoja, página, párrafo y letra de este libro?, excelente: *«Bon appétit»*.

Acerca de Este Libro

Para entender la **estructuración y hoja de ruta de este libro** es imperativo clarificar desde el minuto cero que: *la inteligencia de negocios con las tecnologías de Microsoft BI esta pavimentado sobre el proceso BI*, es decir, por cuatro etapas secuenciales e íntimamente relacionadas:

* Preparación de Datos
* Análisis de Datos
* Visualización de Datos
* Compartir información

Adicionalmente **existen diversas tecnologías de Microsoft para BI**, pero aquí nos centraremos en dos: *Excel* y *Power BI*, para captar como coinciden esos dos programas con las etapas del proceso BI desglosemos cada uno:

Excel

* Power Query → Preparación de Datos
* Power Pivot *(DAX Engine)* → Análisis de Datos
* Power View y Power Map → Visualización de Datos

Power BI de escritorio

* Power Query → Preparación de Datos
* DAX Engine → Análisis de Datos
* Objetos Visuales → Visualización de Datos

Se puede apreciar que *independientemente del programa nos encontraremos con las funcionalidades de preparación, análisis y visualización de datos,* quiere decir que el conocimiento será intercambiable entre un programa y otro, podrá ser aplicado en ambas direcciones.

Este no es un libro de Excel, tampoco es un libro de la suite de Power BI, es un libro sobre los 3 primeros ejes para inteligencia de negocios con Excel y Power BI.

Excel y Power BI Para Inteligencia de Negocios

Excel es la herramienta por excelencia para el tratamiento y manipulación de datos, esto quiere decir que no solo no sirve para las etapas del proceso de inteligencia de negocios, sino también para capitación y registro de datos, validación y corrección, creación de aplicaciones con la interfaz, programación con VBA entre muchas otras cosas.

Otro aspecto por destacar es que Power BI no es un programa, es en realidad una familia *(suite)* de programas constituida principalmente por: Power BI de escritorio *(Power BI Desktop)*, el servicio de Power BI en la nube *(Power BI Services)* y Power BI para dispositivos móviles *(Power BI Mobile)*

Este libro está basado en los *"complementos"* de Excel para inteligencia de negocios y Power BI de escritorio, abordando la espina dorsal para el análisis de datos. Power BI Services y Power BI Mobile no será tratados en este libro, ni tampoco otras funcionalidades diferentes de Excel, pues si nos diéramos a una tarea de semejantes proporciones sin duda terminaríamos con un compendio de más de 5000 páginas.

Versiones de Software

Excel: Es necesario contar con Excel 2016 o 2013.

Power BI Desktop: Descargar la actualización del mes en curso, por lo menos corroborar que tenemos la versión de abril del 2018.

Cómo está organizado este libro

Este libro esta dividido en tres grandes partes, cada uno agrupa una serie de capítulos de acuerdo con la etapa del proceso BI, cada parte hará el desarrollo de su respectiva temática en un programa en particular, con esto lo que se busca es ver la intercambiabilidad de conocimiento entre un software y otro.

- **Parte I: Preparación y Limpieza de Datos (Capítulo 1 a 9):** Esta parte está compuesta por nueve capítulos donde encontrarás una multitud de trucos, herramientas y utilidades para: limpiar, depurar, integrar, enriquecer e incluso resumir datos; por si fuera poco, esta aderezado con los fundamentos del lenguaje M.

- **Parte II: Análisis y Modelamiento de Datos (Capítulo 10 a 19):** Esta parte formada por 10 capítulos cubre los puntos necesarios y determinantes para convertirte en usuario competente del *lenguaje para el análisis de datos (DAX)* y así crear tus propias métricas e indicadores de análisis de negocio.

- **Parte III: Visualización de Datos y Objetos Visuales (Capítulo 20 a 29):** La variedad de gráficos y objetos visuales de Power BI es el foco de esta parte, su configuración, diseño, herramientas analíticas individuales, casos de uso y buenas prácticas te acompañaran a lo largo de cada capítulo.

- **Parte IV: Apéndices (A,B y C):** Este libro tiene tres apéndices que cubren la bibliografía, el DAX Formatter y las palabras claves del lenguaje natural.

La Parte I se desarrollará en su totalidad en Excel mientras que las Partes II y III se desarrollarán en Power BI de escritorio.

Descripción de Capítulos

Cada parte del presente texto es una parte integral de los tres primeros ejes del proceso de inteligencia de negocios, todos los capítulos de este libro se catalizan unos a otros como los ingredientes de un complejo multivitamínico, te dejamos la tabla nutricional capítulo a capítulo.

PARTE I: Preparación y Limpieza de Datos

Capítulo 1: Introducción a Power Query y Proceso ETL

El primer capítulo trata sobre los fundamentos teóricos para la preparación y administración de datos, en concreto el Proceso ETL. Además se trata los múltiples destinos de carga que se pueden manejar en Power Query para Excel.

Capítulo 2: Pase por la Interfaz de Power Query

Para trabajar con Power Query es necesario conocer su interfaz a la perfección, en definitiva, nos permitirá navegar y empezar con el temario aplicado.

Capítulo 3: Extrayendo Datos de Múltiples Orígenes

Una de las maravillas de Power Query es la gran variedad de orígenes a las que se puede conectar, de hecho, está en constante aumento. En este capítulo se verán todas las opciones para conectarse a un archivo de Excel: con una hoja, con múltiples hojas; a archivos con múltiples hojas, a múltiples archivos múltiples hojas, etc.

Capítulo 4: Integración de Datos

La capacidad de tomar varias consultas o tablas y consolidarlas de acuerdo con nuestra necesidad específica y lógica de los datos es el tema en el que ahondará el capítulo de integración de datos, estudiando como anexar y combinar datos.

Capítulo 5: Reordenación Avanzada de Datos

Cuantas veces no te has encontrado con formatos de tablas completamente diferentes al estándar, es decir, con organización variada y estructuración que en algunos casos pareciera nos seguir ningún orden lógico, las técnicas de reordenación avanzada de datos: *Anulación de dinamización*, *Columna Dinámica* y *Agrupación* te brindaran un arsenal fuerte de trucos avanzados para la preparación de datos.

Capítulo 6: Manejo de Consultas

Las consultas son el bloque de trabajo que internamente siguen el proceso ETL para la preparación de datos, en este capítulo se verá cómo organizarlos correctamente y programar su actualización de forma manual y con VBA.

Capítulo 7: Inteligencia de Negocios con Fechas

Power Query cuenta con opciones para manejo de fechas desde su interfaz, en otras palabras, nada de código o funciones enrevesadas, en su lugar permite realizar cálculos y manipulación sobre fechas con clics.

Capítulo 8: Introducción al Lenguaje M

Todo el funcionamiento interno de Power Query, desde la extracción de datos hasta las acciones sobre la interfaz y su carga se traducen al final en unas funciones llamadas lenguaje M, en este capítulo se verán los fundamentos de este lenguaje.

Capítulo 9: Casos Prácticos con Power Query

Aunque todo hasta aquí ha sido practico para ser implementado en nuestro trabajo y *sacarle el jugo* en áreas laborales específicas: una serie de escenarios concretos de carácter contable, inventarios y ventas se verán en esta parte del libro para cerrar con *broche de oro* la parte de preparación y limpieza de datos.

PARTE II: Análisis y Modelamiento de Datos

Capítulo 10: Introducción al Modelo Tabular

A partir de aquí se emprende el vuelo por la etapa de análisis de datos, el itinerario de inicio se basa en entender qué es el modelo tabular y por qué nos interesa, qué es el modelo multidimensional y los fundamentos de iniciación en Power BI de escritorio.

Capítulo 11: Topología, Relación entre Tablas y sus Tipos

Un modelo de datos puede tener una o varias tablas, en el segundo caso debemos entender los conceptos básicos en modelamiento de datos y la relación entre tablas, esta temática es el eje de giro del capítulo.

Capítulo 12: Los 3 Sabores de Cálculos DAX más un Aroma

DAX es lenguaje de funciones utilizado en Power BI, Power Pivot para Excel y SSAS en su modelo tabular para extraer información del conjunto de tablas del modelo. DAX puede llegar a ser bastante complejo de dominar en su pensum más avanzado, a pesar de ello, todo orbita en 3 cálculos. La introducción y fundamentos a los 3 cálculos DAX es el recorrido del capítulo.

Capítulo 14: Recetas DAX (Medidas Rápidas)

A diferencia de Power Query para Excel o Power BI, DAX no cuenta con una generosa y bondadosa interfaz para crear pasos y solucionar tareas con sólo clics, eso sí, las medidas rápidas *(un sabor cálculo DAX)* son las primeras aproximaciones.

Capítulo 15: La Llave para Dominar DAX: Síntesis de Contextos

Este capítulo tiene como foco lo que hemos denominado como: el peldaño para domina DAX, el carburador para el análisis de datos en Microsoft BI, el destino donde debes pasar más tiempo, etc. En conclusión, son los fundamentos teóricos obligados que tienes que leer con detalle.

Capítulo 16: Funciones Doradas FILTER, Iteración y ALLxxxx

El leguaje DAX puede ser abrumador por la cantidad impresionante y en constante crecimiento de funciones que nos brinda, en este capítulo, extraemos las imprescindible, las funciones doradas que te permitirán ejecutar un amplio abanico de tareas.

Capítulo 17: Propagación de Filtros al Desnudo

Será tema de este capítulo comprender como funciona las relaciones declarativas que existen en las tablas del modelo de datos: cómo se comunican, cómo se afectan y las reglas que debes acatar para nos mostrar valores anómalos.

Capítulo 18: La Crema y Nata de las Funciones CALCULATE

Este capítulo empieza así; *"Una función para gobernarlas a todas. Una función para encontrar todas las respuestas, una función para utilizarlas en un mismo lugar y atarlos en un mismo ambiente. La función única, CALCULATE, no es siniestra sino más bien todo lo contrario: el verdadero poder"* tal vez, el capítulo más importante de la parte 2.

Capítulo 19: Indicadores y Métricas de Razones y Proporciones

En el catálogo de cálculos que se encuentra una analista en el día a día está el *% de participación* y todas sus variantes, es decir, porcentaje del total general, porcentaje del total de columna y porcentaje de total de fila. Este capítulo recorre las expresiones DAX para cada una y la manera más flexible de crearlas.

Capítulo 20: Indicadores y Métricas de Inteligencia de Tiempo

Un capítulo, cómo lo ponemos: *"gordo"*, está cargado con todo lo necesario para añadir en nuestro modelo de datos las tablas necesarias para segmentar por fechas y prácticamente cualquier sistema de tiempo, a ello súmesele un tour por las funciones para crear indicadores de tipo: YTD, PY, PY Total, MAT, entre otros.

PARTE III: Visualización de Datos y Objetos Visuales (Power BI)

Capítulo 21: Introducción a Objetos Visuales en Power BI

No podemos ser ciegos a la realidad, los gráficos e interactividad de las visualizaciones en Excel se quedan cortos, por esto en este capítulo te invitamos a que conozcas los fundamentos de los objetos visuales en Power BI puesto que en este sentido te dará lo necesario para descrestar con tus presentaciones.

Capítulo 22: Gráficos de Comparación

Una de las tareas más comunes en el análisis y visualización de datos es: la comparación entre categorías, periodos de tiempo e incluso variables, ya que nos permite contrastar resultados para entender lo que está sucediendo en un escenario en particular, este capítulo trata uno y cada uno de ellos.

Capítulo 23: Gráficos de Tendencia

Los gráficos para ver datos a través del tiempo y hacer comparaciones con esta variable como centro de atención principal es el objetivo de este capítulo.

Capítulo 24: Gráficos Geográficos

En este capítulo se ven aquellas visualizaciones para geolocalizar, pero sobre todo y ante todo te invitamos a abrazar los Mapas ArcGIS, puesto que es posible agregar capas de referencia, modificar el tema por un catálogo más extenso, ver tiempos de recorrido e incluso tomar datos públicos para verlos junto con nuestro modelo.

Capítulo 25: Gráficos de Segmentación

Algo que no se puede negar de Power BI es que es dinámico e interactivo hasta la médula, de hecho, las segmentaciones de datos ofrecen la posibilidad de cambiar la perspectiva del reporte con un objeto visual de fácil configuración, en este capítulo se detalla.

Capítulo 26: Matriz y Tablas

Este capítulo explica dos objetos visuales nativos de Power BI para mostrar datos detallados, es decir, en tablas y matrices. La matriz es el hermano gemelo de una tabla dinámica de Excel por lo que este capítulo te ayudará sentirte más cómodo si eres un usuario de tablas dinámicas intermedio y estas sembrando *tus primeros pinitos* en Power BI.

Capítulo 27: Gráficos Personalizados

Si hay algo que hace que Power BI despunte como líder en inteligencia de negocios en contraste con otras tecnologías a parte de su capacidad de preparación de datos y proceso ETL, es la creación de gráficos personalizados y utilización de un catálogo creciente a paso galopante y firme.

Capítulo 28: Diseño Apropiado de Gráficos

Las buenas prácticas de diseño para presentación de gráficos que trasmitan de la mejor manera la información de los datos es el tema de este capítulo.

Capítulo 29: Configuración de Reporte

Este libro esta divido en tres grandes partes, cada una agrupa una serie de capítulos de acuerdo con la etapa del proceso BI, cada parte hará el desarrollo de su respectiva temática en un programa en particular.

¿Es Este Libro Para Ti?

Sin importar si tienes un conocimiento básico de Excel, si eres un programador de VBA avanzado o si más bien no tienes idea de Power BI o has hecho ya un recorrido por él; el presente texto te aportará las herramientas básicas y avanzado para extraer información valiosa de los datos.

Convenciones Utilizadas en Este Libro

Tomate un minuto para escanear esta sección para conocer los recuadros que le dan vida a las explicaciones, y otros elementos visuales que buscan que el viaje sea lo más enriquecedor posible.

- **Nota:** Este recuadro invita a *tomar nota*, es decir, a tener en plena consideración lo que allí se describe, pues son puntos claves para el manejo y sentirse cómodo con el tema y sus aplicaciones por parte del lector en el futuro.

> **Nota.** Los pasos aplicados en la consulta se ordenan a medida que se va realizando la limpieza, puedes ir dando clic de principio a fin a cada uno de los pasos y los datos va mostrando los cambios que ya se ha realizado, debes tener muy en cuenta si vas a crear un paso nuevo estar ubicado en el último paso, a no ser que quieras crear un paso intermedio.

- **Definición o Aclaración:** Este recuadro resalta un concepto o definición de vital importancia para compresión plena de la temática, también, los encontraras para clarificar puntos críticos.

> **Cálculos DAX** Los Cálculos DAX componen la Escalera Real en nuestra mano de póquer BI para doblegar los datos para que nos entreguen la información necesaria en el momento oportuno.

- **¡Advertencia!:** Señalan posibles obstáculos que puedes encontrar. Presta atención, te alertan de problemas que de otra manera te podría tomar horas .

> **¡Advertencia!** Debes estar conectado a Internet para que los Mapas funcionen correctamente, de otra manera, no se visualizan los datos.

Perfila Tu Viaje Por los 3 Ejes BI

Aunque este libro está concebido como un todo y cada capítulo es parte de un objetivo global: *Tomar los datos de ayer y hoy para tomar mejores decisiones mañana*. Está más que claro que este libro esta dividido en tres partes.

- Preparación de Datos
- Análisis de Datos
- Visualización de Datos

Si el lector le urge aprender a crear métricas e indicadores para analizar datos, puede arrancar con la *Parte II* sin ningún problema, no obstante, si tu rutina diaria te demanda arreglara y prepara tablas, recorre cada capítulo de la *Parte I*: de preparación de datos es perfectamente válido, del mismo modo, si desea conocer en primera instancia sobre visualización de datos la *Parte III* es tu punto de partida.

Archivos de Trabajo

Los archivos que se trabajan en este libro vienen en dos categorías, al adquirir una copia de este libro también tendrás a tu disposición un zip que al descomprimirlo te proporcionará dos carpetas:

- **Disproductos:** Esta carpeta tiene las tablas: *Pedidos, CategoriaDeProductos, SKUProductos* y *Descuentos.*
- **Capítulo a Capítulo:** Una carpeta con subcarpetas capítulo a capítulo donde tendrás el material para el desarrollo de cada uno de ellos.

Programa de Actualización, Distribuciones y Feedback

El presente libro lo hemos creado con mucho cariño, dedicación y, sobre todo: *dejando la piel en la cancha,* para así brindarte lo mejor. No obstante, minimizar a cero errores e inconvenientes de un libro de esta envergadura es una tarea compleja y de aproximaciones sucesivas.

– *Programa de Actualización de Contenido:*

Por lo anterior **este libro cuenta con algo llamado: Programa de Actualización de Contenido**, es decir, que haremos correcciones y mejoras a este texto a lo largo del tiempo para así mejorarlo y perfeccionarlo constantemente como un compromiso de los autores para dotarte con la mejor referencia de inteligencia de negocios utilizando Excel y Power BI en habla hispana.

Al adquirir este libro quedas registrado automáticamente en nuestra base de datos, por lo que al momento de ocurrir una actualización te llegará un correo con todas las instrucciones sin ningún costo adicional

– *Distribuciones:*

Estas actualizaciones o versiones mejoradas del libro digital las llamaos **Distribuciones** y puedes identificar a cuál corresponde en la página cinco del PDF en la parte inferior.

– Feedback:

Tu como el lector de este libro eres uno de los críticos más valioso, por esto es muy importante para nosotros escuchar de su parte cualquier *opinión, critica, corrección, sugerencia, mejoras, ilustraciones, consejos, complementos, anomalías* etc. En cuyo caso puede escribirnos al cualquiera al siguiente correo electrónico:

- **E-mail 1**: excelfreebymcs@gmail.com

También te invitamos a que te unas al grupo abierto en Facebook Enciclopedia Power BI:

- **Grupo en Facebook**: https://www.facebook.com/groups/149226925872805/

Allí podremos compartir y ayudarnos entre todos.

Parte I: Preparación y Limpieza de Datos (Power Query)

En esta primera parte aprenderás todo lo necesario para la extracción, transformación y carga de datos, ya que es el proceso inicial para la inteligencia de negocios, todo lo relacionado con la higiene y limpieza de datos, listos para ser procesados, analizados y visualizados

EN ESTA PARTE

Capítulo 1
Introducción a Power Query (Proceso ETL)

Capítulo 2
Paseo por la interfaz de Power Query

Capítulo 3
Extrayendo datos de múltiples orígenes

Capítulo 4
Integración de datos

Capítulo 5
Reordenación avanzada de datos

Capítulo 6
Manejo de Consultas

Capítulo 7
Inteligencia de negocios con fechas

Capítulo 8
Introducción al lenguaje M

Capítulo 9
Casos prácticos con Power Query

CAPÍTULO 1

Introducción a Power Query (Proceso ETL)

Después de este capítulo tú sabrás:

* ¿Qué es Power Query?
* El proceso ETL
* Versiones de Power Query

Una de las grandes herramientas para la inteligencia de negocios es Power Query que su definición en español es consulta de poder, es decir, es el inicio del proceso Bi (Business Intelligence) el origen de todo parte en esta herramienta. Power Query es la revolución para la limpieza de datos, si alguna vez has usado Excel para realizar un cálculo, una gráfica o un informe en especial sabemos que te has encontrado con dificultades porque los datos no están como tú quieres o como deberían estar, pues bien, te queremos contar y asegurar que nunca habíamos encontrado una herramienta con tanto poder para la solución a tus problemas a la hora de trabajar con datos, es como hoy en día tener oro en tu casa pero que no sabes en que parte esta, lo mismo pasa con Power Query muchos aún saben que existe pero no saben dónde está o tal vez ni has escuchado de él.

Es imposible para nosotros quedarnos con tanto potencial en nuestras mentes, por eso queremos compartir contigo todo el conocimiento, habilidades y experiencias que durante muchos años hemos desarrollado para este momento, ya que esta herramienta como este libro te va a dar un gran impulso al futuro y competencia única en tu vida profesional y empresarial, si eres un usuario de Excel básico o avanzado ten la certeza de lo mucho que vas a aprender, aún si has manejado otras herramientas ofimáticas y de estadística.

Para entrar en contexto sobre Power Query y el eje central de la herramienta es la manera en que muele u organiza los datos, ya sean estructurados o no estructurados, si eres de los que te has encontrado con varios archivos de Excel y necesitas realizar un informe consolidado y esto te toma demasiado tiempo y lo peor aún es una tarea repetitiva y periódica y cada semana o cada mes es el mismo proceso, esta es la buena noticia, Power Query llegó para salvarte la vida, o si necesitas hacer un cruce de información en la cual tienes varias tablas o hacer relaciones entre ellas y te tocó aprender la funciones de búsqueda como BUSCARV o aún no las dominas, te tengo otra súper noticia, estas apunto de encontrar oro en tu casa y en los casos más comunes que siempre te toca realizar el mismo proceso con tus datos, hacer limpiezas, ordenarlos, eliminar y añadir filas y columnas y cuanto truco y manejo estas acostumbrado y esto te quita horas de trabajo y en casos hasta semanas, llegó tu libertad !!!. Nuestra filosofía es que tengas más tiempo para analizar y menos para procesar.

Todo esto es lo que se denomina proceso ETL (Extract, Transform, Load). Extracción, Transformación y Carga.

Extracción:

En esta parte se extrae toda la información requerida para nuestro proceso, se pueden extraer datos de diferentes orígenes, ya sean desde:

- Archivos txt o CSV
- Libros de Excel
- Bases de datos
- Páginas Web
- Redes sociales
- Servicios en la nube
- Correos electrónicos

Transformación:

Es la parte que le corresponde limpiar los datos, toda la higiene y transformación para que tus datos estén de la forma adecuada y rápida para ser analizados y visualizados se encuentra en este proceso, si trabajas con archivos de Excel o extrae datos de otro tipo de fuentes, te has dado cuenta de que por lo general no llegan como debería estar o siempre falta anexar o eliminar columnas, filas o en ciertos casos hacer cruces con otro tipo de información, realizando cálculos u ordenando fechas o demás tipos de datos para el buen manejo de la información.

Pues bien, este ítem es uno de los más relevantes en el proceso ETL, acá interactuamos con toda la interfaz de Power Query, pestañas, comandos, funcionalidades y sobre todo lo más importante el Lenguaje M el motor de Power Query el cual explicaremos en el capítulo 8.

Carga:

Luego de haber transformado los datos y tenerlos listos para nuestro objetivo final que es la presentación de informes y la meta del proceso ETL es tener los datos en formato tabulado lo cual explicaremos en capitulo posteriores procedemos a la carga de datos lo cual tiene varios tipos de carga en:

- Tabla
- Informe de tabla dinámica
- Gráfico dinámico
- Crear solo conexión
- Agregar estos datos al modelo de datos

Tabla:

Es la carga más común de todas la cual nos tira los datos en un formato tabla, en Excel es lo que se conoce como insertar tabla (no tabla dinámica) y los datos quedan anclados a una estructura de filas y columnas.

Informe de tabla dinámica:

Si se cargan los datos en esta opción de una vez se abre la herramienta de tablas dinámicas para ser manipulada y pivotear los datos según nuestro tipo de informe deseado.

Gráfico dinámico:

Ya los datos se muestran de forma gráfica, es decir, ya la visualización no es de números y textos sino de barras, columnas, círculos y líneas según el tipo de gráfico que se escoja, solo es cuestión de arrastrar los campos necesarios para el gráfico.

Crear solo conexión:

Esta es una de las grandes bondades con las que contamos en Power Query, el tipo de cargas anteriores necesariamente necesitas tener los datos o los campos para poder mostrar el informe final, con esta opción los datos quedan colgados en una especie de nube interna o como consulta para ser usados en cualquier momento sin necesidad de estar visible, y lo mejor te consume menos peso en tus archivos.

Agregar estos datos al modelo de datos:

Esta opción es única y exclusivamente si se está trabajando con Power Pivot o se va iniciar un modelo de datos pero reiterando que las tablas o los datos que se agregan a la herramienta Power Pivot.

 Nota. Este tipo de opciones de carga de datos son únicos y exclusivos para Excel, ya que para Power BI no hay esta posibilidad de escoger como queremos cargar los datos

Versiones de Power Query

Power Query viene funcionando desde el año 2010, por ende, no funciona en versiones anteriores, aunque cabe recalcar que todo lo que se está enseñando está escrito en office 2016, para las versiones 2010 y 2013 sus funcionalidades son casi todas iguales.

Power Query es una herramienta extra de Excel, que bien dicho es la revolución para la limpieza de datos, según la versión que tú tengas de Excel viene incorporada o no, para las versiones 2010 y 2013 se debe ir a Google y digitar: Descargar Power Query para Excel 2010 o 2013 según sea el caso y queda como una pestaña más:

Figura 1. 1 – Power Query Complemente Excel 2010 y 2013

Para la versión 2016 ya viene en la pestaña Datos en el grupo Obtener y transformar

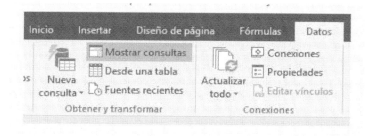

Figura 1. 2 – Power Query para Excel 2016

Para Power BI también viene incorporado en Inicio en el grupo Datos externos

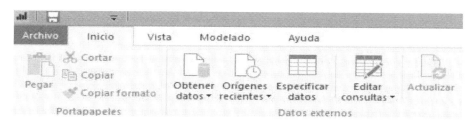

Figura 1. 3 – Power Query en Power BI

CAPÍTULO 2

Paseo por la interfaz de Power Query

Después de este capítulo tú sabrás:

- Conceptos básicos
- Ingresar a Power Query desde Excel y Power BI
- Identificar cada uno de los elementos, funciones y objetos de la herramienta

Power Query como cualquier otra herramienta tiene su propia interfaz en la cual exploraremos en este capítulo, es muy intuitiva lo que nos permite identificar rápidamente la posición y ubicación de sus iconos, componentes y demás, también es importante entender los conceptos básicos que se manejaran durante todo el aprendizaje

Conceptos Básicos

¿Qué es una consulta?

Una consulta (Query) es un bloque de datos listos para ser transformados y llevados a formato tabular

Formato Tabular

Son los datos convertidos en filas y columnas de manera organizada, es decir, una tabla de datos fácil de identificar, sin campos con errores, ni filas y columnas en blanco, sin subtotales ni totales, son datos listos para ser transformados y visualizados, toda una materia prima lista para el horno

Ingreso a Power Query desde Excel

Para ingresar a Power Query solo es abrir un libro nuevo de Excel, ir a la pestaña Datos, al grupo Obtener y transformar datos y luego clic en obtener datos.

Figura 2. 1 – Ingreso a Power Query desde Excel

Al dar clic en obtener datos vemos un menú desplegable el cual nos da la posibilidad de conectarnos a múltiples fuentes de datos, para este capítulo vamos a entrar a una consulta en blanco ya que solo nos compete dar un paseo por la interfaz, en el siguiente capítulo profundizaremos en los diferentes orígenes de datos para cargar en la interfaz de Power Query.

En obtener datos nos deslizamos Desde otras fuentes y damos clic al final en Consulta en blanco, tal como se muestra en la siguiente figura:

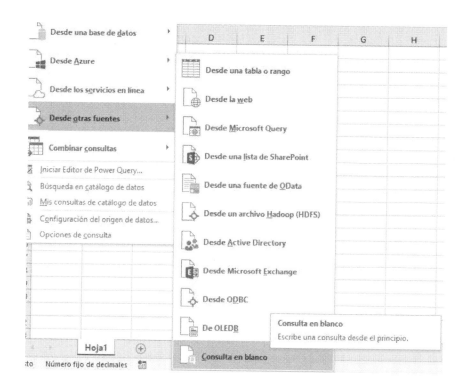

Figura 2. 2 – Ingreso a la interfaz de Power Query

Estando en el editor de Power Query procedemos a dar un paseo por cada uno de sus comandos, la cual tiene funcionalidades como Excel u otra plataforma, pero a diferencia de esta, es que no tiene celdas, es decir, no se hacen referencias a celdas sino a columnas y filas y tablas como tal, veamos:

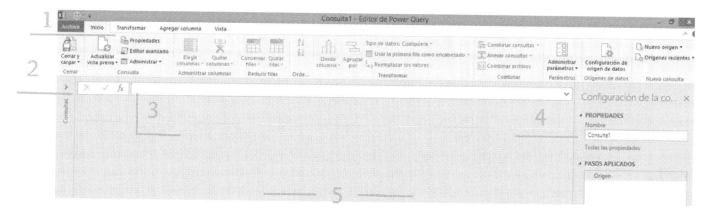

Figura 2. 3 – Editor de Power Query

Esta es la ventana de Power Query en Excel, a continuación, vamos a explicar su interfaz:

1. **La cinta de opciones:** Son las pestañas donde se encuentran todas las funcionalidades para la limpieza y transformación de datos, también podemos agregar columnas personalizadas, es donde el Lenguaje M juega un papel importante, adicional podemos ver el editor avanzado (vista) y la configuración de la consulta, orígenes y demás.

2. **Listado de consultas:** En esta parte encontramos las consultas que hemos realizado en el mismo libro de Excel

3. **Barra de Fórmulas:** Igual que Excel, Power Query tiene la barra fórmulas y en esta podemos ver la programación que arroja cada paso, es decir, lo que venimos llamando Lenguaje M

4. **Configuración de Consulta:** Las propiedades y los pasos aplicados se encuentran en esta parte, es muy relevante entenderla ya que en las propiedades podemos cambiar el nombre de la consulta y en los pasos aplicados es el paso a paso que se va generando cada vez que hacemos cambios, limpiezas o modificaciones a los datos, es una especie de grabadora muy similar a la grabadora de macros de Excel, va creando un código cada que encuentra cambios en la manipulación de los datos.

5. **Área de resultados:** Los resultados de cada consulta se van viendo reflejados en esta área, tanto la consulta inicial como la consulta transformada

Ingresar a Power Query en Power BI

Para ingresar a Power Query desde la interfaz de Power BI, debemos abrir Power Bi Desktop, como vimos en la figura 1.3, en Inicio en el grupo Datos externos damos clic en Obtener datos, Consulta en blanco.

Power BI Desktop es una de las herramientas de inteligencia de negocios, que se descarga totalmente gratis, en el capítulo 11 veremos el paso para descargar y sus bondades.

Figura 2. 4- Ingreso a Power Query desde Power BI

Lo mismo que Power Query en Excel tiene múltiples opciones para realizar consultas de diversas fuentes de datos, para este caso vamos a realizar una consulta en blanco para entrar directamente al editor de consulta de Power Query en Power BI

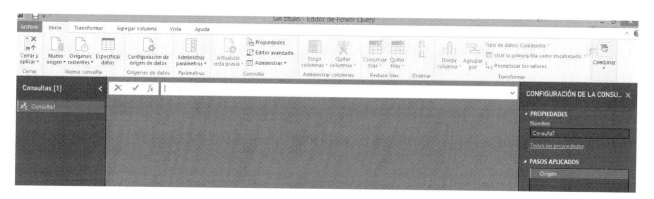

Figura 2. 5 – Interfaz de Power Query en Power BI

Como se puede observar la interfaz es muy idéntica a la interfaz en Excel, uno de los pequeños cambios está en la parte de Inicio Cerrar y Cargar para Excel y Cerrar y aplicar para Power BI, explicados en el capítulo 1 en los diferentes tipos de carga

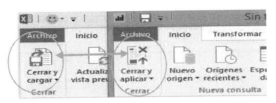

Figura 2. 6 – Diferencia Interfaz Excel y Power BI

 Nota. La diferencia entre Power Query en Excel y Power Query en Power BI solo está en la manera de cerrar y cargar los datos, todo lo demás tiene las mismas características y funcionalidades, por ende, todo el proceso ETL que vamos a explicar se realizará en Excel ya que la manera de cerrar y cargar los datos nos va a permitir ver diferentes escenarios, *pero recuerde tienen la misma funcionalidad*

Extrayendo datos de múltiples orígenes

Después de este capítulo tú sabrás:

- Traer datos desde un archivo de texto o formato CSV
- Conectarse con los datos de un libro de Excel, tabla o rango
- Consolidar varias hojas de un mismo libro
- Crear una base de datos de varios libros, con anexo automáticos
- Extraer datos de la web
- Realizar consultas a bases de datos
- Extraer datos del correo

A diario nos vemos en la tarea de extraer datos de diferentes fuentes de información, pero no es desconocido que dichos datos no están en el formato adecuado o de forma tal que puedan ser usados para la presentación o informe final, o si eres de los que periódicamente trabajas con muchos datos al mismo tiempo de múltiples tablas, libros o bases de datos y aún no tienes este proceso automatizado, porque siempre te toca hacer la misma consolidación, agrupación, cálculos o limpiezas, en este capítulo encontraras el oro que tanto has deseado.

Extraer datos de un archivo de texto o formato CSV

Los archivos de texto o CSV son muy conocidos ya que por muchos datos que contengan dichos archivos su peso es mínimo, por ende, empresas o páginas web los usan para que su manipulación sea mucho mejor, pero estos tipos de archivos necesitan ser llevados a una hoja de cálculo como Excel o a herramientas de inteligencia de negocios como Power BI para ser procesados, analizados y graficados.

Extraer Datos de un archivo txt

Procedamos; abrimos un libro de Excel nuevo y vamos a la pestaña Datos, al grupo Obtener y transformar datos (recuerda que estamos trabajando en la versión 2016 de Excel), y damos clic Desde el texto/CSV tal como se muestra en la siguiente figura:

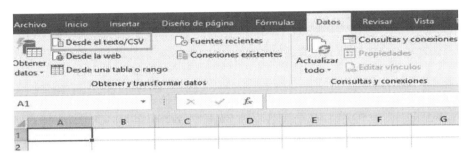

Figura 3. 1 – Conexión archivo de texto

Al dar clic en la en la pestaña indicada nos abre una ventana de cuadro de dialogo la cual nos está indicando en que ruta está el archivo que se quiere cargar, busca la carpeta del **Capítulo 3** y selecciona el archivo de texto nombrado **Producción_1999.txt** y clic en importar.

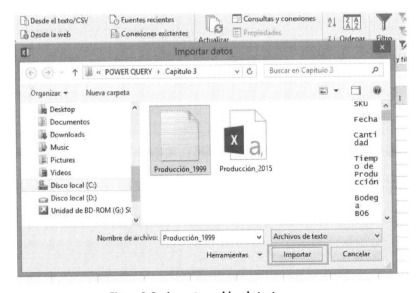

Figura 3. 2 – Importar archivo de texto

Cuando encontramos la carpeta del Capítulo 3 se muestran solo los archivos con extensión txt o CSV, seleccionamos el archivo Producción_1999.txt y damos clic en importar.

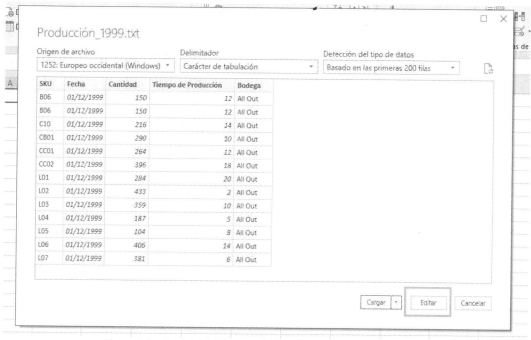

Figura 3. 3 – Cuadro de diálogo preliminar de carga de datos

La figura 3.3 es el cuadro de dialogo preliminar a la carga de datos y la entrada hacia la interfaz de Power Query, siempre que deseemos extraer datos desde cualquier fuente externa este cuadro nos va salir, así que durante el libro siempre le vamos a dar Editar, ya que todo el proceso ETL se realiza dentro de la interfaz de Power Query, este cuadro preliminar es más un aviso solo si los datos ya están ordenados o de la manera que deseamos, si esto sucede aunque no es muy común solo le damos en Cargar, de lo contrario vamos a dar clic en Editar.

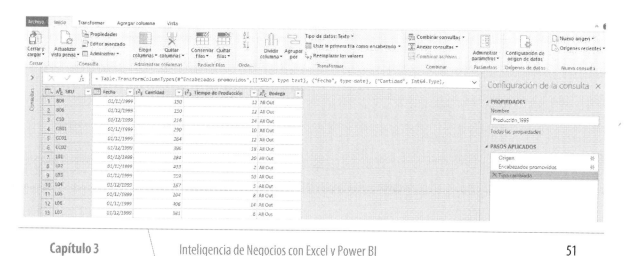

Figura 3. 4 – Interfaz Power Query con datos

Como vimos anteriormente la interfaz de Power Query en la figura 2.3, en este caso ya tenemos cargados los datos de una forma tabulada, es decir, separado por filas y columnas y cada columna tiene su respectivo encabezado y el formato adecuado, si es número, texto o fecha. ¿Pero cómo Power Query de manera automática me identifico los tipos de datos y me los organizo de la manera correcta?, pues bien esta es una de las grandes bondades que posee esta herramienta, la identificación de datos y el ordenamiento de ellos, sé que te estas preguntando pero no siempre es así, ya lo habíamos mencionado al inicio del libro, en capítulos posteriores estudiaremos casos puntuales que Power Query no puede identificar, pero no hay lío todo tiene solución con esta potente herramienta.

En la parte derecha de la figura 3.4 vemos que hay unos pasos aplicados por defecto, aún no hemos entrado a realizar ningún cambio y Power Query ya de entrada organizo los datos, entremos un poco en detalle.

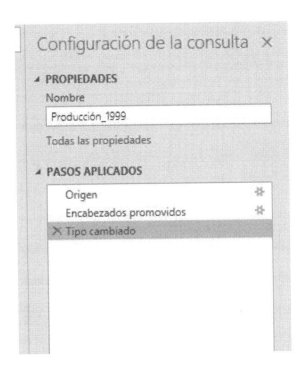

Figura 3. 5 – Configuración de la consulta

Estos son los pasos aplicados que por defecto realizó Power Query para organizar los datos, si hacemos clic en cada uno de ellos va mostrando la evolución del proceso que realizó Power Query después de haber cargado los datos, veamos:

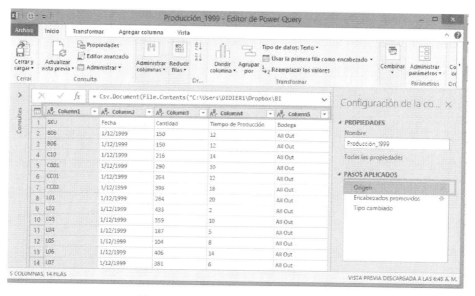

Figura 3. 6 – Paso aplicado Origen

La figura 3.6 muestra el origen de cómo se encontraban los datos, los nombres de las columnas tienen un consecutivo de Columna 1, Columna 2……, aún no tienen sus encabezados correctos ni el tipo de dato (número, texto o fecha). Debemos dar clic en el siguiente paso "Encabezados promovidos".

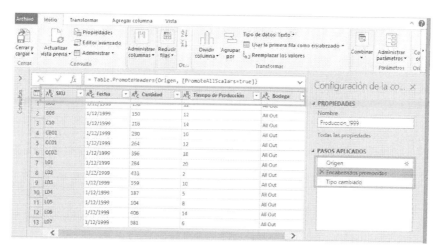

Figura 3. 7 – Paso Aplicado Encabezados promovidos

Ya en este paso los encabezados tienen el nombre correcto, pero bien todas las columnas están como formato texto (ABC), lo que se necesita darle el formato adecuado según el tipo de dato, Power Query de manera automática crea el tercer paso "Tipo cambiado" y le da el formato que el cree adecuado para cada columna.

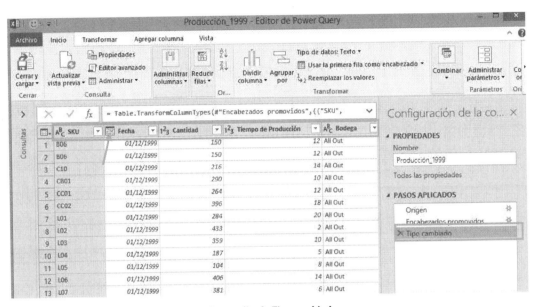

Figura 3. 8 – Paso aplicado Tipo cambiado

¡En este tercer paso ya los encabezados y el tipo de dato están correctamente!

La pregunta del millón: Si Power Query no realiza este promovido de encabezado y por aún motivado no identifica los tipos de datos, ¿Cómo hacemos esto? En la figura 3.8 en cada paso aplicado excepto el de origen cada que nos ubicamos en ellos tienen una x al inicio, lo que indica que dichos pasos los podemos eliminar en caso tal que Power Query no realizó bien la limpieza.

Eliminemos los dos últimos pasos (Encabezados promovidos y Tipo cambiado) y la consulta queda como se muestra en la figura 3.6. Ahora vamos a realizar cada uno de estos pasos para que veas como funciona:

- Cinta de opciones Transformar
- En el grupo Tabla
- Clic en Usar la primera fila como encabezado

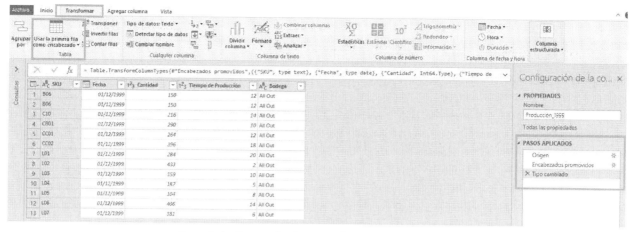

Figura 3. 9 – Pasos aplicados manualmente

Con ese par de clic realizamos los pasos que por defecto al inicio Power Query ya había ejecutado, pero no termina todo, los pasos aplicados ya habíamos hecho énfasis en el Capítulo 2 que funciona como un tipo de grabadora, va guardando cada una de las acciones realizadas por el usuario, es decir, si queremos cambiar un tipo de dato, por otro formato, o eliminar o añadir columnas, todos estos pasos se van aplicando.

- Seleccionemos la columna Bodega
- Clic derecho encima del encabezado Quitar

ormColumnTypes(#"Encabezados promovidos",{{"SKU", type text}, {"Fecha", type date}, {"Cantidad",

1^2_3 Cantidad	1^2_3 Tiempo de Producción	A^B_C Bodega	
150	12	All Out	Copiar
150	12	All Out	Quitar
216	14	All Out	Quitar otras columnas
290	10	All Out	Duplicar columna
264	12	All Out	Agregar columna a partir de los ejemplos...
396	18	All Out	
284	20	All Out	Quitar duplicados
433	2	All Out	Quitar errores
359	10	All Out	Cambiar tipo
187	5	All Out	Transformar
104	8	All Out	Reemplazar los valores...
406	14	All Out	Reemplazar errores...
381	6	All Out	

Figura 3. 10 – Adicionar paso quitar columna

Al adicionar este paso la columna Bodega ya no está y en el panel de Pasos aplicados no se agrega un nuevo ítem llamado Columnas quitadas.

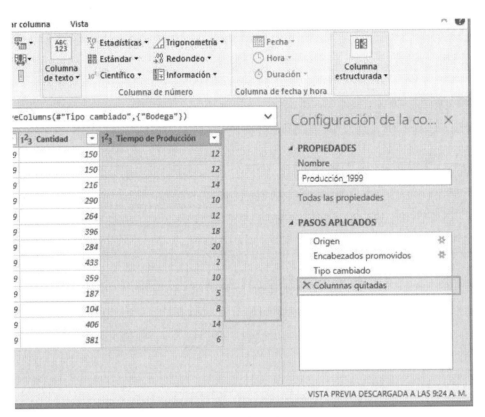

Figura 3. 11 – Paso agregado Quitar columna

Ya la columna Bodega no se encuentra y hay un paso nuevo, Power Query agrega los pasos con nombres que tiene en su diccionario de pasos o según lo que se ejecute, estos pasos los podemos personalizar, ya que en este archivo no tenemos inconveniente ya que hemos acabado la tarea de limpiar y transformar los datos para luego llevarlos al Excel o a Power BI, pero en ocasiones vas a tener que realizar un proceso ETL mayor y el panel de pasos aplicados cada vez se te va ir llenando, es bueno que te acostumbres a cambiar el nombre de los pasos aplicado, o al menos a los pasos que hiciste en el proceso más relevante.

- Selecciona el paso Columnas quitadas

- Clic derecho encima de la selección

- Cambiar nombre

- Editamos el nombre Bodega eliminada

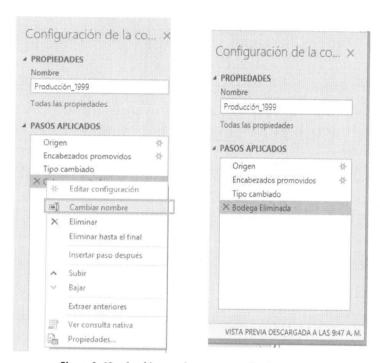

Figura 3. 12 – Cambiar nombre en paso aplicado

Ya tenemos nuestros datos listos para ser cargados a Excel o Power BI, vamos a Inicio Cerrar y Cargar:

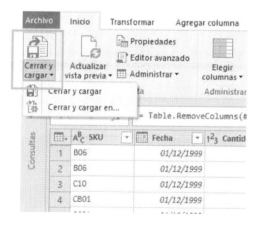

Figura 3. 13 – Cargar datos a Excel

Si escogemos la primera opción, inmediatamente nos arroja los datos a formato tabla de Excel, la segunda nos permite escoger si queremos cargar los datos en diferentes escenarios, tal como se explicó en la introducción de esta primera parte del libro:

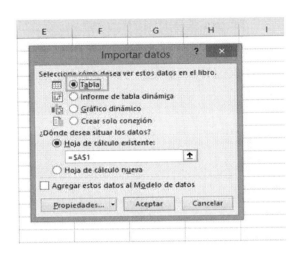

Figura 3. 14 – Modo de carga de los datos

El escenario más común es el modo de carga Tabla ya que nos arroja los datos para revisar, filtrar y auditar de manera más rápida.

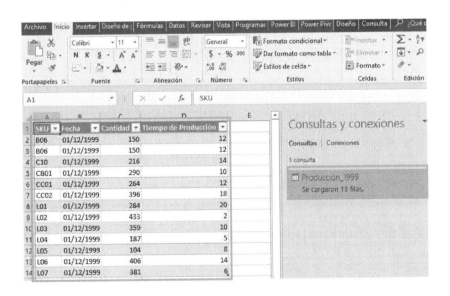

Figura 3. 15 – Datos cargados en Excel

Ya tienes todo un conjunto de datos listo para ser usados en cualquier informe. En la parte derecha de Excel puedes ver la consulta que se creó con el número de filas y el nombre de la consulta, el cual adopta el nombre del archivo inicial txt, en caso de que desees cambiar el nombre solo es dar clic derecha encima de la consulta y cambiar nombre.

Espero que hasta este momento todo valla de maravilla, como ves no es para nada difícil empezar a interactuar con Power Query, o si ya eres un usuario de Excel avanzado sé que estás pensando, pues esto mismo lo realizaba, pero con otro método y de manera más rápida, si tienes razón, ¡pero aún no te he contado el boom! de todo esto. Este proceso que acabamos de realizar es lo que llamamos ETL, pues extraemos los datos, los transformamos y luego los cargamos, pero lo mejor de todo es que cuando te llegue el nuevo archivo txt de **Producción 1999** solo es guardar como, reemplazar el anterior archivo por el nuevo y vas al Excel y clic derecho en la tabla **Actualizar** y cada paso que aplicamos en Power Query va a ejecutarse uno a uno hasta llegar a esta tabla de datos en solo un par de segundos.

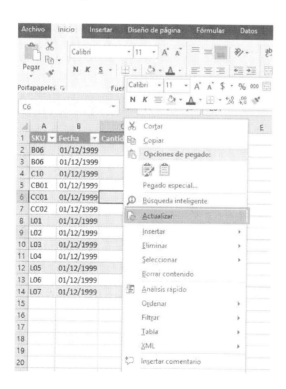

Figura 3. 16 – Actualizar consulta

Este es uno de los métodos para actualizar las consultas, la otra opción es ir a la consulta como se muestra en la figura 3.16 seleccionarla y dar clic derecho actualizar, o directamente en la cinta de opciones de Excel, Datos, y Actualizar todo.

¡Advertencia! Como es un proceso automatizado, por múltiples razones que serán explicadas en capítulos posteriores no se puede cambiar el nombre del archivo "Producción_1999" ni cambiarle la ruta, es decir, moverlo de carpeta o cambiar el nombre de la carpeta, ya que cuando se realizó la consulta inicialmente Power Query toma esto como un enlace y cada que se actualice la consulta, va y busca en dicha dirección, carpeta y nombre de archivo para aplicar los pasos ya explicados.

Extraer Datos de un archivo CSV

CSV (Comma, Separated, Value), valores separados por comas, son archivos que usan para disminuir el peso, ya que no guarda fórmulas, es un archivo plano.

Vamos a repetir los mismos pasos que realizamos para extraer datos de un txt: abrimos un libro de Excel nuevo y vamos a la pestaña Datos, al grupo Obtener y transformar datos y damos clic Desde el texto/CSV.

Buscamos en la carpeta el **Capítulo 3,** seleccionamos el archivo llamado "Producción_2015" y clic en importar, el cuadro de dialogo que se abre como habíamos reiterado le vamos a dar Editar, ahora si estamos en la interfaz de Power Query:

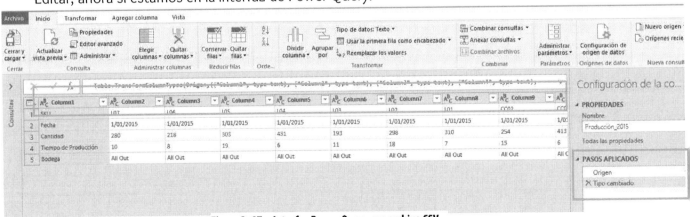

Figura 3. 17 – Interfaz Power Query con archivo CSV

A diferencia de la consulta anterior, ya los datos no están en el formato tabular, es el objetivo de Power Query, tener datos limpios listos para ser analizados. Ya las columnas no tienen el nombre adecuado, adicional vemos que los datos deben ser transpuestos, es decir, cambiar filas a columnas y viceversa y por ende Power Query no identifica el tipo de dato y todas las columnas las deja en formato texto, esta transformación la veremos en capítulo 5, donde veremos una reordenación avanzada de datos.

Por el momento vamos a cerrar y cargar los datos, y vemos que de la misma manera que se cargan los datos como archivo txt se extrae los datos de un archivo CSV.

Figura 3. 18 - Datos cargados desde un archivo CSV

Extraer datos desde una tabla o rango

Si necesitamos realizar una consulta en Power Query y los datos los tenemos en una tabla o simplemente un rango de datos en el mismo libro de Excel, simplemente es abrir el archivo con dicha información, ubicarnos en cualquier celda dentro de los datos y seguimos los siguientes pasos:

- Abrir el archivo "Ventas Por País 1" descargado en la carpeta Capítulo 3
- Pestaña Datos en el grupo Obtener y transformar datos
- Clic desde una tabla o rango

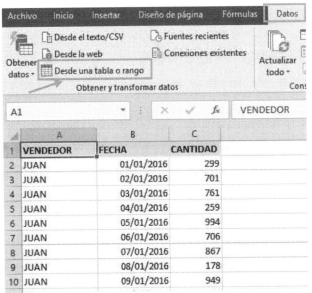

Figura 3. 19 – Crear consulta desde una tabla o rango

Sin importar si los datos están en formato tabla, al crear la consulta automáticamente los datos los convierte a dicho formato, nos muestra un cuadro de diálogo preguntando si el rango de datos esta correcto y si la tabla posee encabezados, es el mismo proceso que pregunta si nos vamos por la pestaña Insertar tabla.

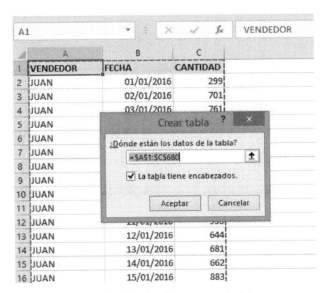

Figura 3. 20 Creación de tabla en rango de datos

Damos clic en Aceptar y de inmediato nos abre el editor de consultas de Power Query, listo para realizar el proceso ETL a los datos.

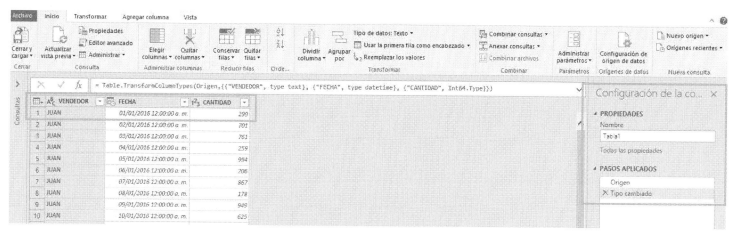

Figura 3. 21 – Datos en Power Query desde una tabla o

Los datos se ven que no presentan algún problema, ya que Power Query pudo identificar de manera correcta los datos con sus respectivos encabezados. Antes de cerrar y cargar en la configuración de consultas cambiemos el nombre de Tabla 1, por Ventas Colombia.

 ¡Advertencia! Cuando se esté trabajando en el editor o interfaz de Power Query NO se puede abrir o desplazarse a ningún otro libro de Excel, incluso ni el mismo libro en que se está realizando la consulta, se puede mostrar hasta que no hallamos cerrado Power Query

Ahora si damos clic en Cerrar y cargar

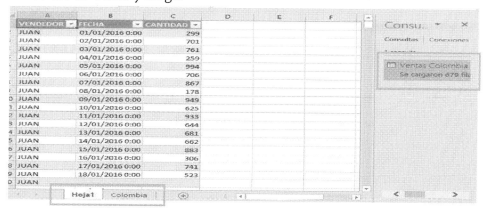

Figura 3. 22 – Datos cargados desde una tabla o rango

Aspectos por resaltar

Power Query creo otra hoja llamada "Hoja 1", es decir, que los datos quedaron duplicados, la base original que estaba en la Hoja "Colombia" y los datos que arroja Power Query como resultado de la nueva consulta. ¿Tiene esto sentido?, te digo la verdad, en el momento no, ya que no hicimos ninguna transformación a los datos, pero más adelante, este tipo de consultas desde una tabla o rango nos va a servir a la hora de anexar, combinar y trabajar con otras consultas en conjunto.

Verificamos que el nombre de la consulta si se cambió por "Ventas Colombia" y si notamos en la fila número 20 tenemos celdas en blanco, ¿Qué sucede con esto? Al realizar una tabla dinámica o realizar operaciones entre fecha nos puede traer error ya que una celda en blanco no la reconoce como fecha o cantidad, recuerda es diferente una celda en blanco a tener valor cero.

Vamos a quitar estas celdas o filas en blanco para no tener errores o dolores de cabeza a futuro, volvamos al editor de Power Query y eliminemos estas filas en blanco.

- Seleccionamos la consulta que se encuentra en la parte derecha de Excel
- Clic derecho editar

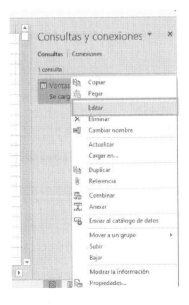

Figura 3. 23 – Editar Consultas

Otra forma de editar las consultas o volver al editor de Power Query es si estoy ubicado dentro de la tabla nos vamos a la pestaña Consulta y Editar.

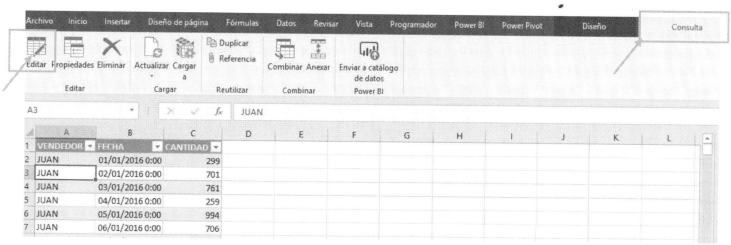

Figura 3. 24 – Volver al editor de Power Query

Estando en el editor de consultas, nos dirigimos a la columna Fecha y tal cual como funciona en Excel hacemos el despliegue del filtro y deseleccionamos el valor que dice null

 Nota Los campos o filas en blanco, Power Query los identifica y los renombra como **null,** nunca vas a encontrar campos en blanco

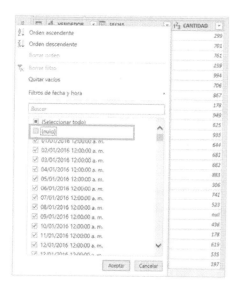

Figura 3. 25 – Quitar filas en blanco

Al dar clic en aceptar en el cuadro de pasos aplicados se agrega Filas filtradas, lo estudiado en pasos anteriores, siempre que haya una celda o dato en blanco no lo va a tomar dicha columna por el filtrado ya indicado. Vamos a Inicio Cerrar y cargar y observamos que dichas filas en blanco no se encuentran en nuestra tabla de datos.

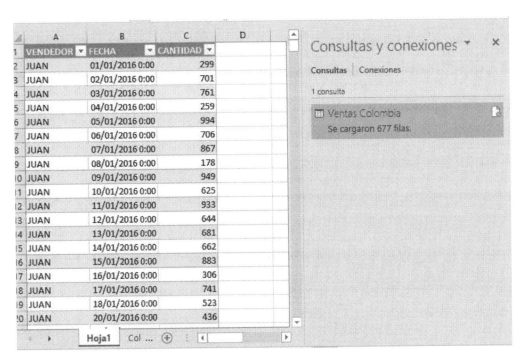

Figura 3. 26 - Datos completamente listos

Extraer datos de varias tablas o rangos de un mismo libro

Este caso sé qué te parece más familiar, en ocasiones te has encontrado que en un mismo libro de Excel contiene varias hojas con información cada una de ellas, Periódicamente te toca unificar dichas hojas para realizar un informe consolidado por país, año, mes y cuanto detalle contenga la información.

Este proceso puede tomarte algún tiempo y cuanto truco y habilidad tienes realizas el informe, pero este no es peor escenario, imagínate ya haber terminado tu informe, y debes anexar una hoja nueva o varias hojas de más, ¡en esta escena es donde entra la revolución de los datos con

Power Query y boom! Nunca pensaste hacer consolidación de hojas de la manera tan sencilla y automática, aún si programas macros en Excel o sabes mucho de fórmulas esto va a cambiar tu rutina de ahora en adelante.

De nuevo vallamos a la carpeta Capitulo 3 y tomemos el libro llamado "Ventas Por País 2", este libro tiene 4 hojas de los países Colombia, Argentina, Perú y Chile, cada uno de ellos tiene la información en formato tabla, lo que ya habíamos hablado anteriormente, pero Chile no tiene formato tabla, pero tiene algo en particular, el rango de datos esta definido por un nombre personalizado, veamos.

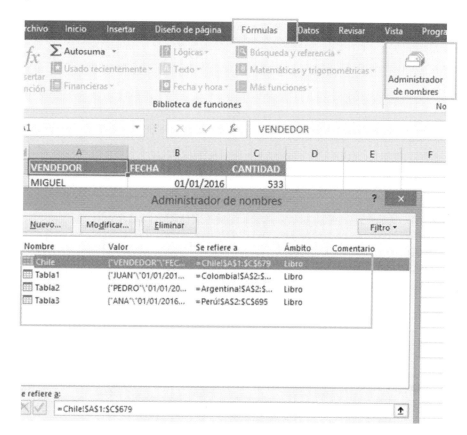

Figura 3. 27 – Rangos y tablas en Excel

En la pestaña Fórmulas, Administrador de nombres, el cuadro de diálogo enseña que todos los países están en formato tabla excepto Chile, lo más recomendado es que todas las hojas se encuentren en formato tabla para no tener problemas con nuestra consolidación. Entremos en materia:

- Nos ubicamos en cualquier hoja de Excel
- Vamos a la pestaña Datos -> Obtener y transformar datos -> Obtener datos y hacemos el despliegue
- Seleccionamos desde otras fuentes consulta en blanco, tal como se describió el proceso en la figura 2.4 del Capítulo 2
- Ya estamos en el editor de Power Query

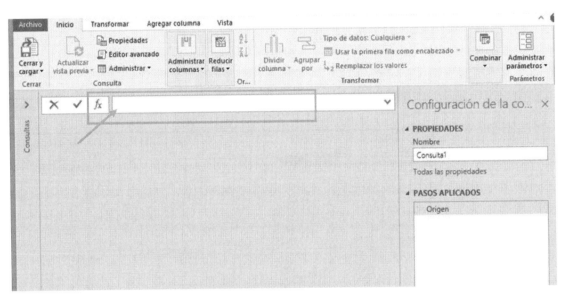

Figura 3. 28 - Editor Power Query consulta en blanco

En la barra de fórmulas vamos a aplicar la siguiente función: *=Excel.CurrentWorkbook()*

Damos enter, y al ejecutar la función nos trae todo las tablas y rangos que encuentre dentro del libro de Excel

¡Advertencia! Power Query es muy sensible al definir las funciones, es decir, a diferencia de Excel que permite minúsculas y mayúsculas, en Power Query hasta el momento no funciona así, se debe escribir tal cual se indicó, la palabra Excel debe la primera letra en mayúscula y la palabra Current y Work de la misma forma, todo lo demás en minúscula

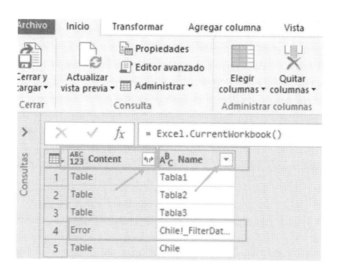

Figura 3. 29 – Rangos y tablas del libro de Excel actual

La figura 3.29 claramente muestra las tablas y rangos que hay dentro del archivo de Excel, las dos columnas que vemos son Content y Name, la primera en vez de tener un filtro tiene dos fechas en sentido contrario lo que significa que se puede realizar una expansión y sus filas tiene la palabra Table, no es un dato normal, sino que hace referencia a una cantidad de datos, que va ser el resultado si expandimos dicho campo, el campo Name tiene el nombre de las tabla o rangos como está en la figura 3.27.

También vemos que hay un error en la fila 4, tiene que ver con el rango Chile, mencionado anteriormente, este tipo de definiciones de rango nos puede traer problemas. Vamos a comprobarlo:

- Damos clic en el campo Content en expansión de flechas

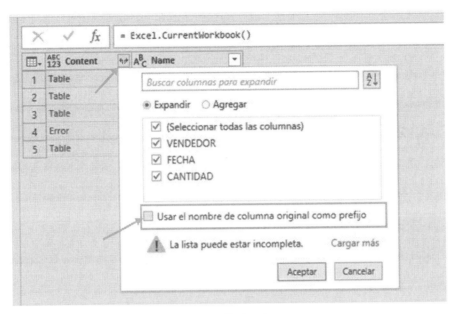

Figura 3. 30 - Expansión de columnas

El cuadro de diálogo muestra las columnas o campos que contiene cada tabla, se debe deshabilitar el cuadro **Usar el nombre de columna original como prefijo,** para que los encabezados de las columnas queden con el nombre original y no con un prefijo, ejemplo: Content VENDEDOR, Content FECHA....

Damos aceptar y vemos en la siguiente figura la apertura de los datos.

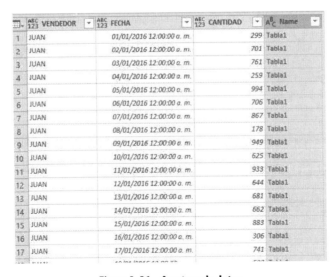

Figura 3. 31 – Apertura de datos

Vemos que no se registró ningún error, pero si vamos a la pestaña Inicio->Cerrar y cargar

Y sucede lo inesperado

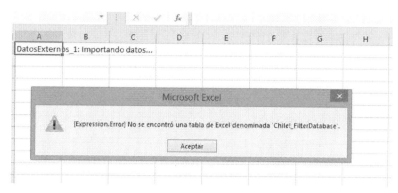

Figura 3. 32 - Error en la carga de datos

Un error que no deja cargar los datos informa que no se encontró una tabla de Excel denominada 'Chile', y tiene razón, ya que Chile no está en formato tabla.

Damos clic en Aceptar y luego vamos a editar la consulta, seleccionamos la consulta -> clic derecho editar

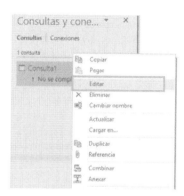

Figura 3. 33 – Editar consulta

Estando en el editor de Power Query vamos al panel de Pasos aplicados y eliminamos el último paso llamado "Se expandió Content" y volvemos al origen de los datos.

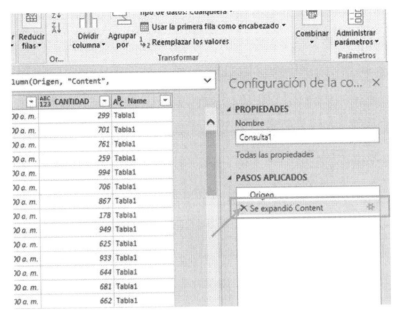

Figura 3. 34 – Eliminar paso aplicado

- Vamos al campo Name

- Clic en la pestaña de filtro

- ¡Deshabilitamos Chile y Chile! FilterDatabase

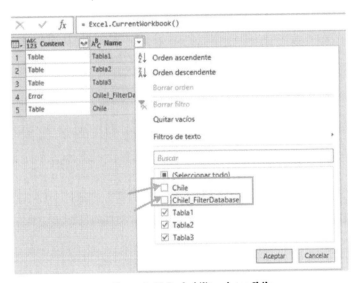

Figura 3. 35 Deshabilitar datos Chile

Con este simple par de clic ya hemos organizado el error. Ahora volvemos al campo Content y expandimos la información, no olvidar deshabilitar el cuadro **Usar el nombre de columna original como prefijo.**

La tarea ya es organizar los tipos de datos en los encabezados:

- Clic en la esquina derecha del campo VENDEDOR (ABC/123) y cambiamos a texto
- Campo FECHA, le damos un formato Fecha
- Campo CANTIDAD Número entero
- Campo Name se deja como campo texto

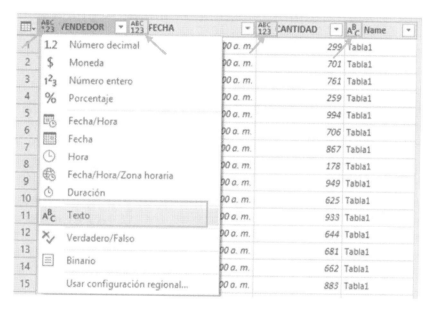

Figura 3. 36 – Tipos de formato

Es importante tener los campos o encabezados en el formato adecuado, ya que a medida que vamos avanzado en este proceso vamos a entender su relevancia cuando estemos inteligencia de fechas, cruces de información o cálculos en el Lenguaje M.

Ahora si tenemos nuestra consulta lista para ser arrojada en Excel, vamos a Inicio-> Cerrar y cargar. La figura siguiente muestra el número de filas que se han cargado, y si realizamos un filtro en la columna Name para verificar que se hallan cargado las 3 tablas, vemos los siguiente:

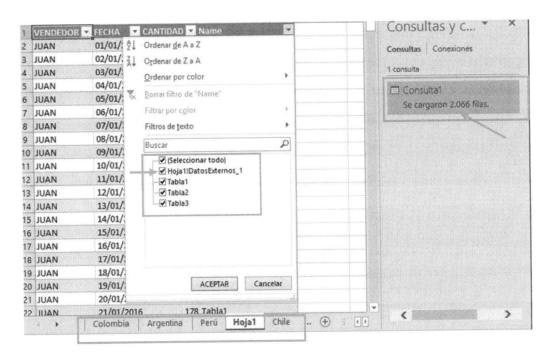

Figura 3. 37 – Hoja nueva

Al realizar el filtro en el campo Name, nos encontramos con esta sorpresa:

No solo hay las 3 tablas que debería cargar, adicional tenemos una llamada *Hoja1!DatosExternos_1,* pues bien Excel a cargado 2.066 filas según la consulta, y si sumamos las filas de Colombia, Argentina y Perú, exactamente nos da este número de registro.

¿Pero qué es entonces esta nueva hoja?

Por algún motivado Power Query duplica los datos de las 3 tablas, probemos y actualicemos la consulta.

Clic derecho encima de la tabla-> Actualizar

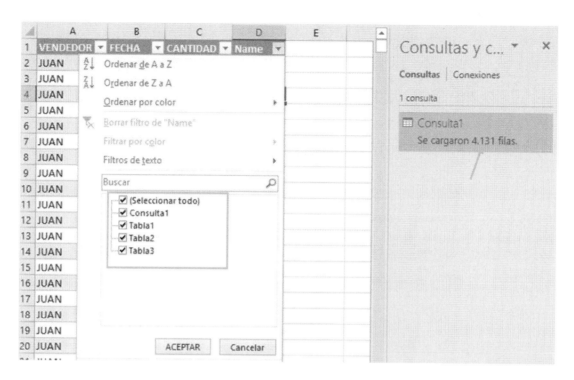

Figura 3. 38 - Consulta duplicada

El nombre de *Hoja1!DatosExternos_1* ha cambiado por Consulta1, y el número de filas se ha duplicado, es decir, los datos se han multiplicado, pero aun así Power Query tiene una solución para esto, no hay problema, como dice un conocido narrador de Football: *"Tú tranquilo"*. Ingresemos al editor de consulta de Power Query y solo con un par de clic daremos la solución.

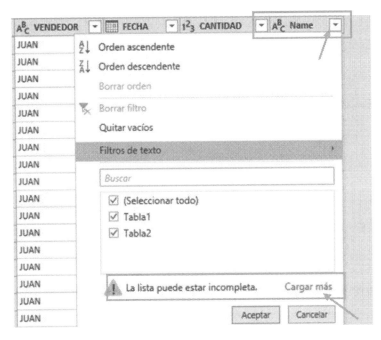

Figura 3. 39 – Cargar datos de filtro

Cuando realizamos un filtro por lo general en la visualización de los datos, no están todos, solo le damos clic en parte inferior derecha **Cargar más** y deseleccionamos Consulta1.

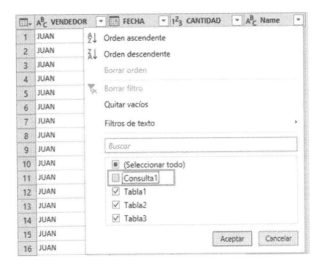

Figura 3. 40 – Des filtrar Consulta1

Inicio-> Cerrar y cargar.

Quedo solucionado el problema, los datos vuelven a su normalidad con las tablas necesarias.

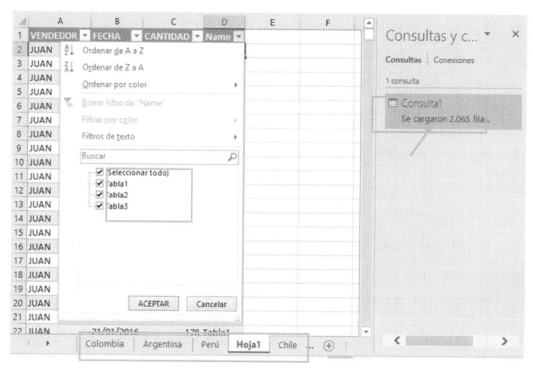

Figura 3. 41 – Consulta sin duplicados

Tenemos una consulta limpia y lista para trabajar, aún falta un pequeño detalle, las 3 tablas corresponden a las 3 primeras hojas del libro, pero si queremos realizar un informe que se muestren los datos a que país corresponden, debemos cambiar el nombre de las tablas en cada una de las hojas:

- Vamos a cada tabla de la hoja

- Cinta de opciones diseño

- Grupo propiedades y cambiamos el nombre de la tabla

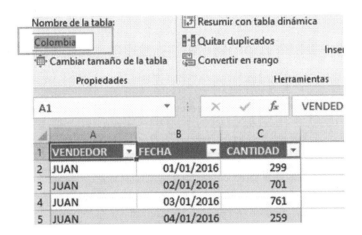

Figura 3. 42 – Cambiar nombres de tablas

Realizamos estos mismos pasos para para la tabla de Argentina y Perú.

Nos ubicamos en la consulta que está en la Hoja 1->clic derecho-> Actualizar.

Figura 3. 43 – Nombres de hojas cargado a consulta

Hasta el momento solo hemos realizado algunos pasos y clic para llegar a nuestro objetivo, unificar los datos de los 3 países y si en cada hoja se ingresa más filas o columnas, al actualizar la consulta los datos de manera automática se ingresan a la hoja consolidada. Pero te debes estar preguntando ¿Qué pasa con Chile?, pues bien, como lo estudiamos al inicio de esta sección, debemos convertir los datos de la hoja Chile en formato tabla.

- Nos ubicamos en una celda de los datos de Chile
- Pestaña Insertar-> Tabla ->Aceptar
- Como el nombre Chile ya existe en un rango definido, debemos nombrarlo con un carácter diferente al que ya existe en la consulta, puede ser un punto al final o un guion bajo
- Cambiamos el nombre de la tabla en la Pestaña Diseño->Grupo Propiedades->**Chile.**

Figura 3. 44 – Convertir datos a formato tabla

Actualizamos de nuevo la consulta, y esto es lo ¡sorprendente de Power Query! De nuevo encontramos oro en este gran truco, todas las hojas que se agreguen en formato tabla automáticamente se anexan los datos al consolidado final, datos listos para tu reporte final y lo mejor todo a un solo clic.

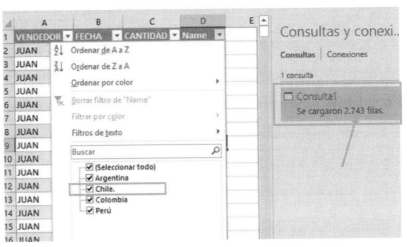

Figura 3. 45 – Proceso automatizado

Conectando datos de un libro de Excel a otro

El proceso anterior aprendimos como integrar dentro de un libro de Excel varias hojas con formato tabla y lo mejor, su automatización para cada vez que las tablas crezcan o hallan más hojas se integran de manera dinámica. En esta parte nos conectaremos de un libro de Excel a otro. Antes de empezar, vamos a abrir el libro del Capítulo 3 "Ventas_Pedidos", para ver el estado de los datos.

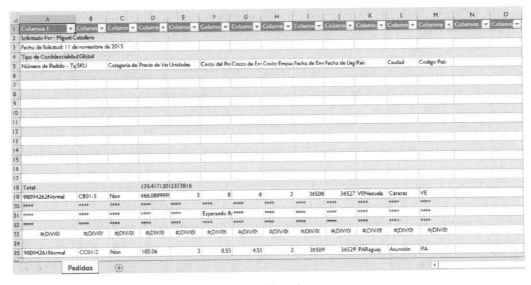

Figura 3. 46 - Archivo a depurar

Notablemente los datos no están organizados, hay mucho que depurar (errores, filas en blanco, celdas concatenadas, texto, etc.), imagínate cuanto tiempo toma ordenar y dejar la tabla lista para ser usada, Power Query es la solución ideal para este problema. Manos a la obra:

Cerramos el libro, y vamos a abrir un nuevo libro de Excel y desde ahí nos vamos a conectar a "Ventas_Pedidos".

- Ir a la pestaña Datos->Obtener datos
- Desde un archivo ->Desde un libro

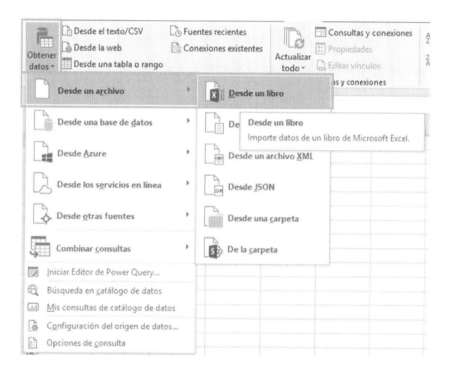

Figura 3. 47 - Conectar a un libro de Excel

Seleccionamos nuestro archivo "Ventas_Pedidos" y damos clic en importar, hay un nuevo cuadro de diálogo.

Figura 3.48 - Cuadro de diálogo

Esta nueva ventana preliminar a la entrada de Power Query, enseña las hojas o tablas que el libro de Excel contiene, en este caso la tabla Pedidos 1 es la misma información que la hoja Pedidos, podemos elegir cualquiera de ellas, como venimos trabajando con tablas, seleccionemos Pedidos 1 y clic en editar.

Ahora si estamos en el editor de consulta y tenemos trabajo que realizar

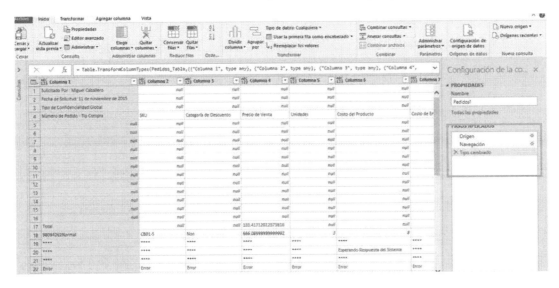

Figura 3.49 - Datos de Excel en Power Query

Si realizamos una lista de los pasos que debemos realizar, es decir, es hora de aplicar el proceso ETL a dicha información, vemos que:

- Los encabezados están en la fila 4
- Quitar filas en blanco y con errores
- Adecuar tipo de dato a cada columna
- Dividir columnas, es decir, separar números de texto o columnas que estén combinadas
- Y cuanta filas y columnas que no sirvan para dejar depurada la información

Inicialmente solo hay 3 pasos aplicados, son los que hicimos mención al inicio de este Capítulo, cuando terminemos la limpieza este panel va estar full.

Vamos a eliminar las filas con errores

- Pestaña Inicio->Quitar filas->Quitar errores

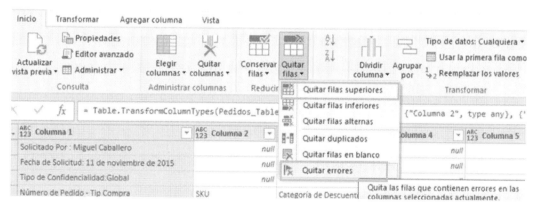

Figura 3. 50 - Eliminar filas con errores y superiores

En esta misma pestaña vamos a eliminar las 3 primeras filas y dejar los encabezados correctos:

- Pestaña Inicio->Quitar filas->Quitar filas superiores->3->Aceptar
- Pestaña Transformar->Usar la primera fila como encabezado

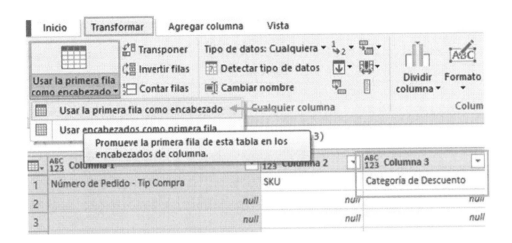

Figura 3. 51 - Nombrar encabezados

En la pestaña Inicio->Quitar filas->Filas en blanco. Ya poco a poco se va limpiando el archivo.

En la primera columna Número de Pedido -Tip de Compra, aún quedan filas por eliminar, por ejemplo, totales y filas que no siguen un comportamiento normal de esta columna.

Desplegamos el filtro->Parte inferior derecha->Cargar más->Deshabilitamos los datos como totales, "xxxx" o "****" que no hacen parte del tipo de compra->Aceptar

Cada vez se ve mejor, creemos que las filas ya se han limpiado si encontramos algo raro en el camino lo ajustamos, ahora vamos a dar un paseo por cada columna y hacer el proceso de higiene debido y tener listo los datos para procesar.

 Nota. Para Power Query es indiferente el comienzo de la limpieza, si empiezas por ordenar filas o columnas, o los tipos de datos no hay inconvenientes ya que por eso la herramienta aplica a paso como grabadora para ejecutar de la misma forma que vas realizando tú proceso.

Dividamos el Número de Pedido del Tipo de Compra:

- Seleccionamos la columna->Clic derecho->Dividir Columna: Nos da dos opciones, por delimitador o número de caracteres, antes de seleccionar uno de ellos, debemos entender cómo funcionan.

 Número de Caracteres: Si los datos a dividir tienen un mismo tamaño, es decir, en este caso vemos que la columna tiene números y texto, y los números tienen todos un mismo largo, hablando de caracteres, se compone de 8 números.

 Delimitador: Si los datos a dividir tienen un carácter en común que los divide, ya sea una coma, guion o un punto y coma. La columna SKU tiene un carácter en común y es el guion, en este caso lo puedo aplicar

Con la columna seleccionada, y listos para dividir, reiteramos que se debe dar clic derecho encima del encabezado, de lo contrario no se muestra la opción de dividir columna.

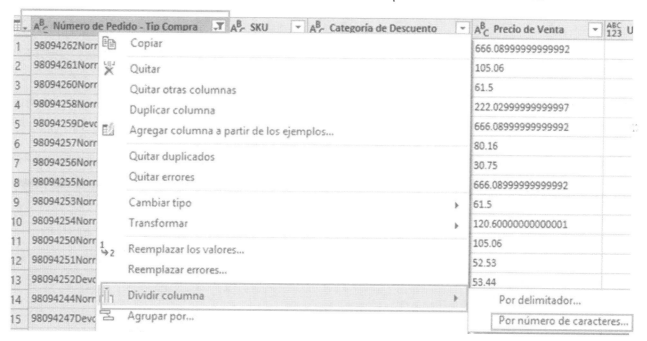

Figura 3. 52 - Dividir columna por numero de caracteres

Con clic derecho en cada encabezado hay una serie de opciones de acceso rápido para la limpieza de datos. Escogemos Por número de caracteres y completamos el cuadro de dialogo siguiente:

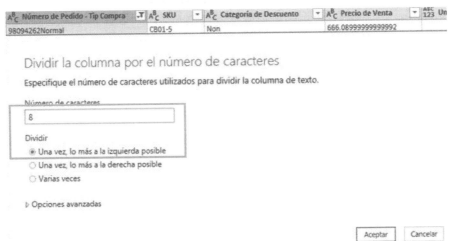

Figura 3. 53 - Dividir columna

Si contamos los números, cada código se compone de 8 caracteres, y debemos seleccionar. *Una vez, lo más a la izquierda posible, ya que los números se encuentran en la parte izquierda, si en vez de los números, el texto sería el objetivo, la segunda opción es la adecuada o en caso tal que se desee separar en varias columnas, cada 8 caracteres, la última opción nos hace esto.

Al dar Aceptar, se divide la columna tal como la necesitamos.

- Clic derecho en la primera columna ->Cambiar nombre a "Número de Pedido"->Enter
- Clic derecho en la segunda columna->Cambiar nombre a "Tipo de Compra"->Enter

La columna SKU la debemos dividir, en este caso aplicamos la separación por delimitador

- Clic derecho en SKU ->Dividir columna->Por delimitador.

En lo posible, Power Query identifica el tipo de carácter que está delimitando la división de la columna, en este caso, lo identifico como guion. Pero puedes escoger las diferentes opciones que brinda y como el paso anterior nos da las 3 opciones: Izquierda, derecha o cada que este el delimitador.

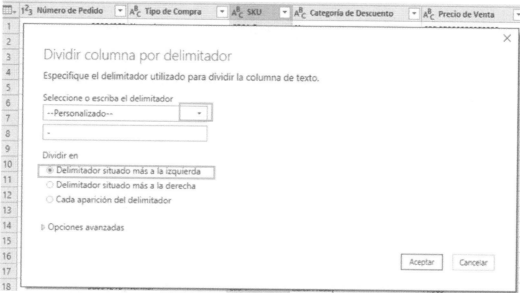

Figura 3. 54 - Dividir columna por delimitador

Aceptar y ya tenemos de nuevo dos columnas.

* Clic derecho en la columna SKU.1 -> Cambiar nombre -> "SKU"

* Eliminamos la Columna siguiente -> Clic derecho -> Quitar

Demos un pequeño vistazo a nuestros datos, cada vez va cogiendo forma.

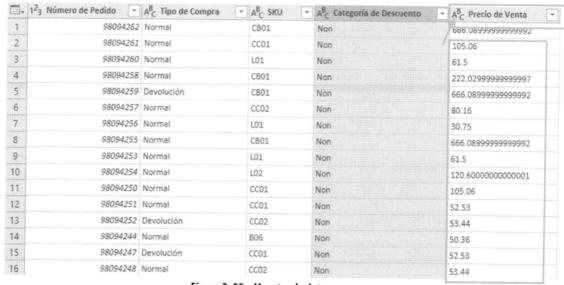

Figura 3. 55 - Muestra de datos

Si has hecho todo el paso a paso tal como te hemos indicado debes tener las primeras columnas como muestra la figura 3.55. La columna Precio de venta está en formato texto, Power Query no reconoció los datos como números ya que están separados por puntos, es decir, mi sistema está configurado para que los puntos sean separadores de miles y las comas de decimales, en este caso, debemos reemplazar los puntos por comas y convertir el encabezado en formato número decimal.

- Clic derecho en columna Precio de Venta -> Reemplazar los valores
- Valor que buscar "." -> Reemplazar con ",", tal como se muestra en la siguiente figura
- Al final cambiamos el formato de encabezado por Número decimal

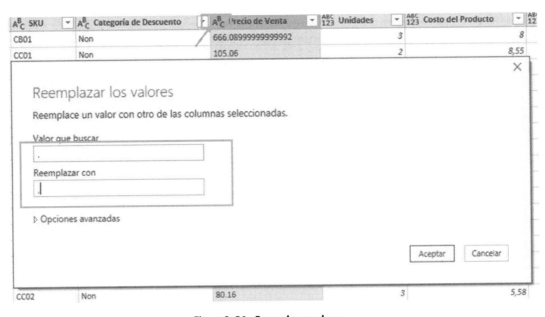

Figura 3. 56 - Reemplazar valores

Aceptamos los reemplazos y al cambiar el formato de la columna a número decimal, inmediatamente los números cambian de posición y se alinean en la parte derecha, tal como en Excel, informando que ya son números

Ya vamos culminando nuestro proceso, espero hasta el momento te hallas sentido cómodo con la herramienta, si bien has notado hasta este punto, los comando y funcionalidades de Power Query son relativamente fácil de usar y aplicar solo es dar un par de clic y tus datos toman vida.

Seguimos en nuestro tour por las demás columnas, vemos que, desde Unidades hasta Fecha de Llegada, los datos están relativamente bien, solo es dar clic en cada encabezado y cambiar al tipo de datos que a cada uno le corresponde:

* Unidades a número entero
* Costo del Producto, Costo de Envío y Costo Empaque a número decimal
* Fecha de Envío y Fecha de Llegada a formato fecha

Y como muestra la figura siguiente, los datos están en el formato adecuado:

Figura 3. 57 - Formatos Cambiados

La columna País, tiene mezclado letras mayúsculas con minúsculas, con un par de cli solucionamos este pequeño inconveniente

* Clic derecho en Campo País -> Transformar -> y nos abre un panel de opciones el cuál para este caso nos es útil -> Poner en Mayúscula Cada Palabra.

Si has usado la función NOMPROPIO en Excel, esta tiene la misma funcionalidad, pero solo a un clic, lo mismo si se quiere convertir a minúscula o solo mayúscula.

Por último, seleccionamos las últimas 3 columnas con CTRL sostenido y clic derecho -> Quitar

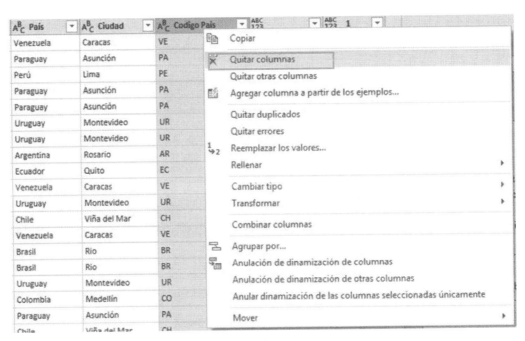

Figura 3. 58 Quitar varias columnas

¡Misión cumplida! Fue todo un éxito tu limpieza, y como te informamos al principio de esta sección, si te desplazas al panel de PASOS APLICADOS, está cada vez más lleno

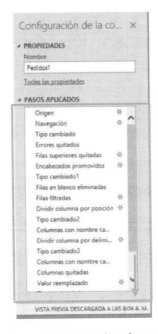

Figura 3. 59 Quitar varias columnas

> **Nota.** Los pasos aplicados en la consulta se ordenan a medida que se va realizando la limpieza, puedes ir dando clic de principio a fin a cada uno de los pasos y los datos va mostrando los cambios que ya se ha realizado, debes tener muy en cuenta si vas a crear un paso nuevo estar ubicado en el último paso, a no ser que quieras crear un paso intermedio.

Inicio -> Cerrar y cargar, los datos son arrojados a Excel. Revisemos

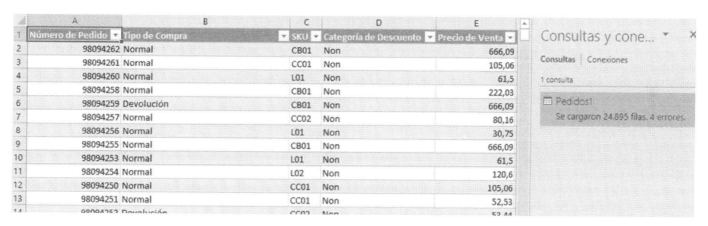

Figura 3. 60 Descarga de consulta en

Vemos que todos los datos están relativamente bien, pero la consulta nos dice que hay 4 errores, como muestra la figura 3.60.

Tratar errores en Power Query

Damos clic en 4 errores. Se abre el editor de consultas y nos muestra el tipo en que filas exactamente se encuentran los errores.

1.2 Número de fila	1²₃ Número de Pedido	A⁸_C Tipo de Compra	A⁸_C SKU	A⁸_C Categoría de Descuento	1.2 Precio de Venta	1²₃ Unidades
1	24892 Error	por: Fabian Torres	null	null	null	
2	24893 Error	ductos:	null	null	null	
3	24894 Error	Nivel de Privacidad: Global - Permitido	null	null	null	
4	24895 Error	Completa	null	null	null	

Figura 3. 61 Errores en Power Query

Power Query nos indica en que número de fila se encuentran los errores. Inicio -> Cerrar y Cargar

El primer error está en la fila 24.892, Power Query no cuenta el encabezado, en Excel el encabezado corresponde al número 1, por ende, si el error en Power Query está en la fila 24.892, en Excel debemos revisar la fila 24.893 y así sucesivamente.

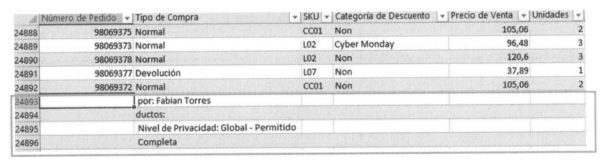

	Número de Pedido	Tipo de Compra	SKU	Categoría de Descuento	Precio de Venta	Unidades
24888	98069375	Normal	CC01	Non	105,06	2
24889	98069373	Normal	L02	Cyber Monday	96,48	3
24890	98069378	Normal	L02	Non	120,6	3
24891	98069377	Devolución	L07	Non	37,89	1
24892	98069372	Normal	CC01	Non	105,06	2
24893		por: Fabian Torres				
24894		ductos:				
24895		Nivel de Privacidad: Global - Permitido				
24896		Completa				

Figura 3. 62 Errores encontrados

Efectivamente hay unas filas en blanco y datos que no tienen nada que ver con la información.

Volvamos al editor de consultas de Power Query, hay varias formas de enmendar este error, podemos filtrar por Tipo de Compra y deshabilitar los datos que nos muestra el Excel o le damos quitar las últimas 5 filas.

Yo opte por realizar un filtro en la columna Tipo de Compra, y dejar habilitado, solo Normal y Devolución. Veamos.

Figura 3. 63 Corregir error

Inicio -> Cerrar y cargar, ya los errores han desaparecido, tenemos materia prima lista para ser procesada.

Error en cambio de nombre o ruta del archivo

Si descargas el archivo con la solución y actualizas la consulta te va a salir este error:

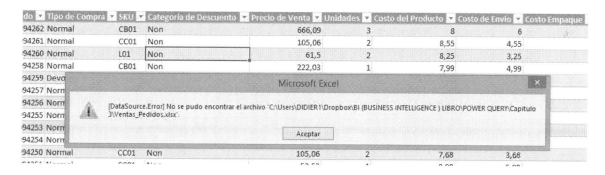

Figura 3. 64 Error cambio de ruta de

Debemos entrar al editor de consulta de Power Query.

Clic en Configuración de origen de datos —> Cambiar origen

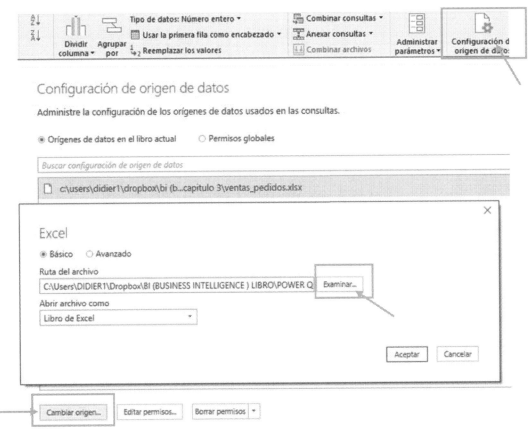

Figura 3. 65 Corregir error

Cuando damos clic en Cambiar origen, nos abre un nuevo panel para editar la ruta o simplemente damos clic en examinar y buscamos el archivo en la ruta indicada, y todo vuelve a su normalidad. Ya puedes usar el archivo con su consulta.

Lo mismo sucede si le cambias el nombre al archivo al cual te conectaste, aún si le falta un caracter, coma o espacio, debes realizar el mismo proceso de configuración de Origen de datos

Figura 3. 66 Proceso ETL completo

Consolidar datos de una carpeta

Uno de los grandes retos como usuario de Excel o de herramientas de análisis de datos, es que no siempre los datos se encuentran todos en un mismo lugar, puede que estén en la misma carpeta, pero en diferentes archivos, en este escenario es donde cada vez más Power Query va cogiendo poder y solución a tus problemas.

Si tienes 2, 3, 10 o más archivos de Excel y necesitas consolidar dicha información en una sola base de datos y que adicional cada que se elimine o agregue un archivo nuevo automáticamente los cambios se reflejen en la base consolidada.

¡Advertencia! Para consolidar archivos desde una carpeta solo es permitido las siguientes extensiones, hasta la versión 2016:

- Archivos CSV
- Archivos xlsx, xlsm

Si se quiere consolidar archivos de versiones igual o menor a 2003 NO es posible, nos trae error

Consolidar varios archivos con una sola hoja

Deseamos realizar un análisis de 16 archivos, los cuales cada uno de ellos contiene una hoja con su inventario.

Abrimos un libro de Excel nuevo -> Pestaña Datos ->Obtener y transformar datos -> Obtener datos -> Desde un archivo -> Desde una carpeta -> Capítulo 3 ->Inventarios

Tal como se explico en la figura 3.47 y en el cuadro de dialogo buscamos la carpeta donde se encuentran los archivos o simplemente copiamos y pegamos el enlace de la ruta de los archivos.

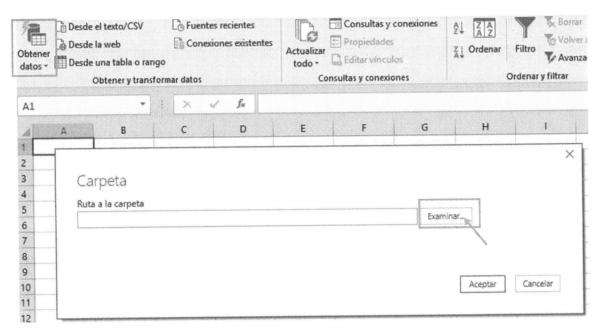

Figura 3. 67 Conexión desde una carpeta

En el siguiente cuadro diálogo damos clic en Editar y tenemos el siguiente pantallazo:

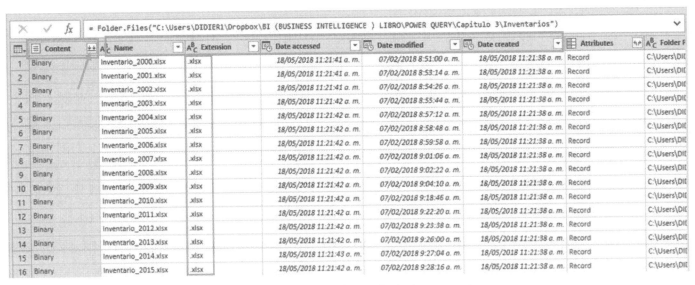

Figura 3. 68 Editor de consulta desde una carpeta

La primera columna es la del contenido de los datos de todos los archivos, la siguientes columnas son datos sobre los archivos: fechas de edición, fechas de creación, rutas y extensiones, por eso vemos que la columna **Content** no tiene filtro sino un par de flechas lo que representa una expansión de los datos, pero antes de dar clic allí, asegúrate de filtrar en la columna **Extensión**, solo los archivos que sean .xlsx, por seguridad, ya que si por error ingresan otro tipo de archivo no lo cargue a la consulta y lo omita.

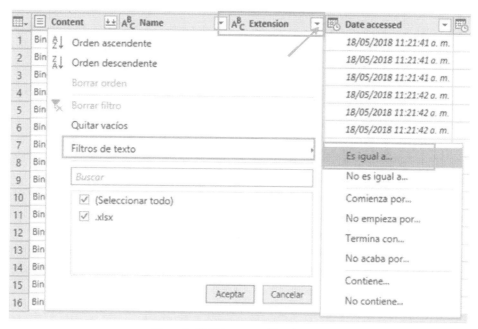

Figura 3. 69 Filtrar extensión .xlsx

Luego editamos que sea igual a .xlsx y con esto evitamos posibles errores.

Procedemos a expandir la columna Content, nos abre el cuadro de diálogo de combinar archivos y por defecto nos muestra el primer archivo de la carpeta. Seleccionamos ya sea la tabla o la Hoja 1 para continuar con el proceso

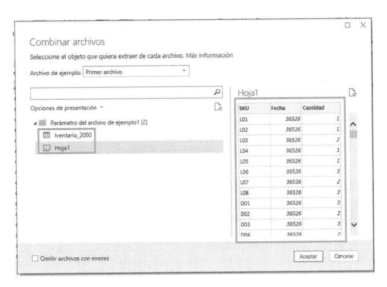

Figura 3. 70 Cuadro combinar archivos

Aceptamos y listo, ahora tenemos todos los 16 archivos consolidado en una sola base de datos.

Hagamos algunos ajustes:

- En la columna Source.Name -> clic derecho -> Reemplazar los valores ->.xlsx -> Reemplazar con: dejamos el cuadro vacío. Esta columna es útil en caso de que el nombre del archivo necesitamos que valla en una columna de la base de datos
- Clic derecho en la misma columna -> Cambiar nombre ->" Nombre"
- En la columna Fecha cambiamos el formato del encabezado a Fecha

Listo nuestros datos para ser exportados a Excel o recuerda también, que pueden ser procesado para Power BI (Es el mismo procedimiento).

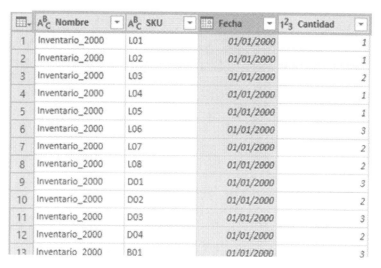

Figura 3. 71 Datos consolidados

Inicio -> Cerrar y cargar y verifica que efectivamente todos nuestros archivos fueron cargados a Excel, también puedes hacer pruebas ingresando otro archivo de inventario 2016 o eliminar unos de ellos, actualizas y puedes observar los cambios, ¡oro verdad! Todo a unos cuantos clics.

Figura 3. 72 Verificación de datos

Consolidar varios archivos con varias hojas

El caso anterior fue todo un éxito, solo que cada libro solo contenía una hoja, ¿Qué sucede si algunos o todos de los libros contienen varias hojas? De nuevo Power Query entra en acción.

Abrimos un libro de Excel nuevo -> Pestaña Datos ->Obtener y transformar datos -> Obtener datos -> Desde un archivo -> Desde una carpeta

Según lo explicado en la figura 3.67, ingresamos la ruta o buscamos la carpeta donde se encuentran los archivos, en este caso, la carpeta está en el Capítulo 3 -> Ventas

Damos clic en Editar y ya estamos en la interfaz de Power Query

Figura 3.73 Carga de archivos

De nuevo Power Query carga el detalle de los archivos, realizamos de nuevo el filtro en la columna Extensión, según lo visto en la figura 3.69, para que solo cargue archivo .xlsx.

A diferencia del anterior proceso, en este debemos aplicar unos pasos demás para obtener no solo la información de los archivos, sino los datos que se encuentran en todas las hojas.

- Señalamos la columna Content y Name -> Clic derecho -> Quitar otras columnas

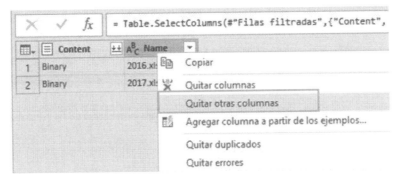

Figura 3. 74 - Quitar otras columnas

El siguiente paso, es crear una columna personalizada, para extraer todo lo que haya dentro de cada libro de Excel, este es el truco:

- Pestaña Agregar columna -> Columna personalizada
- En el cuadro de diálogo escribimos la siguiente función:
- **Excel.Workbook([Content])**
- Clic en aceptar, la función deber ser exacta tal como lo vimos al inicio de este capítulo

Este tipo de funciones, entraremos en detalle cuando estemos explicando Lenguaje M, en el capítulo 8

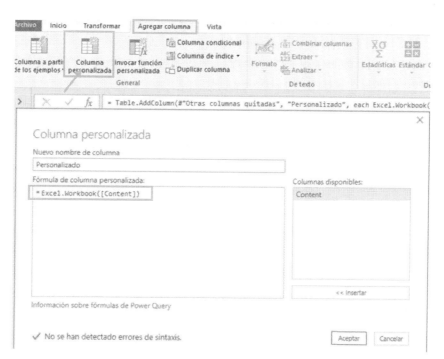

Figura 3. 75 - Columna

Ya contamos con una columna adicional, la columna personalizada, es la que usaremos para extraer todo el contenido de cada libro de Excel, así seleccionamos la columna Content -> Clic derecho -> Quitar

Procedemos a expandir la columna Personalizada y deshabilitamos Usar nombre de columna original como prefijo

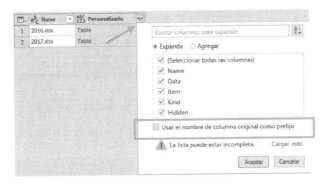

Figura 3. 76 - Expandir columna personalizada

Power Que
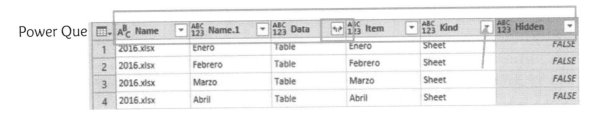

	ABC Name	ABC 123 Name.1	ABC 123 Data	ABC 123 Item	ABC 123 Kind	ABC 123 Hidden
1	2016.xlsx	Enero	Table	Enero	Sheet	FALSE
2	2016.xlsx	Febrero	Table	Febrero	Sheet	FALSE
3	2016.xlsx	Marzo	Table	Marzo	Sheet	FALSE
4	2016.xlsx	Abril	Table	Abril	Sheet	FALSE

Figura 3. 77 - Detalle de los libros

Name: Son los nombres de los libros que están en la carpeta

Name.1 : Son los nombres de las hojas que existen en cada libro

Data: Son los datos que están dentro de las hojas, es decir, los que necesitamos extraer

Item: Repite el nombre de cada hoja

Kind: Informa en que formato o tipo están los datos, si en las hojas o en tablas

¡**Advertencia!** Se recomienda realizar un filtro en este campo y decirle que solo queremos trabajar con Sheet=Hojas, ya que no podemos dejar todas las opciones, corremos el riesgo de duplicar la información, los datos obligatoriamente están arrojados en hojas, pero no necesariamente en tablas, por ende, seleccionamos Sheet.

Hidden: Es un resultado binario, de falso o verdadero, con respecto si hay datos ocultos

Ya hemos entendido cada uno de los campos, ahora realizamos el filtro en el campo Kind -> Seleccionamos Sheet -> Aceptar

* Seleccionamos las columnas Name, Name.1 y Data ->Clic derecho -> Quitar otras columnas

* Expandimos la columna Data ->Deshabilitamos Usar el nombre de columna original como prefijo -> Aceptar

Y ¡boom!, tenemos todos nuestros datos de libros y hojas consolidados

Echemos un vistazo:

Figura 3. 78 - Datos consolidado

Solo nos queda dar un poco de retoque a cada columna:

* Cambiemos el nombre de los encabezados por la primera fila -> Pestaña Transformar -> Usar la primera fila como encabezado

* Las columnas VENTA y COSTO ->Clic encabezado -> Formato Número entero

Solo queda un pequeño detalle, como se consolido todas las hojas, los encabezados de cada hoja los repite como fila, filtremos la columna ciudad, y carguemos todos los datos

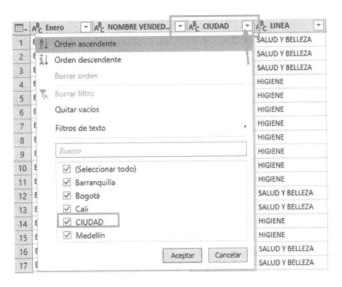

Figura 3. 79 - Deshabilitar Campo

El campo CIUDAD está siendo parte de una fila, lo des chuleamos, cambiamos el nombre del campo Enero por Mes.

La Columna 2016.xlsx -> Cambiar nombre "Año" -> Seleccionamos la columna -> Clic derecho -> Reemplazar los valores ->.xlsx y el campo siguiente lo dejamos en blanco

Figura 3. 80 - Datos cargados a

Y efectivamente se han cargado todos los datos tanto de los dos libros como de todas las hojas.

Puedes probar ingresando más libros o eliminando hojas de los archivos, actualizas y notas los cambios

¡**Advertencia!** Si vas a ingresar más archivos a la carpeta o más hojas a los libros, debes asegurarte de que contenga el mismo formato, es decir, los mismos campos de columnas, tal cual están en esta consulta, en capítulos posteriores te enseñaremos como consolidar información, aunque no tengan el mismo formato.

Conectar datos de la Web

Traer datos de la Web nunca había sido tan fácil con Power Query, y lo mejor si los datos en la Web cambian, dinámicamente los datos se actualizan.

Abrir un nuevo libro de Excel -> Datos -> Obtener y transformar datos -> Desde la Web

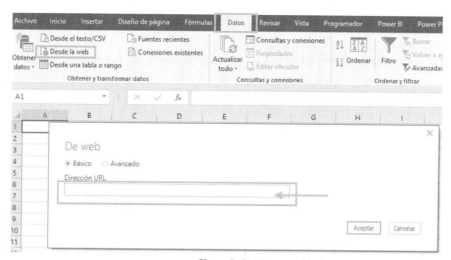

Figura 3. 81 - Conectando a la web

Ingresamos la dirección URL o la copiamos y pegamos -> Aceptar -> Editar

Figura 3. 82 - Datos de la Web en Power Query

Tenemos la tabla que nos arroja el link, depuramos un poco:

Transformar -> Usar la primera fila como encabezado

Inicio -> Cerrar y cargar, ya tenemos nuestros datos en Excel listo para procesar

Figura 3. 83 - Tabla carga en Excel

Como son datos provenientes de la Web, para actualizar es importante reiterar tener internet y luego actualizar para ver los cambios.

Esta conexión es útil cuando se trabaja con indicadores de páginas Web que constantemente están en cambio.

CAPÍTULO 4

Integración de datos

Después de este capítulo tú sabrás:

- Trabajar con diferentes consultas a la vez
- Anexar consultas
- Combinación de consultas
- Reemplazo de BUSCARV

Como consultores y docentes en Inteligencia de Negocios nos encontramos con muchos usuarios de Excel y Power BI, con múltiples problemas para manejar cantidades de información y aún más, si la información se encuentran en diferentes fuentes o tablas, y una de las primeras funciones que aprenden para cruzar o traer información de dichas fuentes, es la función BUSCARV, según encuestas de Microsoft ha sido la función más usada y ganadora de todas, que tal si te dijera que con Power Query es aún más fácil de lo que crees: Cruzar información, anexar tablas a otras, es toda una revolución de datos esta herramienta.

Anexar consultas

Cuando tenemos información de diferentes fuentes o tablas y debemos consolidar todos los datos en una sola base, *Power Query* tiene la ventaja de trabajar con diferentes consultas a la vez e ir anexando una o varias tablas debajo de cada una sin importar el tipo de extensión del archivo o fuente de datos, es decir, si tenemos 10 consultas con la misma estructura y solo queremos reunirlas todas en una sola. Empecemos.

Tenemos el siguiente escenario: En una carpeta están los archivos con extensión CSV de la

Producción 2010 a 2015, un archivo de texto con la producción 1999 el cual cargamos en el Capítulo 3, ver figura 3.2 a 3.4 y un archivo de Excel con extensión xlsx.

Con este escenario en la mesa, tenemos en mente que se deben realizar ya varias consultas:

- Primero debemos definir los encabezados que va a tener cada consulta
- Extraer archivos desde una carpeta
- Extraer los datos del archivo de texto
- Extraer datos de archivo de Excel xlsx
- Consolidar todas las consultas

Debemos seguir este paso a paso para lograr nuestro objetivo

Definir encabezado

Abrimos alguno de los archivos CSV, de texto o xlsx para definir los encabezados de columnas

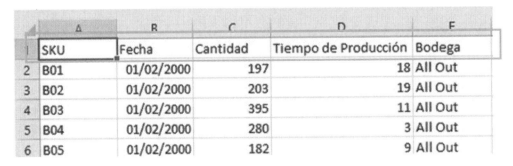

	A	B	C	D	E
1	SKU	Fecha	Cantidad	Tiempo de Producción	Bodega
2	B01	01/02/2000	197	18	All Out
3	B02	01/02/2000	203	19	All Out
4	B03	01/02/2000	395	11	All Out
5	B04	01/02/2000	280	3	All Out
6	B05	01/02/2000	182	9	All Out

Figura 4. 1 - Definición de encabezados

Extraer datos de la carpeta

En el capítulo anterior en la figura 3.67 y 3.68 aprendimos a conectarnos desde una carpeta repetimos los pasos hasta llegar al editor de Power Query

Abrimos un libro de Excel nuevo -> Pestaña Datos ->Obtener y transformar datos -> Obtener datos -> Desde un archivo -> Desde una carpeta -> Capítulo 4 ->Producción 2010_2014

Buscamos la carpeta o pegamos la dirección de la carpeta y editar.

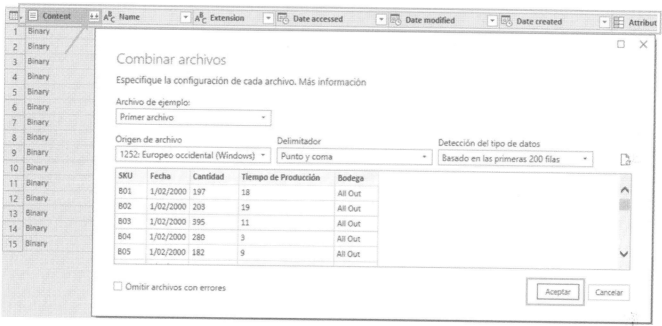

Figura 4. 2 - Expandir datos

Expandimos los datos y damos aceptar, tenemos todos los datos de cada archivo, pero al tener todas las columnas de la carpeta, vemos que hay una nueva, debemos eliminarla ya que en la figura 4.1 hemos definido la estructura de datos.

	Source.Name	SKU	Fecha	Cantidad	Tiempo de Producción	Bodega
1	Producción_2000.CSV	B01	01/02/2000	197	18	All Out
2	Producción_2000.CSV	B02	01/02/2000	203	19	All Out
3	Producción_2000.CSV	B03	01/02/2000	395	11	All Out
4	Producción_2000.CSV	B04	01/02/2000	280	3	All Out
5	Producción_2000.CSV	B05	01/02/2000	182	9	All Out
6	Producción_2000.CSV	B06	01/02/2000	352	5	All Out
7	Producción_2000.CSV	C10	01/02/2000	249	15	All Out
8	Producción_2000.CSV	C11	01/02/2000	457	17	All Out

Figura 4. 3 - Eliminar Columna

Con la estructura lista, vamos a Inicio -> Hacemos despliegue en Cerrar y Cargar -> Cerrar y cargar en... -> Seleccionamos solo Conexión

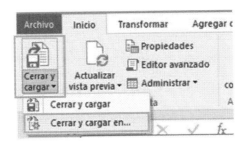

Figura 4. 4 - Cargar en solo

Este tipo de carga, como la estudiamos en la introducción de Power Query, la usamos cuando no necesitamos arrojar o ver los datos en Excel.

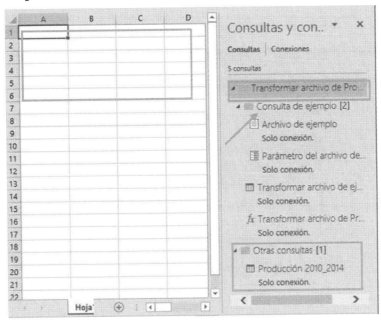

Figura 4. 5 - Panel de consultas

La figura 4.5 muestra varias consultas, Power Query, cuando realiza extracción de datos desde una carpeta, crea unos pasos y consultas internas, para que no halla confusión entre las consultas que vamos a adicionar, contraemos la carpeta llamada "Transformar archivo de Producción 2010_2014".

Extraer datos de txt

Si has leído el paso a paso de este libro, ya tienes más habilidad con la herramienta, si no habías tenido ninguna relación con Power Query, ahora usamos los pasos para extraer datos de un archivo de texto. Ver figura 3.1 a 3.4 hasta llegar a la interfaz. El archivo de texto se encuentra en la carpeta Capítulo 4, Producción_1999

En el mismo libro donde está la consulta anterior, vamos a Datos -> Desde el txt/CSV e ir a hasta el interfaz.

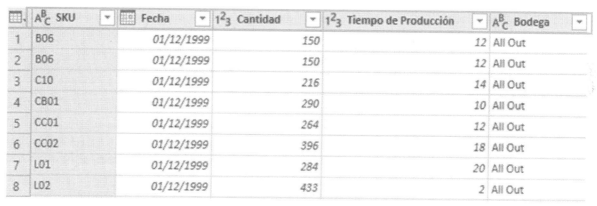

	A^B_C SKU	Fecha	1^2_3 Cantidad	1^2_3 Tiempo de Producción	A^B_C Bodega
1	B06	01/12/1999	150	12	All Out
2	B06	01/12/1999	150	12	All Out
3	C10	01/12/1999	216	14	All Out
4	CB01	01/12/1999	290	10	All Out
5	CC01	01/12/1999	264	12	All Out
6	CC02	01/12/1999	396	18	All Out
7	L01	01/12/1999	284	20	All Out
8	L02	01/12/1999	433	2	All Out

Figura 4. 6 - Consulta de txt

Verificamos que los encabezados están como definimos en la estructura inicial, solo nos queda Cerrar y cargar en... -> Crear solo conexión.

Extraer datos de archivo de Excel xlsx.

Este cuarto paso, es el repaso de la figura 3.47 y 3.48, en el mismo libro que estamos arrojando las consultas nos conectamos al libro de Excel ubicado en el capítulo 4, Producción_2015.

Datos -> Obtener datos -> Desde un archivo -> Desde un libro -> Seleccionamos Hoja 1 -> Editar

Ahora vemos el estado de los datos:

	A^B_C SKU ▼	📅 Fecha ▼	1^2_3 Cantidad ▼	1^2_3 Tiempo de Producción ▼	A^B_C Bodega ▼	1^2_3 Ventas ▼	1^2_3 Días Entrega ▼
1	L07	01/01/2015	280	10	All Out	463	13
2	L06	01/01/2015	218	8	All Out	128	29
3	L05	01/01/2015	303	19	All Out	373	22
4	L04	01/01/2015	431	6	All Out	410	26
5	L03	01/01/2015	193	11	All Out	373	6
6	L02	01/01/2015	298	18	All Out	189	9
7	L01	01/01/2015	310	7	All Out	252	11
8	CC02	01/01/2015	254	15	All Out	152	28

Figura 4. 7 - Datos de archivo de Excel

Revisando los datos, la tabla trajo dos columnas adicionales, Ventas y Días Entrega, para poder consolidar todas las consultas es recomendable eliminar estas dos últimas columnas y así conservaremos la estructura inicial para no tener confusiones en su unificación.

Cerrar y cargar en... -> Crear solo conexión

Cambiamos el nombre de la consulta ->Seleccionamos la consulta -> Clic derecho -> Cambiar nombre -> "Producción_2015"

Consolidar consultas

Estamos cada vez más cerca de consolidar nuestros datos, un par de clics más y terminamos.

Ingresemos de nuevo al editor de Power Query, clic derecho en alguna de las consultas -> Editar

Estando en la interfaz, vamos a la pestaña Inicio -> Grupo Combinar -> Se despliega Combinar Consulta.

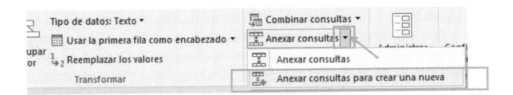

Figura 4. 8 - Anexar consultas

En este caso seleccionamos Anexar consultas para crear una nueva, si seleccionamos Anexar consultas, las demás tablas se van a anexar debajo de la que estamos editando.

Figura 4. 9 - Cuadro de diálogo Anexar consulta

Como estamos ubicados en la Consulta Producción 2010_2014, si no seleccionamos la opción Anexar consulta para crear una nueva, las 2 tablas se ingresan debajo de esta consulta.

Seleccionamos Tres o más tablas -> CTRL sostenido seleccionamos Producción_1999 y Producción_2015 -> Agregar -> Aceptar.

Cambiamos el nombre de la consulta por -> Producción Total ->Cerrar y cargar

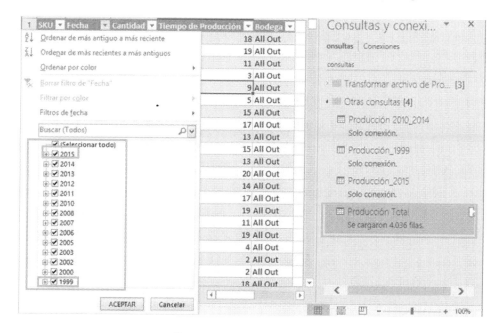

Figura 4. 10 - Datos consolidados

Funcionó perfectamente, ahora tenemos todos nuestros datos en una sola tabla, listos para preparar un gran reporte.

Combinar consultas

Combinar consultas es una las nuevas sorpresas que nos trae Power Query, en el día a día se que nos ha tocado traer información de otras tablas, cruzar informes y comparar datos, BUSCARV ha sido la ayuda de muchos para estos casos, pero hay casos que se nos ha complicado ese relacionamiento de informes, terminando este capítulo te aseguro que no imaginabas lo fácil que ya es con Power Query

Antes de empezar vamos a nombrar los 3 tipos de combinaciones que hay:

- Relación uno a uno
- Relación muchos a muchos
- Relación uno a muchos

Ejemplo de Combinación de Consultas

Si tenemos 3 tablas, en una de ellas tenemos los movimientos diarios de las ventas, en la segunda los detalles de los clientes, y en la última la información de los productos. Los movimientos diarios de ventas me traen el ID CLIENTE y el ID PRODUCTO, pero no trae los nombres tanto de clientes como de productos e información adicional de los clientes como País, Ciudad, lo mismo con los Productos, no trae el nombre ni el precio del Producto. Veamos.

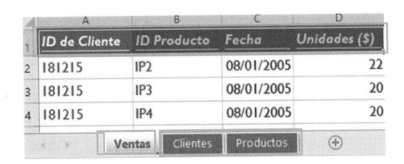

Figura 4. 11 - Tablas de datos

 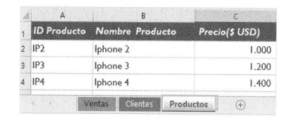

Figura 4. 12 - Tablas Maestras

> **Nota.** La tabla de Ventas la vamos a llamar tabla transaccional, y las tablas Clientes y Productos la vamos a llamar tablas maestras, esto lo veremos más a fondo en el capítulo 11.

¡Ya estás pensando lo que hay que hacer! Debemos relacionar las tablas de tal forma que los datos de las tablas maestras me alimenten la información de Ventas, ya que es muy difícil realizar un informe solo con los ID, necesitamos presentar nuestros gráficos y reportes al mejor detalle posible. Iniciemos.

Descargamos el archivo **Combinación uno a uno** de la carpeta Capítulo 4.

Vamos a realizar 3 conexiones del mismo libro:

Hoja Ventas -> Datos -> Obtener y transformar datos -> Desde una tabla o rango ->Aceptar

Afortunadamente los datos están nítidos, en caso de que no, ya tenemos la experiencia para aplicar una buena limpieza.

Cerrar y cargar en... Las Ventas vamos a cargarlas en formato tabla.

Cambiamos el nombre de la consulta por: **Ventas**

Ahora tenemos una nueva hoja "Hoja 1" y la primera consulta descargada a Excel.

Veamos la figura 4.13

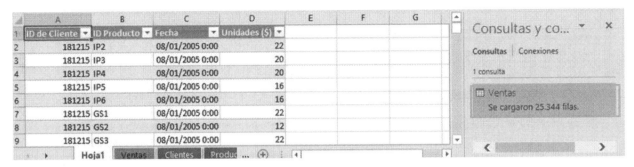

Figura 4. 13 - Consulta ventas

La Hoja 1, es la que vamos a usar para realizar el cruce de las otras hojas (Clientes y Productos).

Ahora vamos a realizar el mismo proceso de consulta que concebimos en la hoja Ventas.

Hoja Clientes -> Datos -> Obtener y transformar datos -> Desde una tabla o rango ->Aceptar

Estando en la interfaz de Power Query y con los datos listos para Cargar, ante cambiamos el nombre de la consulta a: **Clientes**

Inicio -> Cerrar y Cargar en... -> Crear Solo conexión Ver figura 4.4 -> Aceptar

Repetimos estos pasos nuevamente en la hoja Productos

Hoja Productos -> Datos -> Obtener y transformar datos -> Desde una tabla o rango ->Aceptar

Cambiamos el nombre de la consulta: **Productos**

Inicio -> Cerrar y Cargar en... -> Crear Solo conexión Ver figura 4.4 -> Aceptar

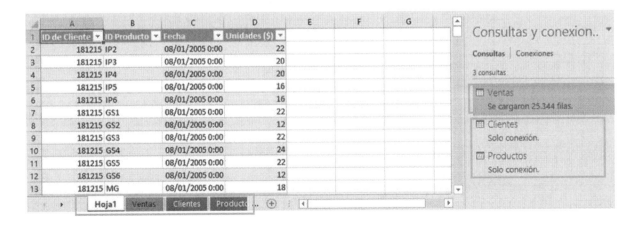

Figura 4. 14 - Consultas cargadas

Verificamos que las 3 consultas se hallan realizado correctamente y solo y únicamente la consulta Ventas los datos estén en Excel, las otras dos están solo como conexión.

Seleccionamos la consulta Ventas -> Clic derecho -> Combinar.

Figura 4. 15 - Cuadro de diálogo combinar

Iniciamos la intersección de datos, seleccionamos la consulta Clientes. Para realizar la combinación de consultas es necesario que las dos tablas tengan un campo en común, es decir, cada tabla debe contener una columna con datos que están tanto en hoja Ventas como en hoja Clientes.

Para este caso sería el campo ID CLIENTE, es la columna que se encuentra en cada una de las hojas, damos clic en cada encabezado ID CLIENTE de cada consulta

¡Advertencia! Si en las dos tablas no hay un campo en común es imposible realizar combinación de consultas, si has usado la función BUSCARV en Excel, es lo más probable que has encontrado tablas que no se pueden relacionar porque no cumplen esta regla

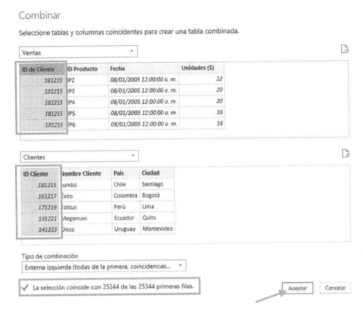

Figura 4. 16 - Selección campo en común

Es indiferente la posición de las tablas, arriba o abajo a la hora de combinar consultas, te recomendamos que la tabla transaccional valla en la parte superior y la tabla maestra o de búsqueda en la parte inferior.

Explorando la figura 4.16, al seleccionar cada campo en común de las consultas, Power Query alerta un mensaje de coincidencia de los datos, es decir, verifica que efectivamente todos los campos de la tabla Ventas se encuentran en la tabla Clientes.

Procedemos a dar Aceptar y ya estamos en el editor de consultas, se ha creado una nueva consulta llamada Merge1 (Combinación) y se ha agregado una nueva columna llamada Cliente, con flechas de expansión, lo que significa que los campos de la consulta Clientes se han convertido en Tabla donde se encuentran los datos a extraer.

Si damos clic en uno de estos campos, muestra todos los encabezados de dicha tabla. Veamos.

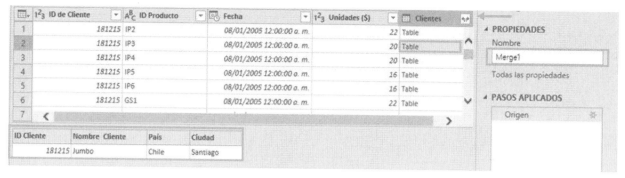

Figura 4. 17 - Editor de Consulta

Solo nos queda expandir la columna Clientes, para agregar los campos de la tabla clientes a la tabla Ventas.

Expandimos Columna Clientes -> Deshabilitamos Usar el nombre de la columna original como prefijo -> y seleccionamos los campos que vamos a agregar:

- Nombre cliente

- País

- Ciudad

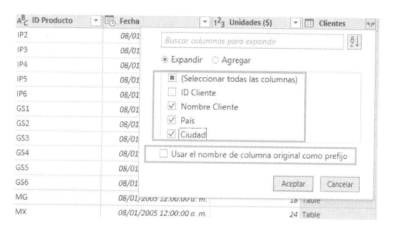

Figura 4. 18 - Expansión de columnas

No seleccionamos ID Cliente, ya que este campo se encuentra en la tabla Ventas, no hay necesidad de duplicarlo.

Aceptar -> Cambiamos el nombre de la consulta -> Consultas Combinadas

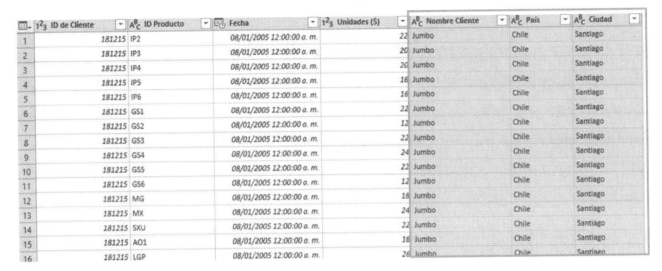

Figura 4. 19 - Columnas agregadas

La consulta ahora arroja 3 columnas adicionales, que corresponden a los campos que seleccionamos al expandir la tabla ventas.

Sin salir del editor de Power Query, en esta nueva consulta vamos a añadir los campos de tabla Productos y así tendremos todos los datos consolidados.

Inicio -> Grupo Combinar -> Combinar Consultas ->Combinar consultas

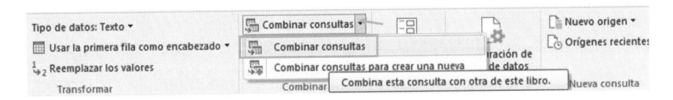

Figura 4. 20 - Combinar consulta

En la figura 4.8 explicamos cuando seleccionamos Combinar o Anexar consultas o Combinar consultas para crear una nueva, para este escenario la primera opción es la adecuada, no vamos a crear más consultas porque nos podemos saturar y entrar en confusión, con una sola es necesario.

Escogemos la consulta Productos y seleccionamos el campo en común entre las dos tablas, **ID Productos.** Ver figura 4.16

Figura 4. 21 - Combinar consulta tabla producto

Auditamos que todo este correcto -> Aceptar y repetimos el mismo proceso de la figura 4.18

Expandimos el campo Productos -> Deshabilitamos Usar el nombre de la columna original como prefijo -> y seleccionamos los campos que vamos a agregar:

* Nombre Producto
* Precio ($ USD)

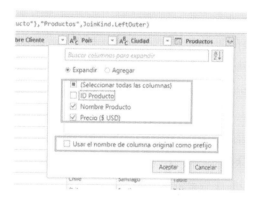

Figura 4. 22 - Seleccionar campos

Correctamente las columnas Nombre Producto y Precio ($USD) están consolidadas con los demás campos.

Inicio Cerrar y cargar.

Figura 4. 23 - Datos combinado en Excel

Con nuestros datos en Excel y las columnas anexadas correctamente de las tablas Clientes y Productos es la muestra más clara de lo fácil e intuitivo que es cruzar información de tablas o reemplazar ese famoso BUSCARV por algo más simple y rápido, ¿Por qué rápido? En este caso se cargaron 25.344 filas, es decir que, si realizas un BUSCARV para cada columna, multiplica las 5 columnas por 25.344, tú archivo cada vez va a aumentar más de tamaño.

¡Creo que hemo cometido un error!, ¿notas algo extraño?

En el panel de consultas se agregó una conexión nueva, es decir, que han quedado 4 consultas, la consulta Ventas y Consultas Combinadas tienen datos arrojados en el Excel, y en verdad solo necesitamos una tabla consolidada, el resto de las consultas deben quedar como solo conexión.

Es muy fácil reparar esto, damos clic derecho encima de la consulta Ventas -> Cargar en... ->

Crear solo conexión:

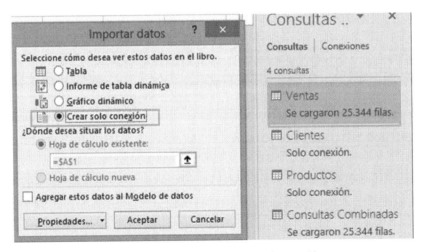

Figura 4. 24 - Cargar Ventas en solo conexión

Aceptar y Excel no advierte que al realizar esta acción puede haber una posible perdida de datos, es decir, la tabla de ventas que estaba arrojada en Excel desaparece, y la consulta queda cargada como solo conexión.

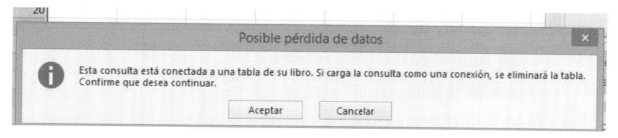

Figura 4. 25 - Posible pérdida de datos

Aceptamos y listo, todo un nuevo aprendizaje para relacionar, cruzar, y combinar información de uno a uno. ¿Por qué se llama relación de uno a uno? Tiene ese nombre porque de cada campo de la tabla ventas hemos relacionado con un campo de la tabla Clientes o Productos.

Figura 4. 26 - Relación uno a uno

Nota. Aunque se agregaron 5 columnas más, 3 de la tabla Clientes y 2 de la tabla Productos, no significa que se relacionaron varios campos, este fue el resultado, la relación solo se hizo con un Campo de Ventas y un solo campo de la tabla Clientes y uno de la tabla Producto (Uno a uno)

¡Advertencia! Los campos en común con los que se combinan las consultas deben estar en el mismo formato, es decir, si el ID Producto de la tabla ventas está en formato número entero, lo mismos debe estar el ID Producto de la tabla Productos.

Se cambian desde el editor de Power Query, no en Excel

CAPÍTULO 5

Reordenación avanzada de datos

Después de este capítulo tú sabrás:

- Transponer tablas
- Anulación dinamización de columnas
- Columna dinámica
- Agrupación de datos

Si has llegado hasta este capítulo y te has sorprendido, en los capítulos anteriores has encontrado trucos, procesos, funciones, maneras diferentes y rápidas de manejar tus datos, a lo que llamamos los gomosos del tema, esto es oro en polvo, o tal vez ya conocías todo lo anterior, es válido y aplaudimos tus conocimientos, seas cual sea el usuario, no te despegues que lo que viene te aseguro va ayudarte a reordenar tus datos cuando crees que no tienen solución o la única forma es la manera manual en que los organizas, veamos unos casos más.

Transponer tablas

En el capítulo 3 cargamos un archivo en formato CSV, ver figura 3.17 y 3.18, habíamos dejado indicado que este archivo necesitaba ser organizado y limpiado, notábamos algo raro en los datos, primero no están en formato tabular, recuerda que es el objetivo primordial de toda limpieza de datos: llegar a esta meta, adicional los campos columnas están en las filas y las filas están ubicadas en las columnas, es decir, esta transpuesta la información.

El archivo con el que vamos a trabajar es el mismo, "Producción_2015".CSV, lo puedes tomar de la carpeta Capítulo 4 o 5.

Abrir un libro de Excel nuevo -> Datos ->Pestaña Obtener y transformar datos -> Desde el texto/CSV -> Importar -> Editar

Claramente la pantalla de Power Query muestra un orden inadecuado de la información.

	A^B_C Column1	A^B_C Column2	A^B_C Column3	A^B_C Column4	A^B_C Column5	A^B_C Column6	A^B_C Column7	A^B_C Column8	A^B_C Column9
1	SKU	L07	L06	L05	L04	L03	L02	L01	CC02
2	Fecha	1/01/2015	1/01/2015	1/01/2015	1/01/2015	1/01/2015	1/01/2015	1/01/2015	1/01/2015
3	Cantidad	280	218	303	431	193	298	310	254
4	Tiempo de Producción	10	8	19	6	11	18	7	15
5	Bodega	All Out	All Out	All Out	All Out	All Out	All Out	All Out	All Out

Figura 5.1 - Archivo cargado

Debemos cambiar la posición de los datos, las filas a columnas y las columnas a filas, en Excel también podemos realizar este cambio de manera rápida y fácil, pero recuerda que con Power Query solo haces una vez y listo, tu proceso queda automatizado y cada que lo necesites realizar clic derecho actualizar, y es lo que cada usuario de estas herramientas debe buscar, más tiempo para analizar y menos para procesar.

Iniciamos:

Pestaña Transformar -> Transponer -> Usar la primera fila como encabezado

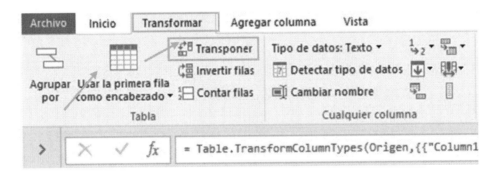

Figura 5.2 - Opción transponer

Con estos cortos pasos ya tenemos la tabla en el formato correcto, listos para ser usados

Inicio -> Cerrar y cargar. Los datos han tomado su posición natural

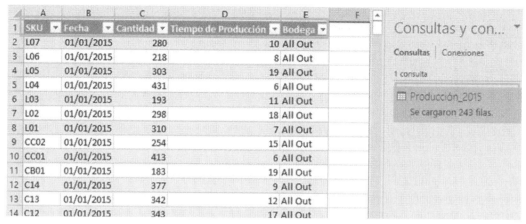

Figura 5. 3 - Tabla transpuesta

Anulación de dinamización de columnas (Unpivot)

El caso anterior fue relativamente sencillo, para este caso necesitamos entender algo primero, antes de entrar en materia.

 Pivotear Una definición simple: Mover o cambiar de un lugar a otro un campo, dato, encabezado o columna.

Cuando iniciamos en el mundo de la información, no tenemos varias reglas claras a la hora de trabajar con ella, una de ellas es que debemos siempre guardar los datos en formato tabular o base de dato, es decir, si estoy guardando el inventario o ventas de los productos por año solo debería tener 3 columnas:

PRODUCTO – AÑO - VALOR

Si no tenemos estas reglas claras, nos hemos encontrado con información ya Pivoteada, es decir, los usuarios almacenan la información no para ser procesada sino para ser presentada dentro de la misma base que se guarda, y en vez de tener solo 3 columnas como el caso anterior, tienen **n** columnas y así es bien difícil manipular dicha información. Veamos esto gráficamente.

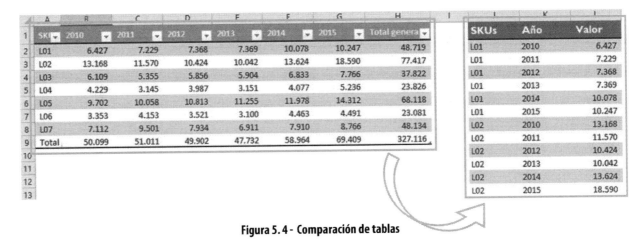

Figura 5. 4 - Comparación de tablas

La Tabla 1 es la forma incorrecta de almacenar la información, aunque sea la manera más fácil de visualizar los datos, es una tabla que ya está pivoteada, es decir, los campos años están en diversas columnas, y si pruebas creando una tabla dinámica a la hora de consolidar la información debes bajar 6 veces este campo. Creemos dos tablas dinámicas para ver su diferencia.

En la carpeta Capítulo 5, buscamos el archivo "Anulación Columnas 1.xlsx".

Seleccionamos la Tabla 1 ->Pestaña Insertar ->Tabla Dinámica ->Aceptar

Bajamos el campo SKUs a Filas y cada uno de los años a valores.

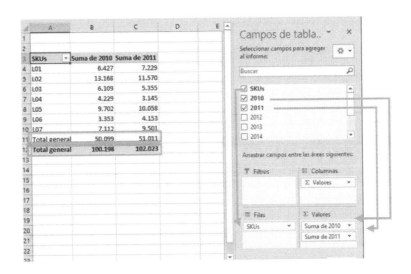

Figura 5. 5 - Tabla dinámica de datos

Si apetecemos realizar un análisis de datos por años, debemos bajar cada campo año las veces que sea necesario, es decir, que si tenemos 10 años para analizar son estas veces los movimientos que hay que realizar, pero este no es lo más trágico, si notan la tabla dinámica tiene dos Totales Generales, uno pertenece a como se estaban guardando los datos en el origen y el otro al total que por defecto realiza la tabla dinámica.

Esto y muchos errores más y dificultades nos vamos a encontrar si nuestros datos están Pivoteados.

Ahora creemos una tabla dinámica, de la Tabla siguiente.

Seleccionamos la Tabla 2 -> Pestaña Insertar ->Tabla Dinámica ->Aceptar

Llevamos el campo SKUs -> Años a Columnas -> Valor a Valores

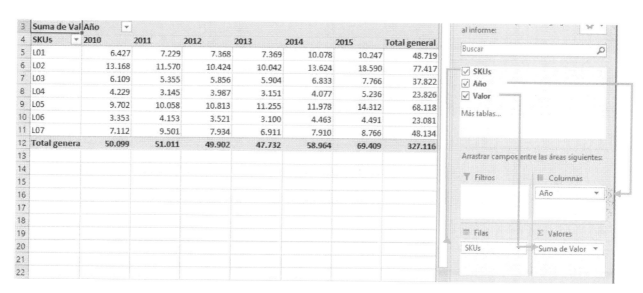

Figura 5. 6 - Tabla dinámica sin datos

Con tan solo 3 movimientos tenemos nuestros datos listos para su análisis, gráficos y presentación. *(Si quieres aprender más sobre Tablas dinámicas, te recomendamos nuestro libro "Quinta dimensión de Tablas Dinámicas". En la bibliografía encontrarás enlace).*

Notoriamente vemos las dos grandes diferencias al trabajar con datos Pivoteados (Pivot) y datos no Pivoteados (UNPIVOT).

La pregunta sería: ¿Si ya los datos los tengo almacenados de la manera incorrecta o las tablas que me envían de diferentes fuentes están Pivoteados, como los organizo?

¡De nuevo Power Query entra en acción!

En el mismo libro que creamos las tablas dinámicas, seleccionamos la Tabla 1 (Datos Pivoteados) -> Datos -> Obtener y transformar datos -> Desde una tabla o rango.

Dentro del editor de consultas, antes de realizar este maravilloso truco de anular columnas Pivoteadas, debemos:

- Eliminar la columna "Total general"
- Filtrar el campo "SKUs" y deshabilitar "Total general"

Datos listos para aplicar anulación de columnas:

SKUs	1.2 2010	1.2 2011	1.2 2012	1.2 2013	1.2 2014	1.2 2015
1 L01	6426,75	7229,325	7367,7	7369,2375	10078,3125	10247,4375
2 L02	13167,51	11569,56	10423,86	10041,96	13623,78	18590,49
3 L03	6108,963	5354,7145	5855,5475	5903,5315	6833,2215	7765,9105
4 L04	4229,05	3145,45	3986,745	3151,47	4077,045	5235,895
5 L05	9701,5875	10058,4275	10812,6575	11254,6525	11978,47	14312,1225
6 L06	3352,94	4152,88	3521,0125	3099,7675	4463,495	4491,1525
7 L07	7111,953	9500,9175	7934,166	6911,136	7909,5375	8765,8515

Figura 5.7 - Tabla limpia

Con la columna SKUs seleccionada damos clic derecho -> **Anulación de dinamización de otras columnas.**

Existen 3 formas para aplicar este gran truco:

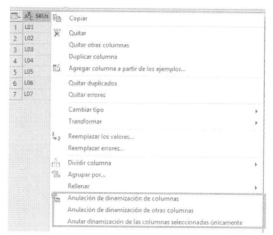

Figura 5. 8 - Opciones de anulación de columnas

- **Anulación de dinamización de columnas:** Debemos seleccionar las columnas que vamos a anular, ejemplo, si vamos a usar esta opción para nuestro caso, debemos escoger todas las columnas 2010 a 2015 y aplicamos.

- **Anulación de dinamización de otras columnas:** Siguiente nuestro ejemplo, esta opción es lo contrario de la anterior, ya que, si debemos anular el pivote de las columnas años, seleccionamos la o las columnas que no tiene este inconveniente y aplicamos.

- **Anulación de dinamización de las columnas seleccionadas únicamente:** Es un caso especial donde única y exclusivamente seleccionamos las columnas a anular, las demás quedan como en el origen.

Comprendiendo estas 3 opciones, aplicamos el segundo caso:

Clic derecho SKUs ->Anulación de dinamización de otras columnas

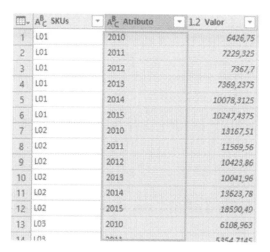

Figura 5. 9 - Columnas anuladas

Por último, Cambiamos el nombre del campo Atributo por "Año" -> Cerrar y Cargar

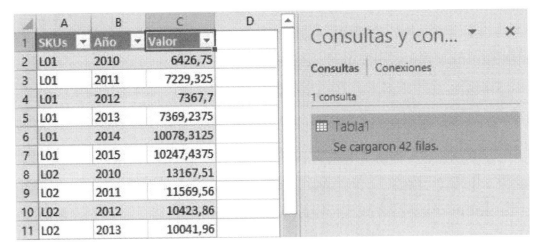

Figura 5. 10 - Datos organizados

¿Qué tal? Fue más larga la explicación, que el mismo truco, pero necesaria para entender el trasfondo de todo. Te confieso, es una de las grandes herramientas que más me ha gustado, útil, sencilla y eficaz.

Anulación de dinamización con dos niveles de encabezado

Cada vez más, avanzamos en la reordenación de datos, el caso solo tenía un encabezado para anular su Pivote, es decir, solo los campos años teníamos que llevar a formato tabular, ahora entraremos a aguas un poco más a fondo, estudiaremos el caso cuando son dos encabezados.

Sin salir de la carpeta Capítulo 5 ->Abrimos el archivo -> "Anulación de Columnas 2.xlsx"

En la Hoja 1 vemos dos tipos de información, que en esencia es la misma, pero explicado anteriormente, la primera esta pivoteada y la segunda es la forma correcta de guardar la información. El reto es llevar la Tabla 1 al formato Tabular, según Tabla 2. Veamos.

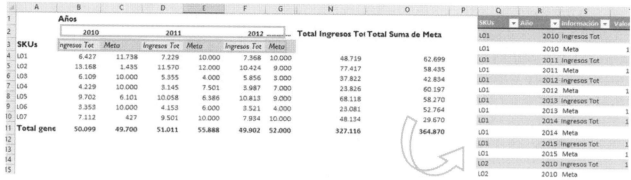

Figura 5. 11 - Tablas de datos anulación

La Tabla 1 está a dos niveles:

- Años

- Tipo de información (Ingresos Tot y Meta)

Con este tipo de información es muy complicado trabajar para realizar informes, presentaciones, tablas dinámicas y modelos de información. Iniciemos.

Seleccionamos la Información 1 -> Datos -> Obtener y transformar datos -> Desde una tabla o rango -> Deshabilitamos el cuadro: La tabla tiene encabezados -> Aceptar

Los datos cargaron al editor, para lograr nuestro objetivo vamos a ver una serie de trucos, por ende, debes seguir el paso a paso:

- Eliminar las dos últimas columnas (Columna 14 y 15)

- Eliminar primer fila -> Inicio -> Quitar filas ->Quitar filas superiores -> Número de filas =1 -> Aceptar.

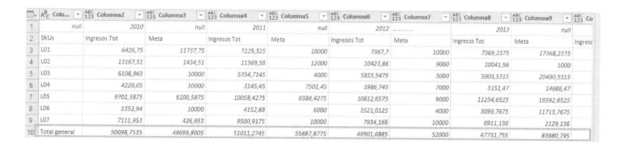

Figura 5. 12 - Tabla en proceso

Continuamos:

- Filtramos la Columna 1-> Des seleccionar Total general

- Transponemos la tabla -> Pestaña Transformar -> Transponer. Ver figura 5.2

Así va nuestro proceso:

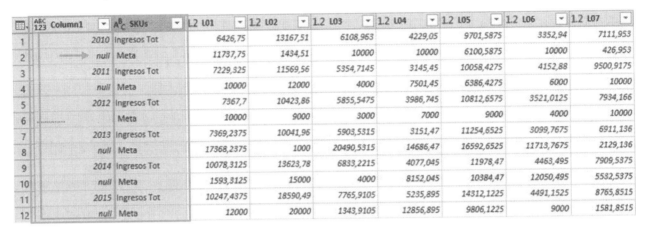

ABC 123 Column1	A_C SKUs	1.2 L01	1.2 L02	1.2 L03	1.2 L04	1.2 L05	1.2 L06	1.2 L07
1	2010	Ingresos Tot	6426,75	13167,51	6108,963	4229,05	9701,5875	3352,94	7111,953
2	null	Meta	11737,75	1434,51	10000	10000	6100,5875	10000	426,953
3	2011	Ingresos Tot	7229,325	11569,56	5354,7145	3145,45	10058,4275	4152,88	9500,9175
4	null	Meta	10000	12000	4000	7501,45	6386,4275	6000	10000
5	2012	Ingresos Tot	7367,7	10423,86	5855,5475	3986,745	10812,6575	3521,0125	7934,166
6		Meta	10000	9000	3000	7000	9000	4000	10000
7	2013	Ingresos Tot	7369,2375	10041,96	5903,5315	3151,47	11254,6525	3099,7675	6911,136
8	null	Meta	17368,2375	1000	20490,5315	14686,47	16592,6525	11713,7675	2129,136
9	2014	Ingresos Tot	10078,3125	13623,78	6833,2215	4077,045	11978,47	4463,495	7909,5375
10	null	Meta	1593,3125	15000	4000	8152,045	10384,47	12050,495	5532,5375
11	2015	Ingresos Tot	10247,4375	18590,49	7765,9105	5235,895	14312,1225	4491,1525	8765,8515
12	null	Meta	12000	20000	1343,9105	12856,895	9806,1225	9000	1581,8515

Figura 5. 13 - Tabla transpuesta

En la columna 1, hay unos campos null, es decir, están en blanco, necesitamos realizar un relleno, de tal forma que los años se repitan para llegar al formato tabular.

- Seleccionamos Columna 1 -> Clic derecho -> Rellenar -> Abajo

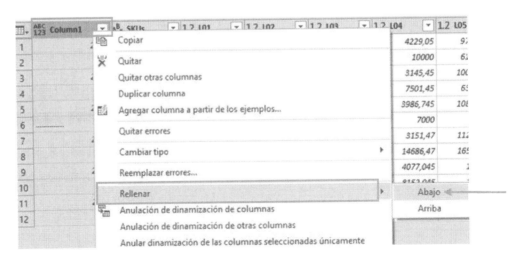

Figura 5. 14 - Rellenar columna

Con la Columna 1 rellena, vamos a realizar el truco que es el eje de esta sección:

* Seleccionamos la Columna 1 y la columna SKUs simultáneamente

* Pestaña Transformar -> Combinar columnas

* En el cuadro de diálogo elegimos Separador -> --Personalizado-- -> Escribimos un separador que nos identifique una columna de la otra.

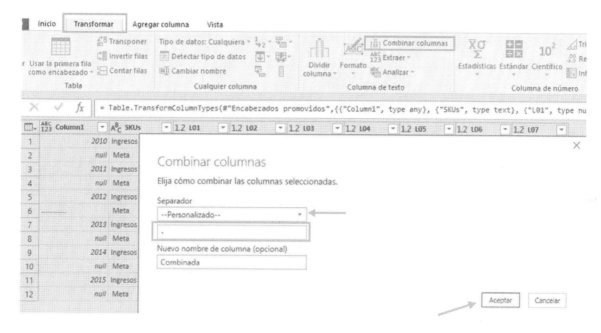

Figura 5. 15 - Combinar columnas

Aceptamos y con las columnas combinadas, aplicamos estos pasos:

* Transponemos de nuevo la tabla

* Usar la primera fila como encabezado

* Seleccionamos la columna -SKUs -> Clic derecho -> Anulación de dinamización de otras columnas. Ver figura 5.7.

Ya estamos a punto de lograrlo:

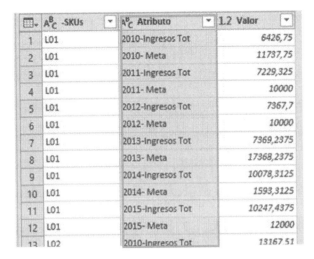

Figura 5. 16 - División de columnas

Dos pasos más:

- Clic derecho en la columna atributo -> Dividir columna -> Por delimitador -> Delimitador situado más a la izquierda -> Aceptar

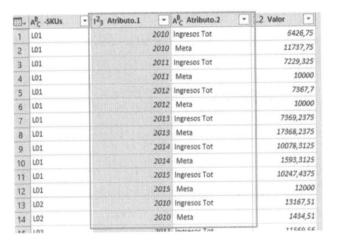

Figura 5. 17 - Columna divididas

Cambiamos el nombre de la columna Atributo.1 - "Año" y Atributo.2 - "Información".

Cerrar y cargar.

¡Magia ¡El conejo ha salido del sombrero, datos limpios y listos para que sorprendas a tu jefe y toda tu empresa

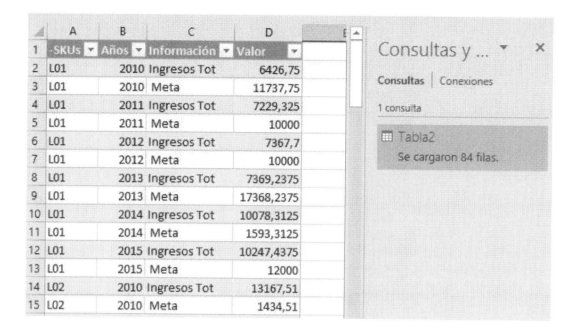

Figura 5. 18 - Tabla depurada

CAPÍTULO 6

Manejo de consultas

Después de este capítulo tú sabrás:

- Identificar las diferentes propiedades de cada consulta
- Duplicar consultas
- Ordenar las consultas
- Actualizar consultas de manera automática

El manejo adecuado de las consultas va a ser relevante cuando en nuestros archivos tengamos muchas a la vez, debemos tener un buen manejo de estas en su ordenación, actualización y modificación para aumentar nuestra productividad con los datos.

Una de las grandes ventajas de Power Query, lo podemos programar para que se actualice cada n tiempo, o directamente desde la programación de macros en Excel.

Propiedades de las consultas

Las consultas tienen propiedades importantes que nos ayudaran a automatizar aún más nuestras labores diarias. Pero antes de dar un recorrido por ellas, vemos la diferencia entre una consulta y una conexión.

Consulta. Es la carga de datos que realizamos de diferentes fuentes de información dentro del archivo de Excel o en Power BI, todo lo visto en los capítulos anteriores son consultas

Conexión. Es la vinculación directa que realizamos a una consulta

Abrir archivo "Propiedades de la consulta.xlsx" de la carpeta Capítulo 6

El archivo muestra dos hojas, Hoja 1 datos en tabla, Hoja 2 es una consulta de Power Query.

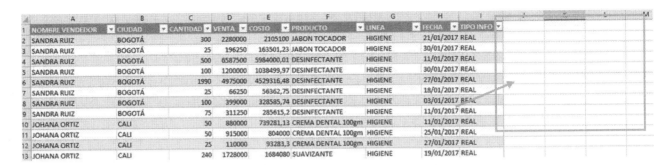

Figura 6. 1 - Datos de consulta

Cuando estamos en un archivo que contiene una consulta, en la parte derecha debe salir el listado de consultas y conexiones que se encuentran en dicho libro. En caso de que no esté visible este panel los podemos mostrar:

Pestaña Datos -> Grupo consultas y conexiones -> Consultas y conexiones

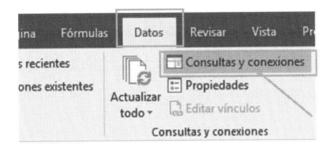

Figura 6. 2 - Mostrar consultas

Con esta opción todas las consultas y conexiones existente en el libro salen a la vista.

Figura 6. 3 - Consultas y conexiones visibles

Con las consultas visibles, y dando clic derecho sobre ella, vemos alguna de sus opciones

- Copiarla y pegarla

- Editarla

- Eliminar la consulta

- Cambiar nombre

- Actualizar datos

- Cambiarle el tipo de carga

- Duplicarla

- Crear grupos de consultas

- Parametrizar propiedades

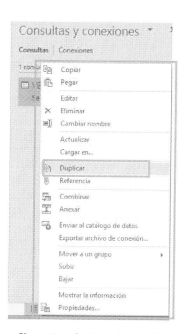

Figura 6. 4 - Opciones de consulta

Probemos una de ellas, clic en Duplicar.

Al dar clic, nos abre el editor de consultas, como una consulta nueva para aplicar el proceso ETL por el cual decidimos crear una copia.

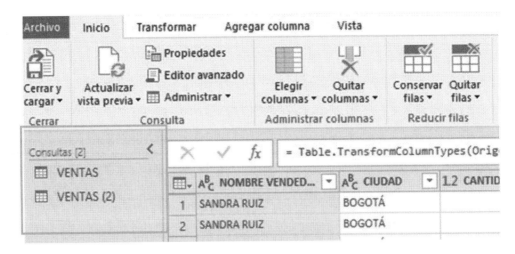

Figura 6. 5 - Consulta duplicada

Damos clic derecho en la consulta VENTAS (2) -> Cambiar nombre -> Consulta Duplicada

Cerrar y cargar. Contamos con dos consultas exactamente iguales.

En el capítulo 3, figura 3.16, explicamos la actualización de las consultas, esto es de una manera manual, ya que el usuario debe realizar esta acción. Power Query tiene la opción de automatizar dicho proceso:

Actualizar cada "X" tiempo

Dentro de las propiedades de la consulta, indicamos a Power Query un tiempo determinado para activar la actualización.

Clic derecho en la consulta -> Propiedades -> Habilitamos Actualizar cada -> digitamos tiempo en minutos para que se ejecuta la actualización.

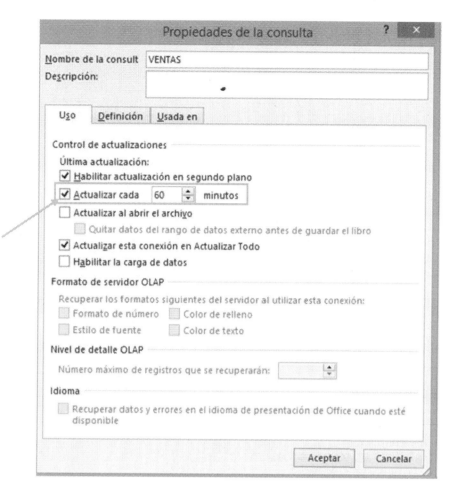

Figura 6. 6 - Parametrizar actualización

Aceptamos. Podemos hacer la prueba programando que se actualice cada minuto, para ver dichos cambios. Así podemos programar cada una de las consultas.

Nota. Esta opción que nos brinda Power Query es muy útil en diferentes escenarios, en especial cuando tenemos consultas desde la Web, para una actualización constante, pero debemos tener en cuenta que solo funciona solo SI el archivo de Excel está abierto. Este parámetro no está habilitado en Power BI

Actualizar consultas con macros VBA

Si ya poseemos muchas consultas dentro de Excel y no deseamos optar por que se actualicen cada determinado tiempo, o el archivo lo compartimos con otros usuarios que no poseen mucho conocimiento en el tema, podemos crear un código en Visual Basic, es decir, una macro en Excel y anclarla a un botón y de allí generar la actualización.

Volvamos al archivo donde estamos trabajando y vamos a entrar al editor de Visual Basic

ALT + F11 -> Insertamos un módulo, ver figura siguiente

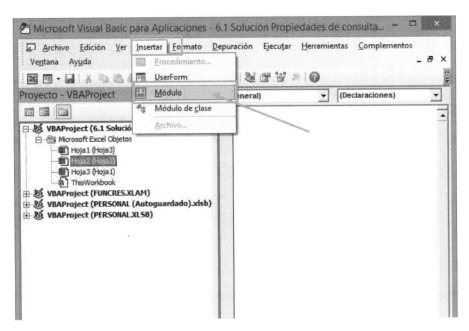

Figura 6. 7 - Editor Visual Basic

Estando en el módulo vamos a ingresar el siguiente código:

Sub Actualizar_Consultas()

ActiveWorkbook. Connections("Consulta - VENTAS").Refresh

ActiveWorkbook. Connections("Consulta - Consulta Duplicada").Refresh

MsgBox "Consultas Actualizadas", vbInformation, "Inteligencia de negocios"

End Sub

Expliquemos un poco el código:

- **ActiveWorkbook:** Activa el libro actual
- **Connections:** Detecta las conexiones que hallan dentro del libro
- **("Consulta - VENTAS"):** Se define el tipo de conexión, es una consulta, separado de un guion como regla de la macro seguido del nombre de la consulta. El nombre de la consulta debe ser exactamente igual, tanto en mayúscula como en minúscula
- **Refresh:** Ejecutamos la acción de que se actualiza cada consulta

La misma línea de código se repite para cada consulta y al final puedes poner un mensaje informativo para indicar el proceso ha finalizado.

Por último, solo nos queda anclar dicho código a un botón o imagen para que se ejecute dentro de una hoja de Excel.

Seleccionamos la Hoja 1, donde se encuentra la base inicial, insertamos una forma.

Figura 6. 8 - Insertar Forma

La ubicamos en la hoja, clic derecho -> Asignar macro -> Seleccionamos la macro -> Aceptar

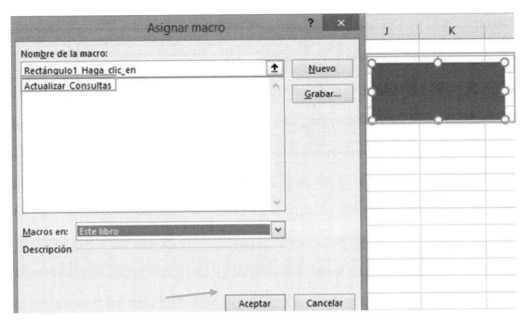

Figura 6. 9 - Asignar macro

Editamos la figura -> Clic derecho editar texto -> "ACTUALIZAR CONSULTAS"

Ubicándonos en cualquier otra celda, damos clic el botón

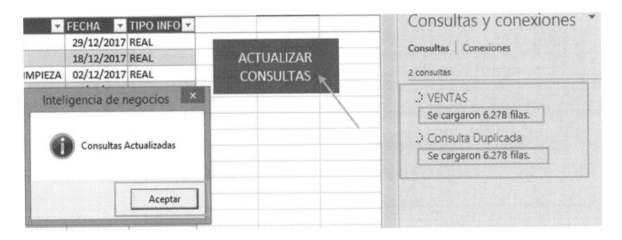

Figura 6. 10 - Consultas actualizadas

Las consultas empiezan su estado de actualización, aceptamos y consultas cargadas

Recuerda guardar el libro con extensión .xlsm, libro habilitado para macros.

Crear consulta desde una columna

Hemos hablado acerca de tablas transaccionales y tablas maestras, podemos encontrar solo tablas transaccionales, si necesitamos una tabla maestra de otra tabla no tenemos ningún inconveniente, Power Query tiene la posibilidad de convertir una columna de una consulta en una nueva consulta.

Con el mismo archivo en que venimos trabajando en este capítulo, vamos al editor de consulta.

Clic derecho en consulta VENTAS -> Editar.

Entrando en Power Query, vamos a crear los maestros como consultas independientes.

Los maestros son: Vendedores – Ciudad - Producto - Línea

Seleccionamos la columna NOMBRE VENDEDOR -> Clic derecho -> Agregar como consulta nueva

Figura 6. 11 - Agregar como consulta nueva

Nos lleva a una nueva pestaña -> Herramientas de lista -> Transformar -> Quitar duplicados.

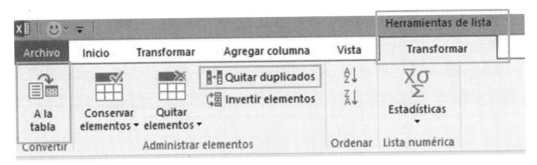

Figura 6. 12 - Quitar Duplicados

Ya tenemos los datos únicos, convertimos la lista en una tabla para que ya haga parte de una consulta más.

A la tabla -> Seleccione o escriba el delimitador -> Ninguno -> Como controlar columnas adicionales -> Acumular en la última columna.

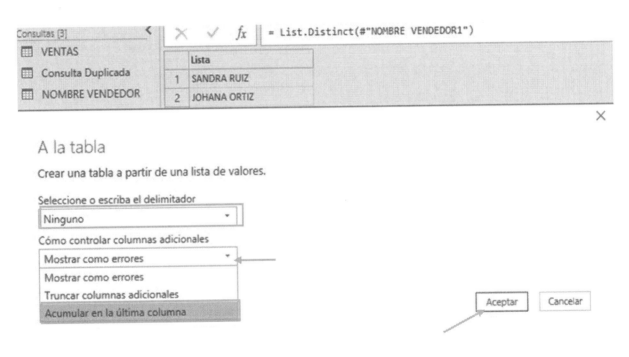

Figura 6. 13 - Parametrizar tabla

Eliminamos la última columna -> Cambiar nombre de Columna 1 por -> "VENDEDORES" .

Cambiamos el nombre de la consulta -> Clic derecho sobre la consulta NOMBRE VENDEDOR ->

Cambiar nombre -> "Vendedores"

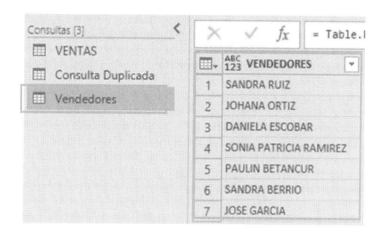

Figura 6. 14 - Parametrizar tabla

Cerrar y guardar, y hemos creado una tabla maestra de vendedores, con la ventaja si ingresa un nuevo vendedor a la tabla ventas, se actualiza y la tabla maestra de vendedores se alimenta automáticamente.

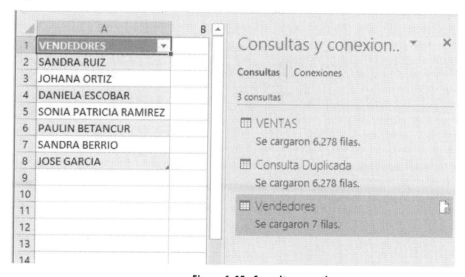

Figura 6. 15 - Consultas cargadas

Con 3 consultas cargadas hasta el momento, vamos a repetir el mismo proceso anterior para generar los maestros: **Ciudad - Producto - Línea**

Clic derecho en la consulta VENTAS -> Editar, repetimos los pasos de la figura 6.11 a 6.15

Tu panel de consultas y conexiones debe estar ahora así

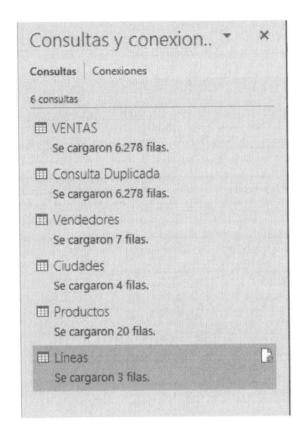

Figura 6. 16 - Consultas completas

Organizar consultas

Cada vez que hagas una nueva consulta, se va acumulando en el panel Consultas y conexiones.

A través del tiempo esto puede traer confusiones, lo mejor es organizarlas de tal forma que se puedan identificar fácilmente, vamos a ordenarlas por grupos:

- Consultas Transaccionales
- Consultas maestras

Procedamos. Primero vamos a agrupar las consultas Transaccionales.

Seleccionamos la consulta VENTAS -> Clic derecho -> Mover a un grupo -> Nuevo grupo.

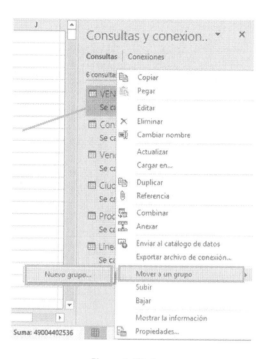

Figura 6. 17 - Crear grupo

Nombramos el grupo como -> Consultas Transaccionales.

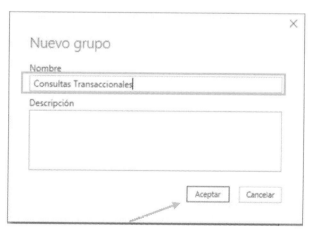

Figura 6. 18 - Nombrar grupo

Al aceptar nos genera un tipo de carpeta, una con la consulta VENTAS y por defecto las otras llamadas, Otras consultas.

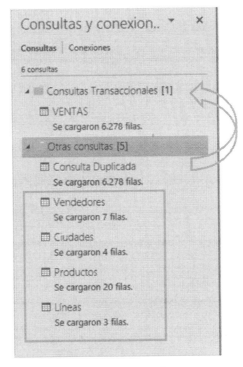

Figura 6. 19 - Grupos creados

Movemos la consulta -> Consulta Duplicada para el grupo -> Consultas Transaccionales [1]

Clic derecho sobre la consulta duplicada ->Mover a un grupo -> Seleccionamos -> Consultas Transaccionales.

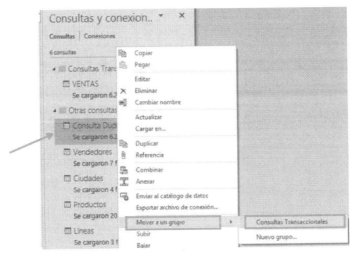

Figura 6. 20 - Mover consulta duplicada

El mismo proceso lo realizamos para el resto de las consultas. Creamos un grupo nuevo, llamado Consultas Maestras y movemos todas las consultas hacia este grupo.

Tú panel de consultas debe quedar de la siguiente manera:

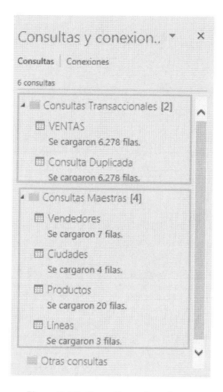

Figura 6. 21 - Consultas ordenadas

Con las consultas en grupos, de seguro vas a poder trabajar más cómodamente.

CAPÍTULO 7

Inteligencia de Negocios con fechas

Después de este capítulo tú sabrás:

- Crear tabla calendario en Power Query
- Calcular días entre columnas fechas
- Análisis de fecha en filas
- Convertir a formato fecha.

Las fechas es una variable muy determinando al implementar Inteligencia de Negocios, muestra en el tiempo los comportamientos, variaciones y cambios que tienen múltiples datos para la toma de decisiones.

Muchos usuarios han tenido dificultades en trabajar con fechas en Excel, Power Query ha desarrollado diversas opciones para trabajar con ellas de manera fácil e intuitiva.

Crear tabla calendario

En Power Query como en Power BI, podemos crear una tabla calendario dentro del editor de consultas, con el objetivo de crear tablas relacionables en el modelo de datos, en la parte II de este libro vas a poder estudiar a profundidad este tema, lo que nos compete en el momento es realizar nuestro análisis de fechas en Power Query. Iniciemos.

Crear un libro de Excel nuevo -> Datos -> Obtener datos -> Desde otras fuentes -> Consulta en blanco. Ver figura 2.2

Estando en el editor de consulta en la barra de formula vamos a ingresar el siguiente código:

=List.Dates (#date (2018,6,15), 365*1, #duration (1,0,0,0))

En el siguiente capítulo estudiaremos Lenguaje M, comprenderemos las fórmulas.

Desglosemos esta fórmula:

- **List.Dates:** Indica que se va a crear una lista de fechas.
- **#date (2018,6,15):** Parametrizamos el inicio de la fecha Año, mes, día; en este orden
- **365*1:** 365, son los días de un año y multiplicamos por el número de años a agregar a la lista, es decir, es la fecha final.
- **#duration (1,0,0,0):** Es el incremento de una fecha a otra días, horas, minutos, segundo, en este orden va aumentar cada fecha, para nuestro caso va crecer diaria.

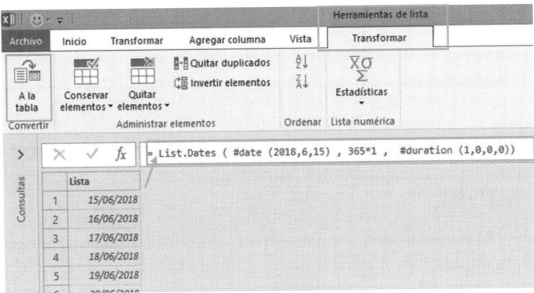

Figura 7. 1 - Crear lista de fechas

Seleccionamos la fecha 15/06/2018, es una fecha muy importante para nosotros, fue el lanzamiento de este sorprendente libro.

Con una sola fórmula ya hemos creado un listado de fechas, llevamos la lista a la tabla, para formar estas fechas a un mayor detalle.

En la misma herramienta de lista -> Clic A la tabla. Ver figura 7.1

Aceptamos y se ha cargado la información. Cambiar nombre de Columna 1-> Fecha -> Formato fecha -> Cambiar nombre de consulta 1 a-> Tabla calendario

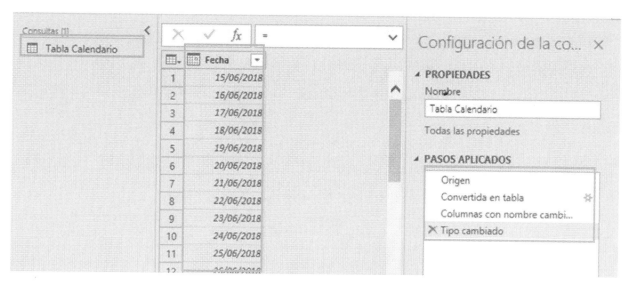

Figura 7. 2 - Consulta Tabla Calendario

Con las pestañas de Power Query vamos a agregar nuevas columnas o transformar la columna fecha actual, es decir, vamos a ir a la pestaña Agregar Columna, para expandir y terminar la tabla calendario.

Vamos a detallar en lo máximo el campo fecha y así paso a paso vamos creando el objetivo.

Seleccionamos la columna Fecha -> Pestaña Agregar Columna ->Fecha.

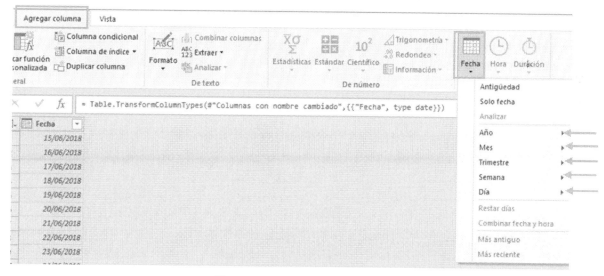

Figura 7. 3 - Agregar fecha

Hay un abanico completo para agregar columnas de fecha, puedes desglosarla desde año hasta día, demos un paseo por cada ítem:

Año

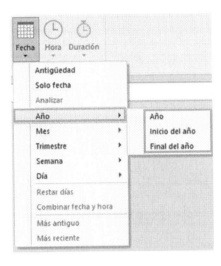

Figura 7. 4 - Opciones años

* **Año:** Agrega una columna con el número de año que tiene cada fecha
* **Inicio del año:** Indica el día en que dicho año comienza. Ejemplo: 1/01/2018
* **Final del año:** Arroja la fecha en que termina el año agregado. Ejemplo 31/12/2018

Para este caso agregamos la opción año a la tabla calendario.

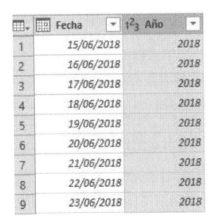

Figura 7. 5 - Agregar año

Mes

Ahora desplegamos el Mes. Para esto debemos siempre estar con la columna Fecha seleccionada, y así se habilita la opción Fecha.

Figura 7. 6 - Opciones Mes

- **Mes:** Trae el mes en número de la fecha seleccionada

- **Inicio Mes:** Se indica en qué fecha comienzo dicho mes, ejemplo, si tenemos la fecha 15/06/2018, nos arroja 01/06/2018

- **Fin de mes:** Trae en qué fecha termina la fecha seleccionada

- **Días del mes:** Calcula cuantos días tiene dicho mes, 28, 30 ó 31.

- **Nombre del mes:** Pone el mes en texto, enero, febrero...

Para nuestra tabla calendario, seleccionamos la opción Mes y Nombre mes.

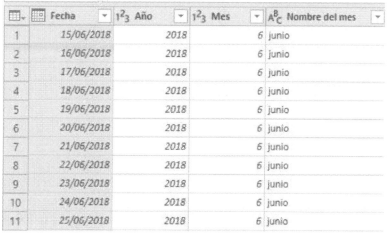

	Fecha	1²₃ Año	1²₃ Mes	A⁸c Nombre del mes
1	15/06/2018	2018	6	junio
2	16/06/2018	2018	6	junio
3	17/06/2018	2018	6	junio
4	18/06/2018	2018	6	junio
5	19/06/2018	2018	6	junio
6	20/06/2018	2018	6	junio
7	21/06/2018	2018	6	junio
8	22/06/2018	2018	6	junio
9	23/06/2018	2018	6	junio
10	24/06/2018	2018	6	junio
11	25/06/2018	2018	6	junio

Figura 7. 7 - Mes agregado

Trimestre

Analicemos las 3 opciones del Trimestre.

Figura 7. 8 - Trimestre

- **Trimestre del año:** Trae el trimestre a que pertenece cada fecha seleccionada

- **Inicio del trimestre:** Según el trimestre al que pertenece la fecha, calcula en qué fecha inicia dicho trimestre

- **Final del trimestre:** Según el trimestre al que pertenece la fecha, calcula en qué fecha termina dicho trimestre

Para nuestro caso solo seleccionamos Trimestre.

	Fecha	1²₃ Año	1²₃ Mes	Aᴮ_C Nombre del mes	1²₃ Trimestre
1	15/06/2018	2018	6	junio	2
2	16/06/2018	2018	6	junio	2
3	17/06/2018	2018	6	junio	2
4	18/06/2018	2018	6	junio	2
5	19/06/2018	2018	6	junio	2
6	20/06/2018	2018	6	junio	2
7	21/06/2018	2018	6	junio	2
8	22/06/2018	2018	6	junio	2
9	23/06/2018	2018	6	junio	2

Figura 7. 9 - Tabla con trimestre

Semana

Todo se analiza con la columna fecha seleccionada, vamos a ver las opciones de la semana.

Figura 7. 10 - Opciones de Semana

- **Semana del año:** De las 52 semanas que contiene cada año, lleva una columna con la semana que corresponde la fecha seleccionada

- **Semana del mes:** Trae la semana que corresponde dicha fecha del mes, ejemplo, para la fecha 15/06/2018, la semana del año de esta fecha es la 24, la del mes es la 3

- **Inicio de la semana:** Según la fecha indicada, trae el día en que comienza la semana, para el mismo ejemplo anterior, la fecha en que comienza la semana 24 es 11/06/2018

- **Final de la semana:** Partiendo de una fecha, y según el número de semana en que se encuentra, trae la fecha en que finaliza esta semana, siguiendo el ejemplo de 15/06/2018, esta semana terminaría el 17/06/2018.

Para este caso solo elegiremos **Semana del año** y **Semana del mes**

Y así va la tabla de calendario.

	Fecha	1²₃ Año	1²₃ Mes	ᴬᴮ_C Nombre del mes	1²₃ Trimestre	1²₃ Semana del año	1²₃ Semana del mes
1	15/06/2018	2018	6	junio	2	24	3
2	16/06/2018	2018	6	junio	2	24	3
3	17/06/2018	2018	6	junio	2	24	3
4	18/06/2018	2018	6	junio	2	25	4
5	19/06/2018	2018	6	junio	2	25	4
6	20/06/2018	2018	6	junio	2	25	4
7	21/06/2018	2018	6	junio	2	25	4
8	22/06/2018	2018	6	junio	2	25	4
9	23/06/2018	2018	6	junio	2	25	4
10	24/06/2018	2018	6	junio	2	25	4
11	25/06/2018	2018	6	junio	2	26	5
12	26/06/2018	2018	6	junio	2	26	5

Figura 7. 11 - Tabla con semana anexa

Día

Repetimos los procesos anteriores para ver las opciones día.

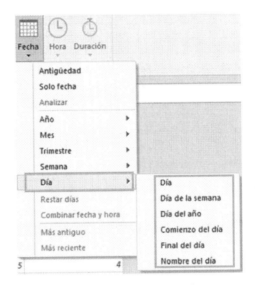

Figura 7. 12 - Opciones Día

- **Día:** Trae el número de día de la semana, enumeradas del 1 al 7

- **Día de la semana:** Nombra en texto que día de la semana pertenece la fecha, lunes, martes...

- **Día del año:** De los 365 días que contiene el año, hace referencia que día del año pertenece dicha fecha.

- **Comienzo del día:** Se usa en particular para calcular horas o minutos de un día.

- **Final del día:** Funciona igual al anterior, útil para operaciones entre horas.

- **Nombre del día:** Determina en texto el día, es decir, de lunes a domingo.

Para la construcción de la tabla, agregamos día y nombre del día.

Figura 7. 13 - Columnas día agregadas

Inicio -> Cerrar y cargar

La Tabla calendario ha sido creada exitosamente, la figura siguiente muestra los 365 días que ha arrojado a Excel, desde la fecha indicada hasta el número de años que le indicamos.

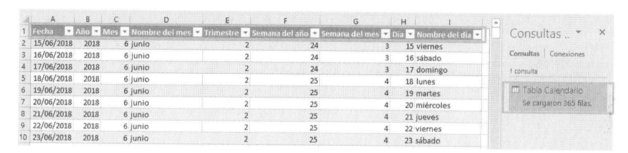

Figura 7. 14 - Tabla calendario

 Nota. El mismo proceso que se realizó para crear una tabla calendario, funciona de la misma manera para Power BI, en la parte II de este libro, explicaremos otra forma de crear esta tabla en Power BI

Cálculo entre columnas fechas

Calcular el tiempo que han pasado entre dos fechas, es muy común en muchas tareas diarias, Power Query tiene esto muy claro, por eso trae una serie de herramientas para calcular días entre fechas y lo mejor, de la misma manera que hemos venido trabajando, solo con la interfaz y a unos cuántos clics.

En el mismo Capítulo 6, iniciemos con el archivo "Calculo de días entre fechas.xlsx"

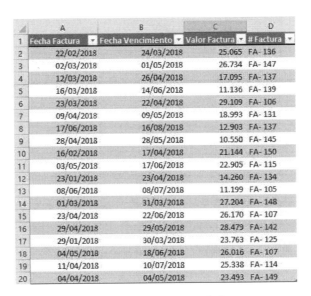

Figura 7. 15 - Tabla fechas

La tabla contiene la información de unas facturas, con su fecha de Factura, Vencimiento y el valor factura. El objetivo es calcular el plazo que tiene cada factura, y a hoy **(23/05/2018)** cuántos días falta para su vencimiento o si ya está vencida.

Entremos a Power Query conectados desde la tabla

Datos -> Obtener y transformar datos -> Desde una tabla o rango.

Nota. Estos cálculos también se pueden realizar de manera fácil en Excel, pero recuerda las ventajas de Power Query, si lo haces con esta herramienta y tienes muchos datos el archivo pesa casi igual, ya que los cálculos que realiza Power Query son internos, lo que no sucede en Excel, o si estás trabajando en Power BI, necesariamente debes hacerlos en el editor

Fecha Factura	Fecha Vencimiento	Valor Factura	# Factura
22/02/2018 12:00:00 a. m.	24/03/2018 12:00:00 a. m.	25065	FA- 136
02/03/2018 12:00:00 a. m.	01/05/2018 12:00:00 a. m.	26734	FA- 147
12/03/2018 12:00:00 a. m.	26/04/2018 12:00:00 a. m.	17095	FA- 137
16/03/2018 12:00:00 a. m.	14/06/2018 12:00:00 a. m.	11136	FA- 139
23/03/2018 12:00:00 a. m.	22/04/2018 12:00:00 a. m.	29109	FA- 106
09/04/2018 12:00:00 a. m.	09/05/2018 12:00:00 a. m.	18993	FA- 131
17/06/2018 12:00:00 a. m.	16/08/2018 12:00:00 a. m.	12903	FA- 137
28/04/2018 12:00:00 a. m.	28/05/2018 12:00:00 a. m.	10550	FA- 145
16/02/2018 12:00:00 a. m.	17/04/2018 12:00:00 a. m.	21144	FA- 150
03/05/2018 12:00:00 a. m.	17/06/2018 12:00:00 a. m.	22905	FA- 115

Figura 7. 16 - Tabla de fechas en el

Convertimos la columna Fecha factura a fecha, ya que esta columna está en formato fecha/hora.

Lo mismo con la columna fecha vencimiento -> Clic sustituir la actual.

Vamos a calcular el plazo que tiene cada factura.

- Seleccionamos primero la columna **Fecha Vencimiento**
- Segundo seleccionamos la columna **Fecha factura**
- Pestaña Agregar columna, Opción fecha ->Restar días

¡**Advertencia!** Las columnas se deben seleccionar en el mismo orden que se indicó, Power Query lee el orden de la selección y realiza el cálculo de la misma manera, es decir, **Fecha Vencimiento – Fecha factura,** en este caso el resultado da número positivos.

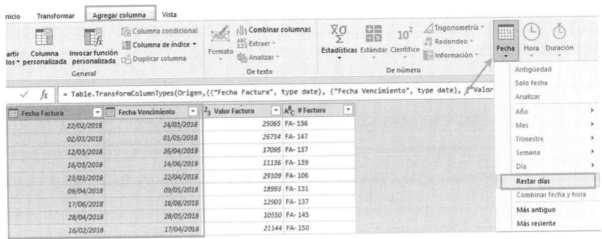

Figura 7. 17 - Selección columnas fecha

Seleccionamos Restar días, una nueva columna se ha agregado, cambiamos el nombre de esta columna -> Clic derecho columna Resta -> Cambiar nombre -> "Plazo"

Figura 7. 18 - Columna plazo agregada

Más que fácil, con un clic obtenemos el plazo de cada factura.

También queremos calcular al a hoy (23/05/2018) que facturas ya están vencidas y las facturas que se encuentran al día. Más sencillo de lo que piensas.

Seleccionar Columna Fecha vencimiento ->Agregar columna -> Fecha -> Antigüedad

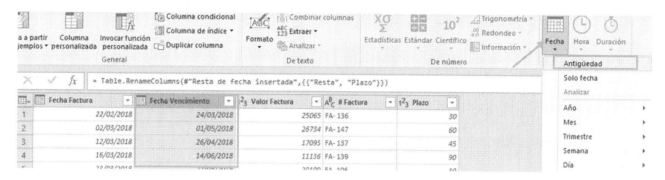

Figura 7. 19 - Opción Antigüedad

Efectivamente inserto una columna llamada Antigüedad. Cambiamos formato y nombre.

Clic derecho cambiar nombre -> "Días Vencimiento" -> Clic cambiar formato -> Número entero.

Figura 7. 20 - Días de Vencimiento

Inicio Cerrar y cargar.

Cambiamos el nombre de la consulta -> "Base Cartera"

Con esta base ya calculada y automatizada, puedes realizar varios escenarios, como por ejemplo, generar otra consulta donde solo se muestre las facturas que NO están vencidas.

Seleccionamos la consulta -> Clic derecho -> Duplicar.

Estando en el editor, nos dirigimos a la columna Días Vencimiento y filtramos.

Filtro número -> Menor que... -> Digitamos el número cero "0"

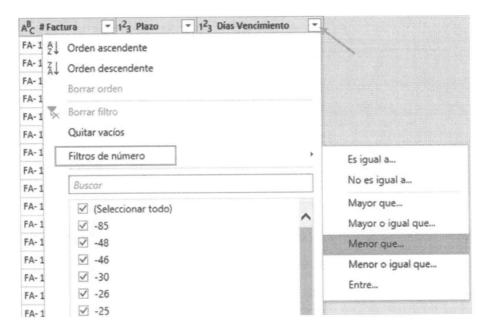

Figura 7. 21 - Filtrar Días Vencimiento

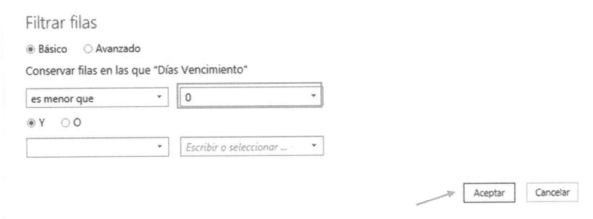

Figura 7. 22 - Parametrizar días

Aceptamos y listo, una tabla nueva con solo las facturas que están al día. Cambiamos el nombre de la consulta por -> "Facturas al día"

Cerrar y cargar y vamos a repetir el proceso para las facturas vencidas, es decir, las que tienen días mayor o igual que cero.

Clic derecho en la consulta Base Cartera -> Duplicar -> Filtramos campo Días Vencimiento -> Filtro de número -> Mayor o igual que -> cero "0"

Cambiar nombre de consulta -> "Facturas Vencidas" -> Cerrar y cargar

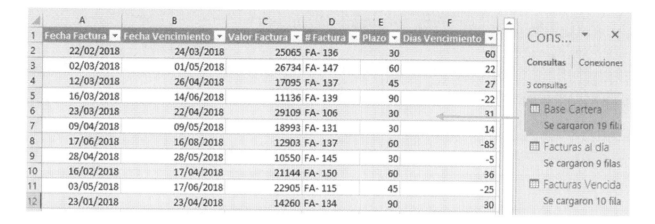

Figura 7. 23 - Base cartera

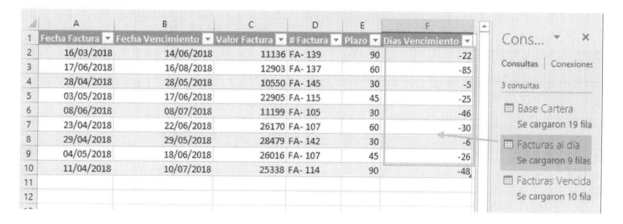

Figura 7. 24 - Facturas al día

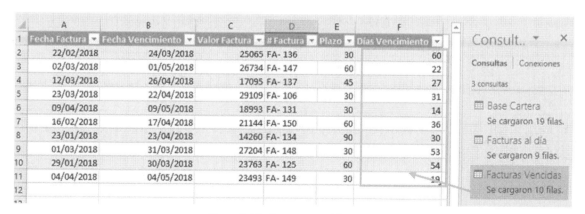

Figura 7. 25 - Facturas vencidas

3 consultas automatizadas con diferentes escenarios y análisis

Cálculo de días en la misma columna

Obtener diferencias de días entre dos columnas de fechas es muy sencillo con Power Query, lo comprobamos en el punto anterior, en este punto debemos calcular la diferencia de días que han pasado de una fecha a otra, pero en la misma columna.

Estudiémoslo con un ejemplo.

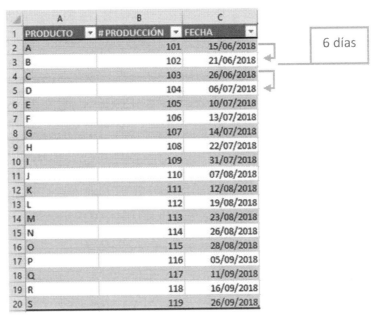

Figura 7. 26 - Tabla Producción

Necesitamos calcular una columna nueva que reste los días de producción de una fecha a otra, según figura 7.26

Power Query debe tomar la fecha de Producción 102 y réstale la fecha de Producción 101.

En la carpeta Capítulo 7, archivo "Cálculo de días en la misma columna.xlsx", la conectamos con Power Query.

Datos -> Desde una tabla o rango.

Cambiamos el formato de Fecha/Hora -> Formato Fecha -> Sustituir la actual

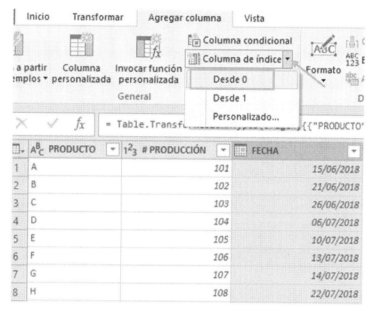

Figura 7. 27 - Agregar Columna índice

Agregamos una columna nueva -> Agregar Columna -> Columna de índice ->Desde 0

En el cuadro de PASOS APLICADOS, se ha agregado un paso nuevo, llamado Índice agregado, Cambiemos el nombre a FechaFila o un nombre personalizado.

Clic derecho sobre el paso aplicado -> Cambiar nombre -> FechaFila

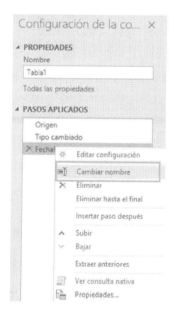

Figura 7. 28 - Cambiar nombre a paso

Le debemos indicar a Power Query que debe agregar una nueva columna de fecha, pero desplazándose una fila hacia abajo, es decir, la primera fecha 15/06/2018 que está en la fila 1 debe pasar a fila 2, para esto es útil la columna índice.

Figura 7. 29 - Columna índice agregada

Agregamos una columna personalizada, para realizar dicho movimiento de la columna fecha.

Pestaña agregar columna -> Columna personalizada -> y agregamos la siguiente fórmula.

FechaFila[FECHA]{[Índice]-1}

Figura 7. 30 - Columna Personalizada

Al aceptar, verificamos que se ha creado una nueva columna con las fechas corridas una fila abajo. Debes estar extrañado con la fórmula, pero no te preocupes, ya viene un capítulo donde te explicamos cada detalle, es lo que llamamos Lenguaje M.

Clic en Columna Personalizada -> Formato Fecha

	A^B_C PRODUCTO	1²₃ # PRODUCCIÓN	FECHA	1.2 Índice	Personalizado
1	A	101	15/06/2018	0	Error
2	B	102	21/06/2018	1	15/06/2018
3	C	103	26/06/2018	2	21/06/2018
4	D	104	06/07/2018	3	26/06/2018
5	E	105	10/07/2018	4	06/07/2018
6	F	106	13/07/2018	5	10/07/2018
7	G	107	14/07/2018	6	13/07/2018
8	H	108	22/07/2018	7	14/07/2018
9	I	109	31/07/2018	8	22/07/2018

Figura 7. 31 - Fecha nueva agregada

El objetivo ya está casi resuelto, una nueva columna fecha en Power Query con una fila adelante.

Restemos las dos columnas fechas, seleccionamos primero **FECHA**, segundo **Personalizado,** estrictamente debe ser en este orden.

Agregar columna -> Fecha -> Restar días. Ver figura 7.17.

Eliminamos las columnas Índice y Personalizado.

	A^B_C PRODUCTO	1²₃ # PRODUCCIÓN	FECHA	1²₃ Resta
1	A	101	15/06/2018	Error
2	B	102	21/06/2018	6
3	C	103	26/06/2018	5
4	D	104	06/07/2018	10
5	E	105	10/07/2018	4
6	F	106	13/07/2018	3
7	G	107	14/07/2018	1
8	H	108	22/07/2018	8
9	I	109	31/07/2018	9

Figura 7. 32 - Cálculo días en una misma columna

Por último, cambiamos el nombre de la columna Resta por "Días Producción" y eliminamos el error de la primera fila.

- Clic derecho Cambiar nombre ->Días Producción
- Clic derecho -> Reemplazar errores -> Digitamos cero "0" y Aceptar

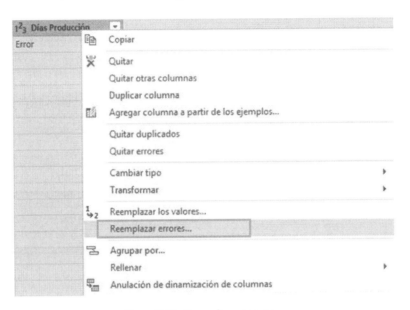

Figura 7. 33 - Reemplazar errores

Cerrar y cargar y tenemos nuestro análisis de días de producción en una sola columna.

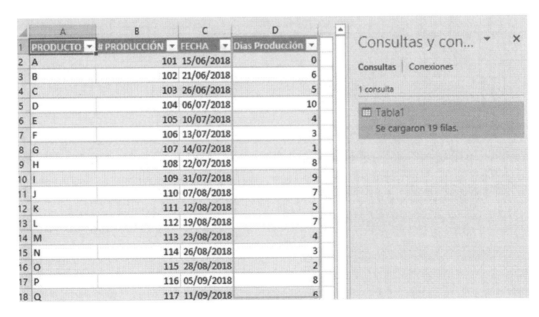

Figura 7. 34 - Días calculados

Formatos fecha

Los formatos fechas que hemos venido trabajando, no han presentado problema, con solo un clic en el encabezado el dato queda convertido a fecha. ¿Por qué?, Power Query como en Excel, tiene definidas el formato fecha según la configuración regional de cada computador, por lo general en Latinoamérica es "dd-mmmm-aaaa", día, mes y año, en Estados Unidos la configuración es "mmmm-dd-aaaa", mes, día y año.

Veamos un caso donde debemos cambiar la configuración regional dentro del editor de Power Query, ya que la columna que contiene las fechas trae error al convertir a formato fecha.

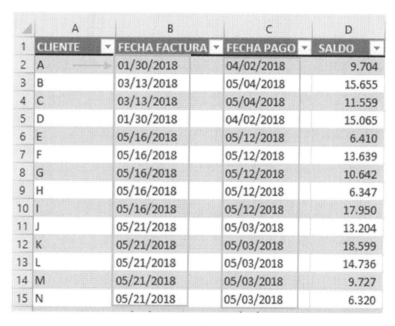

Figura 7. 35 - Tabla formato fechas

Si revisamos la FECHA FACTURA del cliente A, vemos que esta 01/30/2018, parece estar en configuración inglés, comprobemos e ingreso al editor de Power Query.

Abrimos el archivo de Excel de la carpeta Capítulo 7, "Formato fechas.xlsx."

Datos -> Obtener y transformar datos -> Desde una tabla o rango.

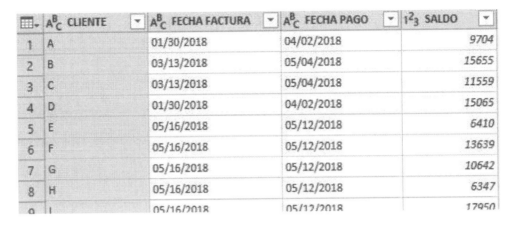

Figura 7. 36 - Fechas en formato

Damos clic en la columna FECHA FACTURA y cambiamos a formato fecha.

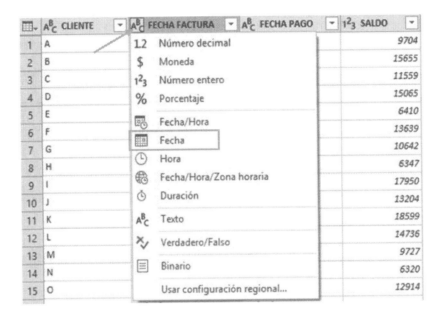

Figura 7. 37 - Formato fecha

En su mayoría las fechas salen como error, como informamos en el inicio de la sesión es por la configuración regional.

Para corregir estos errores, debemos ir directamente a la configuración regional de Power Query

Figura 7. 38 - Errores de fecha

Antes de configurar la región, debemos eliminar todos los pasos aplicados en la consulta.

Figura 7. 39 - Pasos eliminados

Usar configuración regional…, es la opción para no tener este tipo de errores.

De nuevo clic en el encabezado de formato de la columna FECHA FACTURA, ver figura 7.37 y seleccionamos la última opción, Usar configuración regional…,

- En Tipo de datos -> Seleccionamos Fecha
- Configuración regional -> inglés (Estados Unidos)

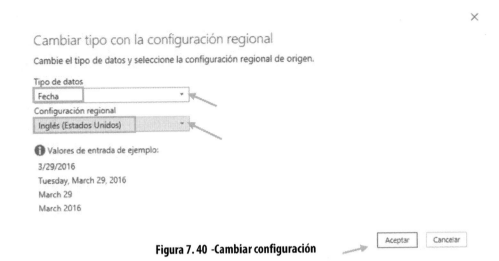

Figura 7. 40 -Cambiar configuración

Aceptar y repetimos el mismo paso para la columna FECHA PAGO.

	ABC CLIENTE	FECHA FACTURA	FECHA PAGO	123 SALDO
1	A	30/01/2018	02/04/2018	9704
2	B	13/03/2018	04/05/2018	15655
3	C	13/03/2018	04/05/2018	11559
4	D	30/01/2018	02/04/2018	15065
5	E	16/05/2018	12/05/2018	6410
6	F	16/05/2018	12/05/2018	13639
7	G	16/05/2018	12/05/2018	10642
8	H	16/05/2018	12/05/2018	6347
9	I	16/05/2018	12/05/2018	17950
10	J	21/05/2018	03/05/2018	13204
11	K	21/05/2018	03/05/2018	18599
12	L	21/05/2018	03/05/2018	14736
13	M	21/05/2018	03/05/2018	9727
14	N	21/05/2018	03/05/2018	6320

Figura 7. 41 - Fecha corregidas

Cerrar y cargar.

CAPÍTULO 8

Introducción al Lenguaje M

Después de este capítulo tú sabrás:

*   Objetos, tablas, registros y listas en Power Query
*   Declaración de variables
*   Funciones de texto
*   Funciones lógicas

El Lenguaje M, es el motor de Power Query, todos los movimientos que hemos realizado en la interfaz a la hora de limpiar datos generan un código, es lo que expresa internamente en este lenguaje las acciones realizadas por el usuario. Hasta este punto las fórmulas que hemos aplicado han sido predeterminadas y no conocemos el editor avanzado para programar nuestras propias fórmulas, tablas, listas o cualquier otra ejecución para añadir al proceso ETL.

Este capítulo es clave si quieres seguir avanzando en este mundo de Inteligencia de Negocios, ya que vamos a ir mar adentro y explorar nuevos lugares y paisajes de esta sorprendente herramienta.

Listas, Registros y Tablas en Power Query

Antes de entrar al editor avanzado de Power Query, vamos a comprender un poco sobre los objetos, la programación de estas herramientas es enfocado a objetos.

Hay dos tipos de valores:

*   Valores Primitivos
*   Valores Estructurados

Valores Primitivos: Los valores primitivos son la forma más simple de un dato, debido a que son atómicos lo cual hace referencia que es un pedacito de dato que no es construido a partir de otro u otros datos.

Tipo de Dato (Primitivo)	Datos
Valor Null	null
Valor Lógico	true false
Valor Numérico	120, -500, 3.1415, 7.9e-21
Valor de Fecha	2/04/2018
Valor de Texto	"Laboratorio", "Datos101"

Figura 8. 1 - Valores Estructurados

Valores Estructurados: Están compuestos por los valores primitivos, que en su conjunto brinda un dato único, tal es el caso de una columna que esta compuesta por muchos valores primitivos numéricos, pero como conjunto cobra significado real que representa un atributo, por ejemplo, puede ser una columna que indica las distintas tallas de ropa de una tienda de ropa.

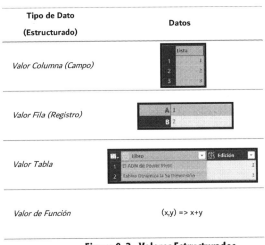

Figura 8. 2 - Valores Estructurados

Listas

Una lista es una secuencia ordenada de valores primitivos o estructurados, esto quiere decir que podemos tener una lista de listas. Las listas pueden ser visualizadas como una columna especifica de una tabla.

Podemos crear listas en Power Query, las llaves hacen referencia a una lista {}, es decir, si queremos crear una lista de números, los digitamos entre llaves separados por comas, ejemplo: {1,2,3,4,5,6}. En caso de que sea texto, van entre comillas.

Abrimos un libro nuevo de Excel o Power BI.

Datos -> Obtener datos -> Desde otras fuentes -> Consulta en blanco.

En la barra de fórmula ingresamos:

= {1, 2, 3, 4, 5, 6, 7, 8, 9}

Enter, Power Query ha creado una lista con esta secuencia de números, y esta lista la podemos convertir a una tabla, lo estudiado en el capítulo 6.

Cerrar y cargar. Los resultados en Excel ya la consulta indica que es una lista

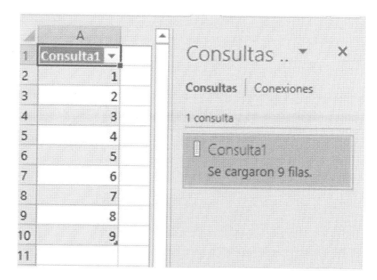

Figura 8. 3 - Consulta de una lista

De la misma forma podemos crear listas:

- Texto = { "A" , "B" , "C" , "D" , "E" }

- Alfanuméricas = { 1, "A" , 2 , "B" }

- Numérica de auto relleno ={1..31}

- Texto auto relleno = {"A".."Z"}

- Secuenciales con auto relleno ={1..5,9,10,11..20}

- Listas de listas ={{1,2},{3,4,7},{7,7},{9,1,2,5}}

Cada una de estas listas las podemos probar en el editor de consulta, creando una nueva consulta en blanco.

Si ingresamos cada una de las listas al editor, tenemos un listado de ellas así:

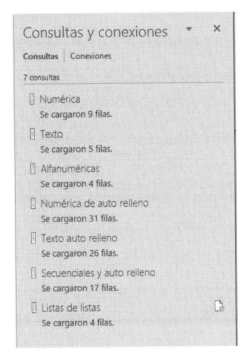

Figura 8. 4 - Consulta de listas

Registros (Record)

Un registro es una secuencia ordenada de campos. Un campo consiste en un nombre de campo, esto representa el valor tipo texto que identifica de manera única en el registro, el valor del campo puede ser de cualquier tipo. Un registro se puede visualizar como una fila de una tabla (con la identificación de sus respectivas etiquetas de columnas).

Abrimos un nuevo libro de Excel -> Datos -> Obtener datos -> Desde otras fuentes -> Consulta en blanco.

En la barra de fórmulas ingresamos:

= [A=1,B=2,C=3,D=4]

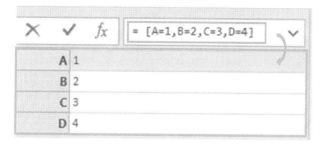

Figura 8. 5 - Registros

Sintaxis:

- Los datos están encerrados en corchetes.

- El primer registro es el encabezado seguido del signo =, el registro siguiente es la fila o campo de dicho encabezado

- Cada columna y campo están separados por una coma.

- Los nombres de las columnas no es necesario que estén entre comillas, en caso de ser tipo texto, pero los datos de dichos encabezados si, para textos. Ejemplo: =[Nombre="Didier", Ciudad ="Medellín", Años =31]

El resultado de los registros en Power Query los lleva en forma horizontal. No hay inconveniente, convertimos estos registros a tabla y luego transponemos.

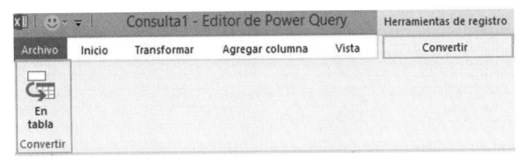

Figura 8. 6 - Convertir registros a tabla

Por último, vamos a la pestaña Transformar -> Transponer -> Usar la primera fila como encabezado. Tenemos una tabla con encabezados y datos correctos.

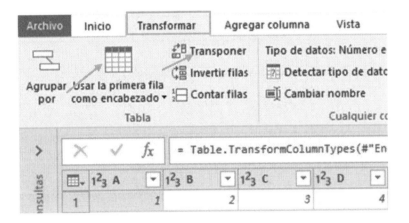

Figura 8. 7 - Registros con encabezado y filas

Cerrar y cargar.

También podemos crear varios registros y hacerlos parte de una lista. Ejemplo:

Creemos una consulta en blanco e ingresemos esta fórmula en la barra *fx*

={[Nombre="Didier",Profesión="Ing.Financiero"],[Nombre="Fabián",Profesión="Ing. Industrial"],[Nombre="Miguel", Profesión="Ing. Industrial"]}

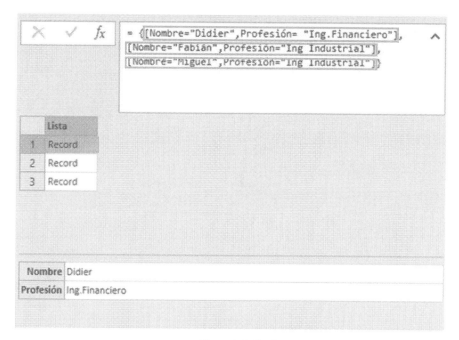

Figura 8. 8 - Registros en una lista

Tenemos 3 corchetes encerrados en llaves {}, una lista, cada corchete separado por una coma, la lista trae los registros de nombre y profesión.

Convertimos la lista en tabla -> Expandimos la columna -> Deshabilitar Usar nombre de columna original como prefijo.

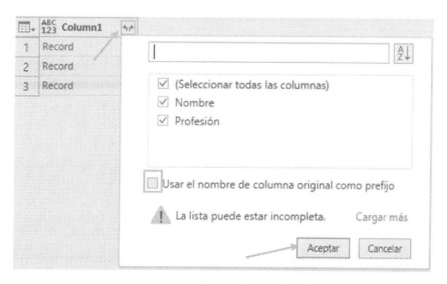

Figura 8. 9 - Expandir columnas

Aceptamos -> Cerrar y cargar, poseemos una lista de varios registros.

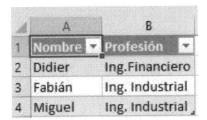

Figura 8. 10 -Tabla de registros

Tablas

Las tablas son una secuencia ordenada de filas y las filas son una secuencia ordenada de valores.

Es una combinación de listas y/o registros.

Veamos. Abrir un libro nuevo de Excel -> Crear una consulta en blanco desde Datos.

Ingresamos esta fórmula:

= #table({"Libro", "Valor"} ,{{"Power Query", 30},{"DAX", 38},{"Power BI", 35}})

Damos enter, y se crea la tabla.

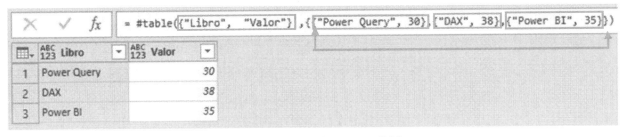

Figura 8. 11 - Fórmula para crear Tabla

Sintaxis:

- #table: Nombre el paso a aplicar como una tabla
- Después del paréntesis y entre las llaves se encuentra los dos encabezados de columna
- Las 3 llaves siguientes, representan las filas según el orden los encabezados creados.

Cerrar y cargar. La tabla de datos ya está en Excel

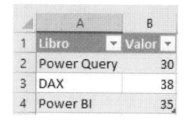

Figura 8. 12 - Creación de tablas desde Power

Editor Avanzado

La pregunta que surge es, ¿Cómo Power Query almacena los pasos ejecutados?.

Como cualquier herramienta de programación, Power Query contiene un Editor avanzado, donde organiza, almacena y registra cada uno de los pasos, funciones o acciones realizadas por el usuario.

Abrimos el archivo que acabamos de crear en el paso anterior. Tablas

Carpeta Capítulo 8 -> Tablas.xlsx -> Nos ubicamos en la consulta -> Clic derecho editar

Dentro del editor de consultas, nos dirigimos a la pestaña Vista -> Editor avanzado.

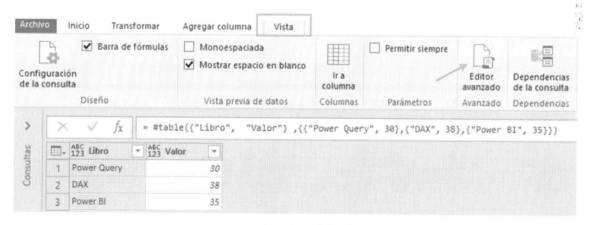

Figura 8. 13 - Editor de Consulta

Al dar clic en Editor avanzado, hemos encontrado como procesa cada paso Power Query

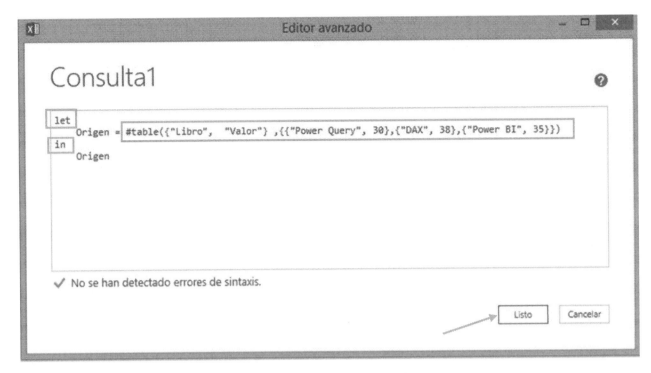

Figura 8. 14 - Editor avanzado

Hay dos palabras claves en el editor **let** y la palabra **in.** Todo lo que está en medio de **let** e **in**, es el código que se ejecuta.

Let

let indica el anuncio de un bloque de programación (líneas de código) donde se hace la declaración de las variables. Cada declaración de variable se indica en su propia sentencia (para dividir una sentencia de otra es necesario separarlas por coma (,))

in

Es un bloque de programación donde se indica la variable que arrojará como resultado de la consulta, normalmente es una tabla, sin embargo, puede ser un valor primitivo como: 1, "ABC", null o un valor estructurado como una lista o registro *(En el in no tiene que ir necesariamente la última variable declarada en el let, de hecho, ni siquiera es necesario que vaya una variable declarada en el let)*

La conjunción del bloque let y el bloque in tienen como objetivo arrojar un resultado generalmente para la consulta total (aunque sirve como paso intermedio)

Salgamos un momento del Editor avanzado, apliquemos un formato de datos a cada columna.

Clic encabezado Libro -> Formato texto.

Clic encabezado Valor -> Formato número entero.

Volvemos al Editor avanzado -> Vista -> Editor avanzado. Ver figura 8.13.

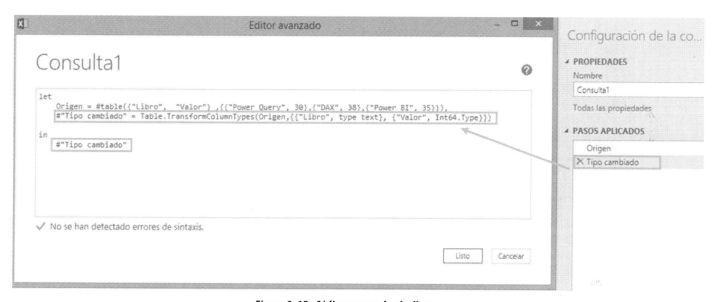

Figura 8. 15 - Código agregado al editor

Al cambiar el tipo de dato a las dos columnas, Power Query añadió este paso, al panel de PASOS APLICADOS, nombrado como "Tipo cambiado" y en el editor avanzado, realizó un código interno comenzado con un # y agregando el nombre del paso entre comillas, ya que el nombre está separado por un espacio, después del igual es lo que llamamos Lenguaje M.

A medida que vamos realizando acciones en la consulta, se va añadiendo estos pasos creados como códigos en el editor avanzado, y el último paso agregado es el final después del **in.**

Creación de Bloques

Realicemos algunos ejemplos, creando algunos bloques simples y así comprenderemos un poco más el lenguaje M.

Abrimos un libro de Excel nuevo -> Datos -> Desde otras fuentes -> Consulta en blanco

Vamos a vista -> Editor avanzado e ingresamos este código

```
let
    x = 8,
    y = 10,
    z = x+y

in
    z
```

Damos clic en listo y nos lleva de vuelta al editor con estos pasos ejecutados.

Figura 8. 16 - Código M ejecutado

El resultado del código es 18, ya que la variable x= 8, y=10, z= x+y. Adicional Power Query deja registrado en el panel de PASOS APLICADOS cada uno de los pasos ejecutados.

Si convertimos este resultado a una tabla, de nuevo se ingresa un paso nuevo.

Convertimos a tabla el resultado -> Vista -> Editor avanzado

Figura 8. 17 - Agregar tabla

La figura 8.17 muestra el paso creado de tabla.

- #"Convertida en tabla": Nombre del paso creado, este puede cambiar si deseamos.
- #table(1, {{z}}): Convierte a tabla el resultado z(18), con una columna.

Cerrar y cargar, y este resultado se ha creado como tabla.

Ejemplo 2:

También podemos realizar una serie de pasos en M, pero el resultado final sea una lista.

En el mismo libro de Excel que estamos trabajando, creemos de nuevo una consulta en blanco e ingrese este código en el editor avanzado.

```
let
    x = 8,
    y = 10,
    z = x+y
in
    {1,2,3}
```

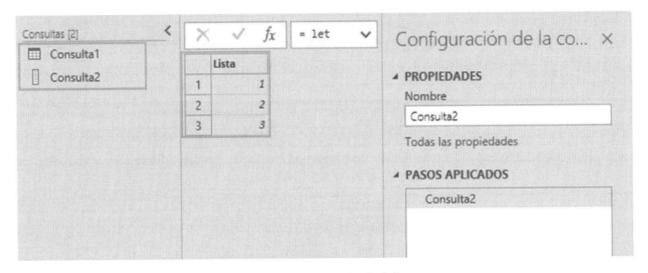

Figura 8. 18 - Resultado lista

Aunque el código es el mismo del anterior, el resultado final es una lista, ya que fue la indicación que dimos después del **in.**

Nota. El código que se ingresa después de la instrucción **let,** no siempre va a ser el resultado en la consulta, ya que todo depende de la salida o instrucción que ingresemos después del **in,** es decir, si después del **in** va una variable o acción totalmente diferente a lo hecho en el **let,** es este último el que arroja como resultado.

Ejemplo 3:

Dentro del código M tenemos la posibilidad de ingresar un **let** y un **in**, dentro de otro **let** y otro **in.** Creemos una consulta en blanco e ingresemos este código en el editor avanzado.

```
let

    i = 1,

    j = 7,

    k = (i*2)+(j/2),


    SalarioReal=
    let

        a=10,

        b = a+(a*0.1)
    in

        b
    in

    SalarioReal - k
```

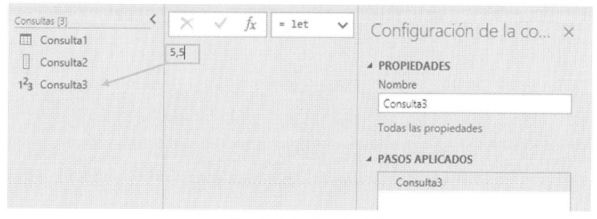

Figura 8. 19 - Resultado ejemplo 3

El resultado es 5,5. Si haces toda la operación del primer let el resultado es 5,5, y el resultado de la variable SalarioReal es 11, al final restamos SalarioReal-k=5,5.

Cerrar y cargar. Con 3 ejemplos claros podemos comprender lo extenso que puede ser el lenguaje M, todo un mundo por explorar, así como en Excel, no tiene límites, hasta donde tu quieras llegar en fórmulas, matrices, tablas, macros, gráficos lo puedes hacer, pero no te preocupes, queremos darte la mejor introducción a este gran mundo y poco a poco vamos juntos avanzando.

Declaración de variables

Una variable es un espacio en memoria para almacenar algo.

En Visual Basic es necesario definir las variables para detectar el tipo de dato y tamaño que se va a almacenar. Por ejemplo :

Dim x AS Integer

- Dim: Indica el comienzo de una variable.
- x: Es el nombre de la variable
- AS Integer: El tipo de dato a almacenar

Nota. En el lenguaje M no existe la necesidad de una palabra reservada que indica que se va a declarar una variable, ya que van siempre dentro de un bloque let que señala que todo lo que va allí son variables. Tampoco existe la necesidad de indicar el tipo de dato, el internamente detecta que tipo es.

Nombres de variables

Las variables pueden tener un único nombre o un nombre compuesto, solo que si el nombre es compuesto al inicio se pone el símbolo # y entre comillas el nombre de la variable.

Ejemplos :

* Salario =100
* #"Salario Base"= 300
* #"Fecha actual"= #date(2018,6,15)

Caracteres en el editor avanzado

Antes de iniciar con funciones, debemos entender los diferentes caracteres que hemos visto en la introducción del Editor avanzado:

* **(Paréntesis) ():** Hace referencia a una función
* **{Lista} {}:** Son los datos que hacen parte de la lista
* **[Registros] []:** Indica encabezados de columna o registros de datos
* **#"Paso aplicado":** Son nombres de los pasos aplicados u otros pasos internos de Power Query, tales como #date
* **"Texto":** Todos los textos deben estar entre comillas, tal como funciona en las fórmulas de Excel.
* **//Comentario: //** Si se quiere informar algo sobre dicho código, algún comentario o indicación, se pone al final de la línea de código.
* **/* Comentario para varias líneas de código*/:** Se comentan varias líneas de código al mismo tiempo. Se ingresa /* en la primera línea y */ en la línea de código final.

Funciones básicas

Iniciemos con las funciones básicas en Power Query, cálculo aritméticos, son relativamente sencillos de realizar dentro de la interfaz y en el editor avanzado.

Abrimos el archivo "Funciones básicas.xlsx", se encuentra en la carpeta Capítulo 8.

Tenemos la tabla de Producción la cual se limpió en el capítulo 3.

Datos -> Obtener y transformar datos -> Desde una tabla o rango

Iniciamos convirtiendo el tipo de datos Fecha a: Fecha de envío y Fecha de Llegada.

Dentro del editor de Power Query seleccionamos las 3 columnas de costos, para calcular el costo total.

▪ Seleccionamos Costo del Producto CTRL -> Costo de Envío CTRL -> Costo Empaque

▪ Pestaña Agregar columna -> Estándar ->Sumar

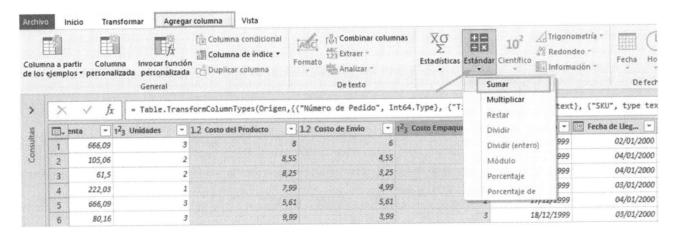

Figura 8. 20 - Seleccionar columnas a sumar

Con solo estos pasos obtenemos una nueva columna de adición -> Clic derecho cambiar nombre -> "Costo Total"

Figura 8. 21 - Costo total

Otra forma de realizar esta operación es mediante columna personalizada.

Agregar columna -> Columna personalizada. Cambiamos nombre -> Costo Total 2 -> **[Costo de Envio]+[Costo Empaque]+[Costo del Producto]**

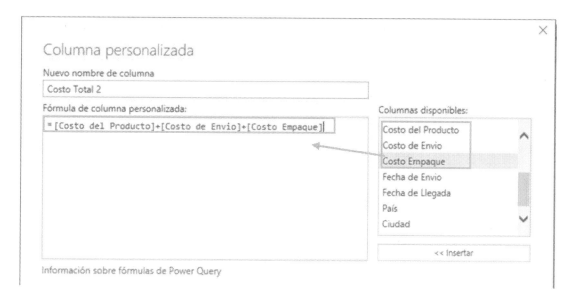

Figura 8. 22 - Costo total Columna personalizada

En este caso funciona como Excel, pero ya no señalamos celdas, sino encabezados de columnas, con doble clic o insertar, llevamos los campos al panel de fórmulas de columnas personalizada.

Otra manera de realizar operaciones aritméticas.

Echemos un vistazo al código en el editor avanzado.

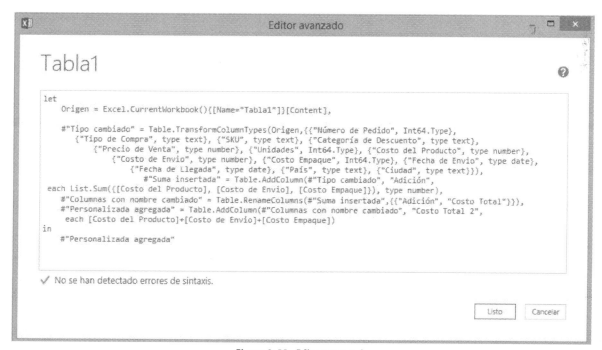

Figura 8. 23 - Editor avanzado

Hemos organizado un poco este código, y aún así parece algo muy complejo de entender, pero no, si sigues paso a paso la introducción al lenguaje M, de seguro lo vas a entender. ¿Pero si no lo logramos entender?, puedes pensar esto, te doy la respuesta con otra pregunta, ¿Has necesitado del Editor avanzado en estos 8 capítulos?, la respuesta es NO, con la interfaz y algunos trucos hemos logrado todo esto, seguimos avanzado y poco a poco sumaremos experiencia en esta gran herramienta.

Ahora entiendo lo sencillo que es realizar cálculos básicos, vamos a realizar las siguientes operaciones:

* Venta: [Precio de Venta]*[Unidades]

* Costo Total Pdcción: [Costo Total]*[Unidades]

* Utilidad:[Venta] - [Costo Total Pdcción]

* Utilidad %: [Utilidad]/[Venta]

1.2 Costo Total	ABC 123 Costo Total 2	1.2 Venta	1.2 Costo Total Pdcción	1.2 Utilidad	% Utilidad %
17	17	1998,27	51	1947,27	97%
15,1	15,1	210,12	30,2	179,92	86%
13,5	13,5	123	27	96	78%
15,98	15,98	222,03	15,98	206,05	93%
13,22	13,22	1998,27	39,66	1958,61	98%
16,98	16,98	240,48	50,94	189,54	79%
14,28	14,28	30,75	14,28	16,47	54%
13,28	13,28	1998,27	39,84	1958,43	98%
14,16	14,16	123	28,32	94,68	77%
17,1	17,1	361,8	51,3	310,5	86%
13,36	13,36	210,12	26,72	183,4	87%
15,98	15,98	52,53	15,98	36,55	70%
14	14	106,88	28	78,88	74%
13	13	50,36	13	37,36	74%

Figura 8. 24 - Columnas calculadas

Las operaciones básicas de suma, resta, división y multiplicación funcionan de la misma manera que la función restar días, es decir, en el orden que se seleccione las columnas de esa misma forma realiza la operación. Ver figura 7.17.

Funciones de texto.

Al igual que Excel, Power Query tiene una variedad de funciones de texto para ser aplicados en el proceso ETL, dichas funciones al igual que las básicas, se pueden aplicar de diferentes maneras.

Iniciemos con el libro de Excel "Funciones de texto.xlsx" del capítulo 8.

Creamos una consulta desde la tabla.

Datos -> Obtener y transformar datos -> Desde una tabla o rango.

Hay una columna llamada DATOS, hay 3 tipos de datos allí: NIT – CODIGO -FECHA

Figura 8. 25 - Columna combinada

Tomemos de ejemplo el primer registro: 900271AS96-18/07/2018.

Todo está en la misma columna, debemos separar los datos de tal manera que los registros queden por separados. 900271 | AS96 | 18/072018.

La forma más sencilla y habitual es ir a la pestaña Agregar -> Extraer.

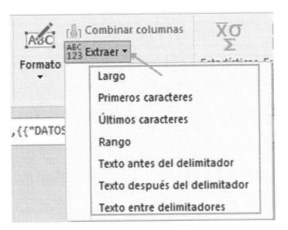

Figura 8. 26 - Extraer columna

- **Largo:** Extrae el número de caracteres que contiene cada registro, en Excel es la misma función **LARGO**. En el lenguaje M la función es: **Text.Length**(Columna)

Seleccionemos la columna DATOS -> Agregar columna -> Extraer -> Largo

Figura 8. 27 - Largo de una columna

Vamos a escribir la fórmulas en una columna personalizada.

Agregar Columna personalizada -> **Text.Length([DATOS])**

Da como resultado el mismo objetivo

Columna personalizada

Nuevo nombre de columna

Largo

Fórmula de columna personalizada:

= Text.Length([DATOS])

Columnas disponibles:

DATOS
PRODUCTO
Longitud

<< Insertar

Información sobre fórmulas de Power Query

✓ No se han detectado errores de sintaxis.   Aceptar   Cancelar

Figura 8. 28 - Largo en columna personalizada

▪ **Primeros caracteres:** Extrae los caracteres que contiene cada registro según el número indicado de izquierda a derecha, en Excel es la función **IZQUIERDA**. En el lenguaje M la función es: **Text.Start**(Columna, Número de caracteres a extraer)

Seleccionar la columna DATOS ->Agregar columna -> Extraer -> Primeros caracteres -> 6

Insertar primeros caracteres

Escriba cuántos caracteres iniciales desea conservar.

Recuento

6

Aceptar   Cancelar

Figura 8. 29 - Números primeros caracteres

Aceptamos y efectivamente se agrega la columna con la extracción de los primeros 6 caracteres.

Podemos realizar esta misma acción con la fórmula en una columna personalizada.

Agregar columna personalizada -> Nombramos "Izquierda" -> **Text.Start([DATOS],6)**

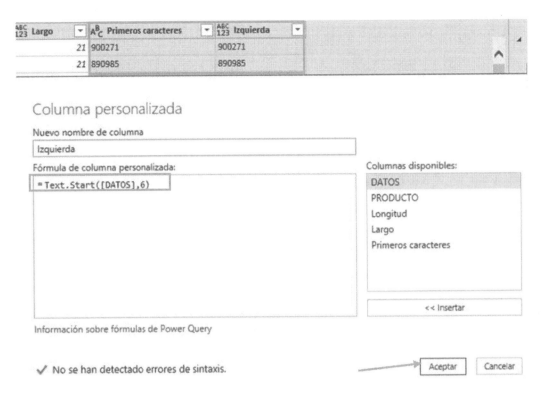

Figura 8. 30 - Extraer primeros caracteres

Dos columnas iguales de dos maneras diferentes de realizarlo.

- **Últimos caracteres:** Extrae los caracteres que contiene cada registro según el número indicado de derecha a izquierda, en Excel es la función **DERECHA**. En el lenguaje M la función es: **Text.End**(Columna, Número de caracteres a extraer)

Seleccionar la columna DATOS ->Agregar columna -> Extraer -> Últimos caracteres -> 10.

Es el número de caracteres que contiene la fecha.

Figura 8. 31 - Extraer últimos caracteres

Cambiamos el tipo de dato a Fecha.

Realizamos este misma operación con columna personalizada.

Agregar columna personalizada -> Nombramos "Derecha" -> **Text.End([DATOS],10)**

Cambiar forma a fecha.

Figura 8. 32 - Columna personalizada últimos

* **Rango:** Extrae los caracteres de cualquier posición del texto, en Excel es la función **EXTRAE**. En el lenguaje M la función es: **Text.Range(**Columna, Posición a iniciar a extraer ,Número de caracteres a extraer**)**. También sirve la función Text.Middle.

¡**Advertencia!** Estas funciones en Power Query trabajan en base cero, es decir, si vamos a extraer del texto 900271**AS96**-18/07/2018, solo necesitamos el código AS96, el primer carácter que es la "A", sería en términos normales el número 7, para Power Query, es el número 6, ya que el primer carácter lo cuenta como número cero. 0,1,2,3...

Seleccionar la columna DATOS ->Agregar columna -> Extraer -> Rango ->Índice inicial :6 -> Número de caracteres: 4

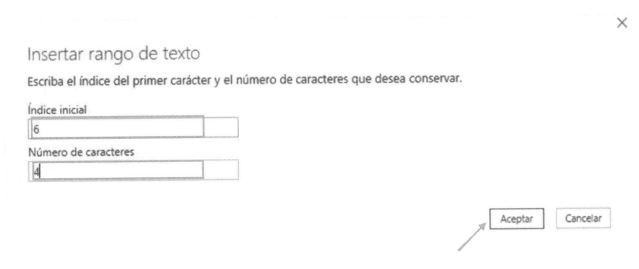

Figura 8. 33 - Extraer rangos de caracteres

Ahora probemos con la fórmula.

Agregar columna personalizada -> Nombramos "Extrae" -> **Text.Range([DATOS],6,4)**

O con la función -> **Text.Middle([DATOS],6,4)**

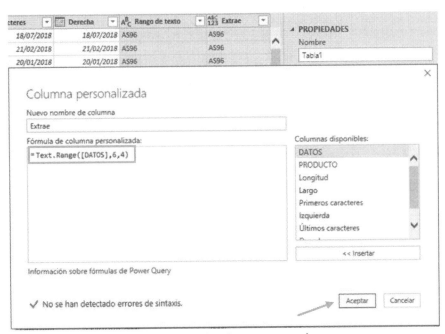

Figura 8. 34 - Fórmula extraer rango de texto

Estas son las funciones básicas de extracción de textos o registros, útil para separar o transformar campos de columnas.

Estudiemos otro bloque de funciones de texto, nos van a ayudar a dar un mejor formato a los datos, tales como letras en mayúsculas, minúsculas, nombres propios, quitar espacios y caracteres especial que no deben ir en el texto.

Pestaña Agregar columna -> Formato.

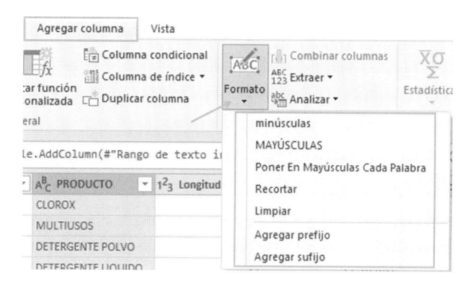

Figura 8. 35 - Formato a texto

* **Minúsculas:** Convierte todo el texto a minúsculas, la fórmula en Excel es **MINUSC()**, en M es **Text.Lower()**.

Seleccionamos la columna PRODUCTO -> Agregar columna ->Formato -> minúsculas.

Así de simple, uno par de clic y toda una columna se ha agregado con los textos en minúsculas.

Agregamos esta fórmulas directamente en una columna personalizada.

Agregar Columna personalizada-> Cambiar nombre -> Texto Minúscula -> **Text.Lower([PRODUCTO])**.

Figura 8. 36 - Fórmula minúscula

De estas dos formas podemos tener las columnas convertidas a minúsculas.

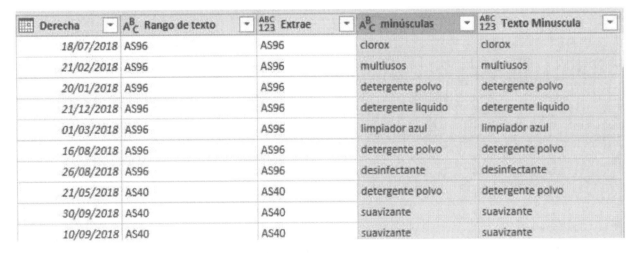

Figura 8. 37 - Columnas a minúsculas

- **MAYÚSCULAS:** Convierte todo el texto de minúsculas a Mayúsculas, la fórmula en Excel es **MAYUSC()**, en M es **Text.Upper()**.

Seleccionamos la última columna Texto Minúsculas -> Agregar columna ->Formato -> MAYÚSCULAS.

Agregamos esta fórmulas directamente en una columna personalizada.

Agregar Columna personalizada-> Cambiar nombre -> Texto Mayúscula-> **Text.Upper([Texto Minuscula]).**

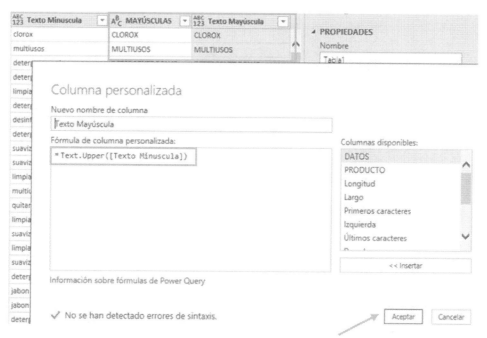

Figura 8. 38 - Columna personalizada fórmula

- **Poner En Mayúscula Cada Palabra:** Convierte la primera letra de cada palabra en mayúscula, la fórmula en Excel es **NOMPROPIO()**, en M es **Text.Proper().**

Seleccionamos la última columna Texto Mayúscula -> Agregar columna ->Formato -> Poner En cada Mayúscula Cada Palabra.

Agregamos esta fórmulas directamente en una columna personalizada.

Agregar Columna personalizada-> Cambiar nombre -> Nombre Propio-> **Text.Upper([Texto Mayúscula]).**

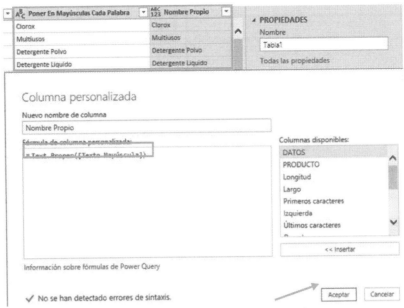

Figura 8. 39 - Columna personalizada nombre propio

* **Recortar:** Quita espacios iniciales y finales en cada texto, la fórmula en Excel es **ESPACIOS()**, en M es **Text.Trim()**. Ejemplo Text.Trim([DATOS]).

* **Limpiar:** Quita caracteres especiales dentro de una cadena de texto, la fórmula en Excel es **LIMPIAR ()**, en M es **Text.Clean()**. Ejemplo Text.Clean([DATOS]).

Si deseamos saber más sobre fórmulas de Power Query damos clic en **Información Sobre fórmulas de Power Query,** a la hora de agregar una columna personalizada.

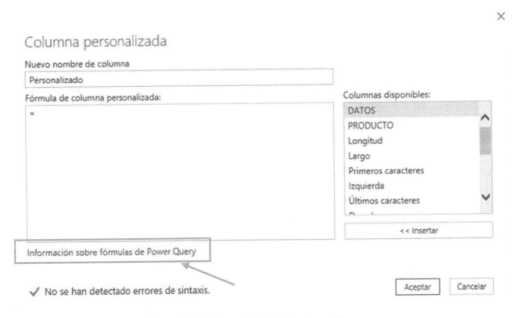

Figura 8. 40 - Información fórmulas Power Query

¡**Advertencia!** Las fórmulas en Power Query deber ser digitada con exactitud, es decir, Power Query diferencia las mayúsculas de minúsculas, por ende si no se escriben de tal manera, saca un error.

Su cuadro de diálogo con las funciones no es como Excel, te acepta el nombre de la función de cualquier forma, y no tiene auto ayudas o guía para usar cada función

Funciones Lógicas.

Las funciones lógicas son muy usadas en Excel, ya que ayudan a validar datos para arrojar un resultado final. Power Query tenía esto claro desde la creación de esta herramienta, y no fue ajeno a la necesidad, como todo lo visto anteriormente, las funciones lógicas en este nuevo Power de Excel y Power BI se usan de manera muy fácil, tanto desde la interfaz como en la programación en M.

Abrimos el libro de Excel "Funciones Lógicas.xlsx" hoja Lógica 1, de la carpeta capítulo 8.

Datos -> Obtener y transformar datos -> Desde una tabla o rango.

Estando en el editor de consultas, vamos a Agregar columna -> Columna condicional.

Figura 8. 41 - Agregar columna condicional.

En la tabla tenemos el siguientes escenario, las ventas mes a mes y el presupuesto. Vamos a validar si las ventas fueron mayores o iguales al presupuesto y agregar una nueva columna, donde informe si CUMPLIÓ o NO CUMPLIÓ.

Al ingresar un columna condicional, debemos parametrizar:

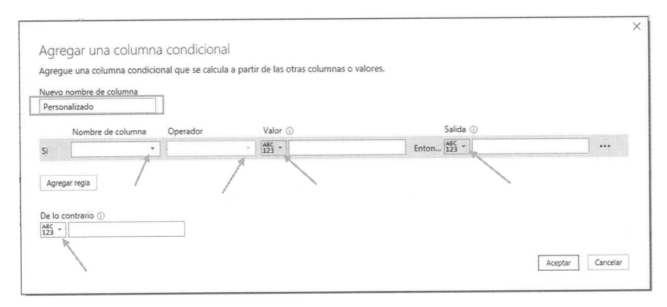

Figura 8. 42 - Parámetros columna condicional

- **Nuevo nombre de columna:** Es un nombre opcional para el nuevo campo de columna

- **Nombre de columna:** Seleccionamos la columna a validar, en este caso es VENTA.

- **Operador:** El tipo de comparación a realizar, mayor que, mayor o igual que, menor que, menor o igual que, igual o no es igual. Para el ejemplo es mayor o igual que.

- **Valor:** Podemos escribir un valor fijo o hacer la comparación con otra columna. Seleccionar columna -> PRESUPUESTO.

- **Salida:** El resultado es la variable de salida, si esta condición se cumple digitamos CUMPLIÓ.

- **De lo contrario:** Es el resultado contrario si no cumple la validación. NO CUMPLIÓ.

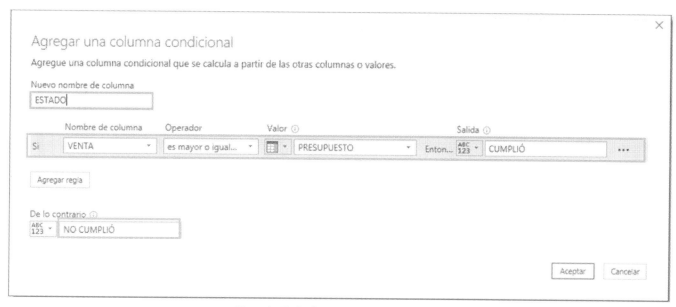

Figura 8. 43 - Parámetros columna condicional completos

Con todos los parámetros digitados, damos aceptar y una nueva columna con validación lógica está en la consulta.

Figura 8. 44 - Columna Estado agregada

Tenemos la otra opción de realizarlo escribiendo directamente la fórmula en una columna personalizada, en M la fórmulas es así:

Agregar columna personalizada -> Cambiar nombre -> ESTADO 2 -> Ingresar esta fórmula -> **if**
[#"VENTA "] >= **[PRESUPUESTO] then "CUMPLIÓ" else "NO CUMPLIÓ"**

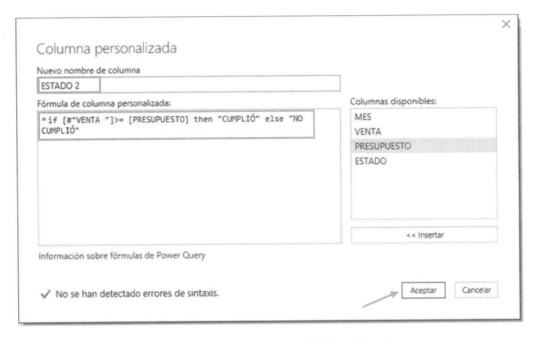

Figura 8. 45 - Columna personalizada condicional

La fórmula funciona casi igual que al Excel, solo que en este caso es en inglés, primero válida la columna VENTA si es mayor o igual al campo PRESUPUESTO, si es verdadero "CUMPLIÓ", de lo contrario "NO CUMPLIÓ".

Y de esta misma manera podemos validad ya sean entre columnas, o columnas con números o textos fijos. Aceptar y tenemos el mismo resultado.

	MES	VENTA	PRESUPUESTO	ESTADO	ESTADO 2
1	ENERO	30984740	25560000	CUMPLIÓ	CUMPLIÓ
2	FEBRERO	45647785	22366504	CUMPLIÓ	CUMPLIÓ
3	MARZO	27312520	28940000	NO CUMPLIÓ	NO CUMPLIÓ
4	ABRIL	21944956	31045000	NO CUMPLIÓ	NO CUMPLIÓ
5	MAYO	18914410	74577486	NO CUMPLIÓ	NO CUMPLIÓ
6	JUNIO	16180490	18789400	NO CUMPLIÓ	NO CUMPLIÓ
7	JULIO	116277095	93711466	CUMPLIÓ	CUMPLIÓ
8	AGOSTO	69251111	43251250	CUMPLIÓ	CUMPLIÓ
9	SEPTIEMBRE	76202394	53126748	CUMPLIÓ	CUMPLIÓ
10	OCTUBRE	54020540	72920808	NO CUMPLIÓ	NO CUMPLIÓ
11	NOVIEMBRE	19854690	24080000	NO CUMPLIÓ	NO CUMPLIÓ

Figura 8. 46 - Resultado igual con M e Interfaz

Funciones Lógicas Anidadas.

Uno de los retos de todo usuario de Excel, es aprender a anidar funciones, en especial las funciones lógicas, hasta el momento solo hemos visto funciones simples, ahora veremos de nuevo como Power Query abarcó la unión o validación de varios criterios.

Tenemos la siguiente foto:

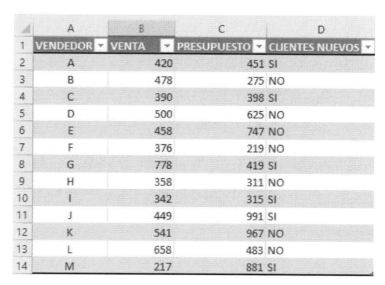

	A	B	C	D
1	VENDEDOR	VENTA	PRESUPUESTO	CLIENTES NUEVOS
2	A	420	451	SI
3	B	478	275	NO
4	C	390	398	SI
5	D	500	625	NO
6	E	458	747	NO
7	F	376	219	NO
8	G	778	419	SI
9	H	358	311	NO
10	I	342	315	SI
11	J	449	991	SI
12	K	541	967	NO
13	L	658	483	NO
14	M	217	881	SI

Figura 8. 47 - Tabla registros

Los vendedores van a ganar comisión siempre y cuando cumplan el presupuesto o si tienen clientes nuevos. Si cumple alguna de estas dos condiciones comisionan, de lo contrario no.

Abrimos el libro "Funciones Lógicas Anidadas.xlsx", ingresamos Power Query desde la tabla.

Datos -> Obtener y transformar datos -> Desde una tabla o rango.

Estando en el editor de consultas, vamos a Agregar columna -> Columna condicional. Ver figura 8.41

Parametrizamos la primera parte como en el caso anterior, lo único nuevo es agregar regla.

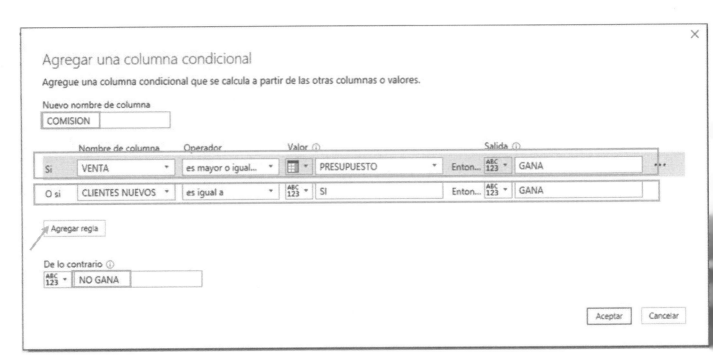

Figura 8. 48 - Parametrización función anidada

Al agregar regla, se desglosa una nueva parametrización que funciona exactamente igual a los visto anteriormente, si el vendedor cumple con alguna de estas dos validaciones GANA, de lo contrario NO GANA comisión.

Aceptamos y tenemos la solución.

	AᴮC VENDEDOR	1²₃ VENTA	1²₃ PRESUPUESTO	Aᴮc CLIENTES NUEVOS	ᴬᴮᶜ₁₂₃ COMISION
1	A	420	451	SI	GANA
2	B	478	275	NO	GANA
3	C	390	398	SI	GANA
4	D	500	625	NO	NO GANA
5	E	458	747	NO	NO GANA
6	F	376	219	NO	GANA
7	G	778	419	SI	GANA
8	H	358	311	NO	GANA
9	I	342	315	SI	GANA
10	J	449	991	SI	GANA

Figura 8. 49 - Comisión Calculada

Si validamos el primer registro, el vendedor A no cumplió el presupuesto, pero como tuvo clientes nuevos, gana comisión.

Esta misma solución vamos a escribirla en una columna personalizada y así es como la guarda el lenguaje M.

Agregar columna personalizada -> Nombre de columna -> COMISION 2 -> Ingresamos esta fórmula ->**if [VENTA]>=[PRESUPUESTO] then "GANA" else if [CLIENTES NUEVOS]="SI" then "GANA" else "NO GANA"**

La fórmula valida primero si la VENTA ES >= al PRESUPUESTO, si es verdadero "GANA", vuelve y valida si CLIENTES NUEVO="SI", entonces "GANA", si no cumple ninguna de las dos validaciones "NO GANA".

Dos resultados iguales de formas diferentes.

	VENDEDOR	VENTA	PRESUPUESTO	CLIENTES NUEVOS	COMISION	COMISION 2
1	A	420	451	SI	GANA	GANA
2	B	478	275	NO	GANA	GANA
3	C	390	398	SI	GANA	GANA
4	D	500	625	NO	NO GANA	NO GANA
5	E	458	747	NO	NO GANA	NO GANA
6	F	376	219	NO	GANA	GANA
7	G	778	419	SI	GANA	GANA
8	H	358	311	NO	GANA	GANA
9	I	342	315	SI	GANA	GANA
10	J	449	991	SI	GANA	GANA
11	K	541	967	NO	NO GANA	NO GANA
12	L	658	483	NO	GANA	GANA
13	M	217	881	SI	GANA	GANA

Figura 8. 50 - Comisiones calculadas

Power Query permite agregar todos los niveles que sean necesarios para realizar validaciones o funciones anidadas de lógica.

Tratar errores en fórmulas.

Si al realizar una fórmula, el resultado es un error, en Excel este tipo de errores lo tratamos con la función SI.ERROR(), Power Query ha diseñado una función llamada **try otherwise** para que el resultado no sea un error sino una salida que deseamos.

Tenemos una tabla con unas fechas de entrega y unas fechas de pedido, calcular los días que hay entre fecha y fecha ya lo manejamos súper bien, pero que sucede si no tenemos unas fechas de entrega, nos va a salir error. Veamos.

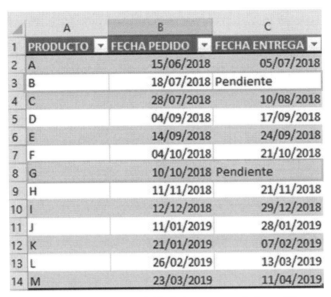

Figura 8. 51 - Tabla fecha entrega y fecha pedido

Faltan dos fechas de entregas pendientes por resolver, hagamos los cálculos de días de las fechas haber que sucede.

Abrimos el archivo "Tratar errores.xlsx" en la carpeta capítulo 8.

Datos -> Obtener y transformar datos -> Desde una tabla o rango.

Cambiamos el tipo de datos de las dos fechas a fechas y seleccionamos primero FECHA ENTREGA y luego FECHA PEDIDO.

Agregar columna ->Fecha -> Restar días.

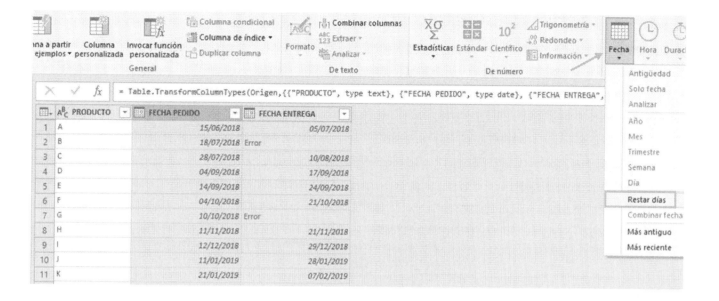

Figura 8. 52 - Restar días

La columna FECHA ENTREGA ya tiene alguno errores y al realizar este cálculo de restar días, me trae los errores en el resultado.

Figura 8. 53 - Errores en cálculo

Si al realizar el cálculo ningún resultado debe arrojar error, debemos usar la función **try otherwise.** Agregar una columna personalizada ->Cambiar el nombre por "Días Faltantes" -> Escribimos está fórmula : **try [FECHA ENTREGA]-[FECHA PEDIDO] otherwise 0**

Figura 8. 54 - Columna personalizada tratar errores

Aceptar y cambiar el tipo de dato por número entero.

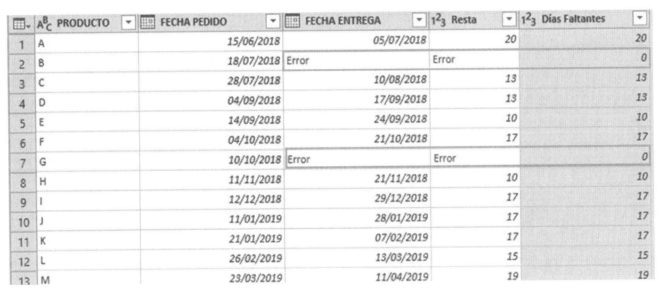

Figura 8. 55 - Columna sin errores

El error lo hemos reemplazado por cero, también podemos reemplazar el error por otra fórmulas

o texto. Cerrar y cargar.

Descargar listado de funciones de Power Query.

Para comprender más sobre las funciones de Power Query podemos entrar al enlace según la figura 8.40, o podemos descargar el listado en Excel desde la interfaz de consulta de Power Query.

Abrimos un libro de Excel nuevo y entramos a la interfaz desde una consulta en blanco.

En la barra de fórmulas escribimos: = #shared

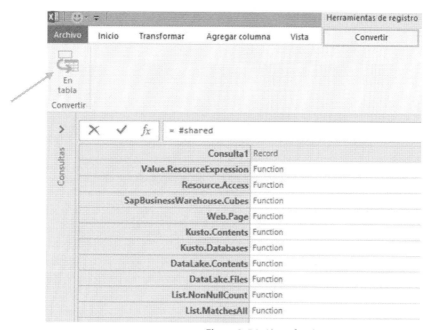

Figura 8. 56 - Listar funciones

Convertimos los registros en tabla. Cerrar y cargar y tenemos todo un listado de funciones, tablas y tipos de datos que recorrer y estudiar.

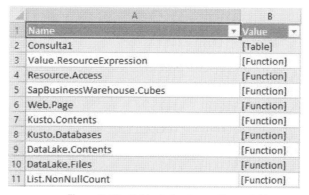

Figura 8. 57 - Tabla de funciones, tipos y tablas

CAPÍTULO 9

Casos prácticos con Power Query

Después de este capítulo tú sabrás:

- Análisis de pedidos con inventarios
- Consolidar información contable
- Análisis de ventas

Ya después de todo lo visto en esta valiosa herramienta, vamos a realizar algunas aplicaciones a la vida diaria en el manejo de datos e informes, esto abrirá un poco tu mente a lo que podemos alcanzar con Power Query, a esto llamamos inteligencia de negocios, a automatizar tus procesos, a tener análisis y confiables para la toma de decisiones.

Análisis de inventario y pedidos

El objetivo es auditar diariamente la cantidad de pedidos ingresado a la empresa y cruzarlo con el inventarios disponible para determinar el nivel de respuesta, si con este inventario se suple o no la demanda requerida.

Tenemos dos tablas, una de los inventarios disponibles, y la otra tabla es la transaccional de pedidos, donde a diario se registran los pedidos de la compañía.

La meta es cruzar los inventarios y consolidar los pedidos por referencia y determinar si dicho inventario cubre la cantidad de pedidos.

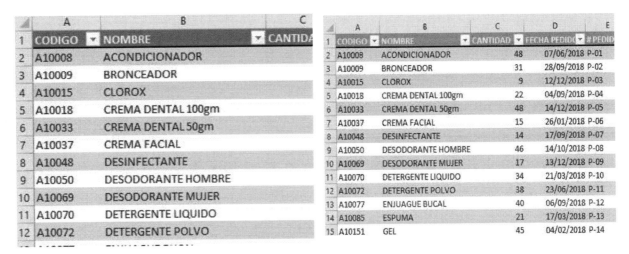

Figura 9. 1 - Tablas de inventarios y pedidos

Abrimos el archivo "Caso 1.xlsx" de la carpeta Capitulo 8, y seguimos estos pasos:

- Nos conectamos a la Tabla 1 de la hoja Inventarios .

- Datos -> Obtener y transformar datos ->Desde una tabla o rango

- Cambiamos el nombre de la consulta por: "Inventarios"

- Cerrar y cargar en.. Elegimos solo conexión.

Figura 9. 2 - Tabla inventarios solo conexión

Elegimos solo conexión, porque esa información solo la necesitamos para cruzar con la tabla pedidos, más no para arrojar en Excel.

- Nos conectamos a la Tabla 2 de la hoja Pedidos .

- Datos -> Obtener y transformar datos ->Desde una tabla o rango

- Cambiamos el nombre de la consulta por: "Pedidos"

- Como es una tabla transaccional, donde los productos pueden repetirse n veces, debemos agrupar los datos por CODIGO y NOMBRE.

- Pestaña Transformar -> Agrupar por ->y llenamos los parámetros.

Figura 9. 3 - Agrupar datos

Debe ser una agrupación avanzada ya que contiene dos campos: CONDIGO y NOMBRE.

Cambiamos el nombre de la columna, la operación sea suma de la CANTIDAD.

Aceptar y ya tenemos todos los pedidos consolidados.

Combinamos esta consulta con la de inventarios, y así realizamos el cruce la información.

* Inicio -> Combinar consultas -> Combinar consultas

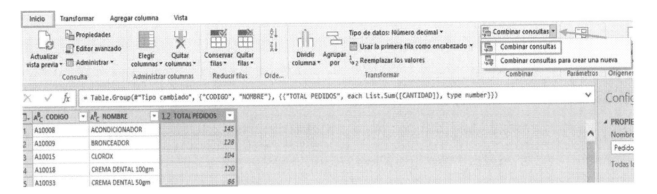

Figura 9. 4 - Combinar consultas

* Seleccionamos la consulta Inventarios y escogemos en cada tabla el campo en común, en este caso sería el CODIGO.

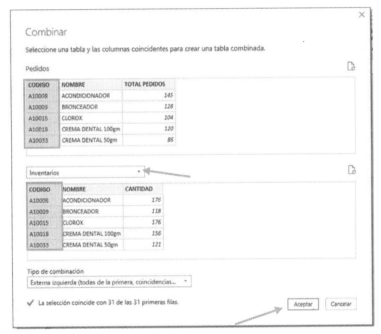

Figura 9. 5 - Campos en común

* Aceptar y expandimos la columna Inventarios
* Filtramos solo el campo CANTIDAD y deshabilitar Usar el nombre de la columna original como prefijo.

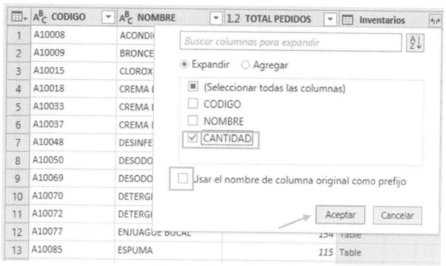

Figura 9. 6 - Expandir inventarios

- Cambiamos el nombre de la columna CANTIDAD -> "INVENTARIO DISPONIBLE"

- Debemos restar el INVENTARIO DISPONIBLE – TOTAL PEDIDOS, para calcular y determinar el estado del inventario.

- Seleccionamos la columna INVENTARIO DISPONIBLE y luego TOTAL PEDIDOS -> Agregar columna -> Estándar -> Restar

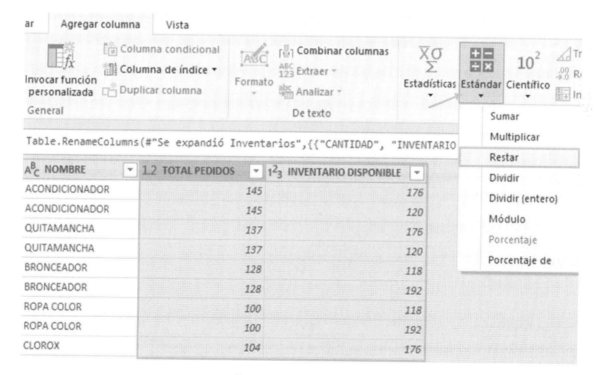

Figura 9. 7 - Restar columnas

■ Cambiar el nombre de la columna Resta por "DIFERENCIA INV"

	ABC CODIGO	ABC NOMBRE	1.2 TOTAL PEDIDOS	1²₃ INVENTARIO DISPONIBLE	1.2 DIFERENCIA INV
1	A10008	ACONDICIONADOR	145	176	31
2	A10008	ACONDICIONADOR	145	120	-25
3	A10008	QUITAMANCHA	137	176	39
4	A10008	QUITAMANCHA	137	120	-17
5	A10009	BRONCEADOR	128	118	-10
6	A10009	BRONCEADOR	128	192	64
7	A10009	ROPA COLOR	100	118	18
8	A10009	ROPA COLOR	100	192	92
9	A10015	CLOROX	104	176	72
10	A10015	CLOROX	104	152	48
11	A10015	SEDA DENTAL	96	176	80
12	A10015	SEDA DENTAL	96	152	56

Figura 9. 8 - Columna calculada

La columna DIFERENCIA INV es el resultado de la diferencia del inventario y el total de pedidos, si el resultado es positivo, significa que el inventario disponible puede suplir la demanda, de lo contrario es la cantidad que hace falta para completar la referencia solicitada.

Démosle un toque mejor:

■ Agregar columna -> Columna condicional .

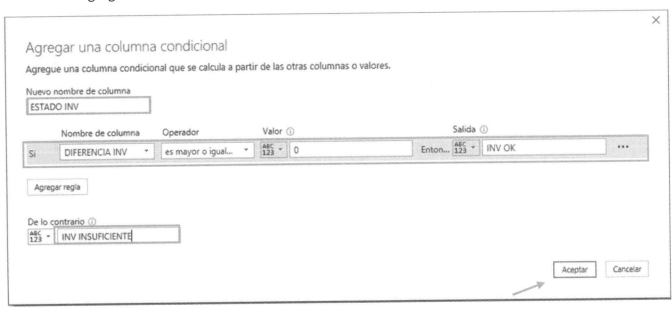

Figura 9. 9 - Agregar columna condicional

Validamos si la diferencia de inventario es mayor o igual que cero, el inventario esta Ok, de lo contrario se debe solicitar más inventario para cubrir los pedidos.

Aceptar -> Cerrar y cargar y ha resultado todo un éxito nuestro proceso.

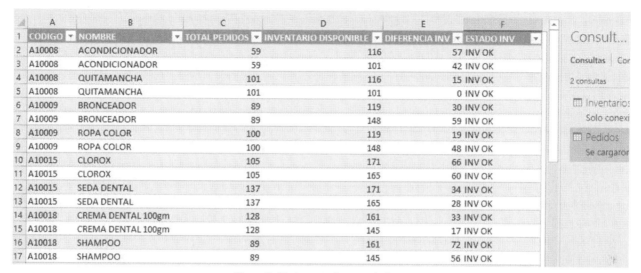

	CODIGO	NOMBRE	TOTAL PEDIDOS	INVENTARIO DISPONIBLE	DIFERENCIA INV	ESTADO INV
2	A10008	ACONDICIONADOR	59	116	57	INV OK
3	A10008	ACONDICIONADOR	59	101	42	INV OK
4	A10008	QUITAMANCHA	101	116	15	INV OK
5	A10008	QUITAMANCHA	101	101	0	INV OK
6	A10009	BRONCEADOR	89	119	30	INV OK
7	A10009	BRONCEADOR	89	148	59	INV OK
8	A10009	ROPA COLOR	100	119	19	INV OK
9	A10009	ROPA COLOR	100	148	48	INV OK
10	A10015	CLOROX	105	171	66	INV OK
11	A10015	CLOROX	105	165	60	INV OK
12	A10015	SEDA DENTAL	137	171	34	INV OK
13	A10015	SEDA DENTAL	137	165	28	INV OK
14	A10018	CREMA DENTAL 100gm	128	161	33	INV OK
15	A10018	CREMA DENTAL 100gm	128	145	17	INV OK
16	A10018	SHAMPOO	89	161	72	INV OK
17	A10018	SHAMPOO	89	145	56	INV OK

Figura 9. 10 - Inventario controlado

De esta manera podemos tener auditados y controlados los inventarios y pedidos de la compañía.

Parte II: Análisis y Modelamiento de Datos (Power Pivot)

En esta parte se verá todo lo necesario para nutrir nuestro reporte o cuadro de mando con cálculos, métricas e indicadores, es decir, todo lo que tiene que ver con Power Pivot y su lenguaje de funciones denominado lenguaje DAX.

EN ESTA PARTE

Capítulo 10
Introducción al Modelo Tabular

Capítulo 11
Topología y Relación entre Tablas

Capítulo 12
Los 3 Sabores de Cálculos DAX y un Aroma

Capítulo 13
Recetas DAX, Medidas Rápidas

Capítulo 14
La Llave para Dominar DAX: Síntesis de Contextos

Capítulo 15
Funciones Doradas: FILTER, Iteración y ALLxxxx

Capítulo 16
Propagación de Filtros al desnudo

Capítulo 17
La Crema y Nata de las Funciones: CALCULATE

Capítulo 18
Indicadores y Métricas de Razones y Proporciones

Capítulo 19
Indicadores y Métricas de Inteligencia de Tiempo

CAPÍTULO 10

Introducción al Modelo Tabular

Después de completar este capítulo tú sabrás:

- Qué es el modelo multidimensional y tabular
- Modelo Tabular vs Modelo Multidimensional
- Qué es Power Pivot y el lenguaje DAX
- La Suite Power BI Desktop

Este capítulo provee una introducción sobre las historia y descripción del modelo tabular, porqué es vital para toda analista, así como una breve reseña de la existencia de un segundo modelo analítico denominado el modelo multidimensional.

El modelo multidimensional y tabular

SQL Server es una familia de softwares que incluye al conocido: SQL Server management studio. No obstante, dentro de la suite de SQL Server también existe una parte analítica llamada SQL Server Analysis Services o SSAS. La primera versión de SSAS fue introducida en 1999 y traía consigo un motor llamado *modelo multidimensional*, sin embargo, en aquel tiempo se le denominada solamente OLAP. El modelo multidimensional era el único motor analítico de SSAS hasta el año 2012, en dicho año Microsoft introdujo una nueva versión de SSAS que ahora tenía dos motores analíticos, el primero, el ya conocido *modelo multidimensional* y uno nuevo nombrado *modelo tabular*, este último es el que nos interesa ya que es el motor analítico utilizado también en: Power Pivot para Excel y Power BI.

¿Por qué el modelo tabular?

El primer motor o el OLAP fue llamado *Unified Data Modeling* del 2012 en adelante, en este motor únicamente tenemos el lenguaje MDX para definir el modelo de negocios y fórmulas para el análisis, igualmente es el utilizado para hacer consultas al modelo de datos, he aquí un ejemplo de un script MDX:

```
WITH MEMEBER [Data].[Calendar].[Average] AS
    AVG (
            [Data].[Calendar].[Calendar Year],
        [Measure].[Internet Sales Amount]
        )
```

El *modelo multidimensional* ha sido implementado por muchas empresas en todo el mundo, sin embargo, este motor fue diseñado con los hardware existentes hace décadas. Ahora con muchísima más RAM y procesadores supremamente potentes Microsoft ha creado un nuevo motor que toma como parámetros iniciales los nuevos recursos de computadores actualmente disponibles, este motor es precisamente el *modelo tabular*. El modelo tabular se rige para su parte analítica con el lenguaje DAX, he aquí un script DAX:

```
=CALCULATE (
    SUMX ( Pedidos; ROUNDUP ( Pedidos[Costo Total]; 0 ) );
    Pedidos[País] IN { "Colombia"; "Brasil"; "Chile" };
    Pedidos[Tipo de Compra] = "Devolución"
    )
```

El *modelo tabular* es el utilizado en las tecnologías: Power Pivot para Excel y Microsoft Power BI, los cuales son objetos de estudio de este libro.

 Nota A la suma de estos dos motores: *Modelo Multidimensional + Modelo Tabular* se les ha llamado en conjunto el *modelo semántico de inteligencia de negocios* o *Business Intelligence Semantic Model* (BISM). Hay que tener en consideración que este término es cada vez menos utilizado.

La figura a continuación permite ver dónde están los dos modelos analíticos en la suite de SQL Server, fíjate que en toda la mitad de la imagen tenemos a SSAS un programa específico de la familia SQL Server donde se encuentran los dos motores.

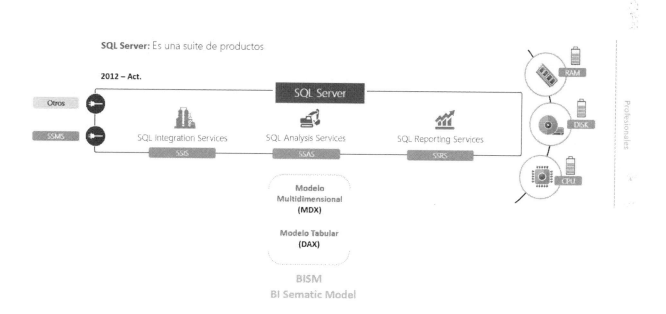

Figura 10. 1 – Proceso BI en SQL

Es válido mencionar que SSIS y SSRS son otros dos programas de la familia SQL Server destinados a fases concretas en el proceso de inteligencia de negocios.

Modelo Tabular Vs Modelo Multidimensional

Un punto por destacar es que le *modelo multidimensional* no ha quedado obsoleto, es decir, el *modelo tabular* no es un reemplazo del *modelo multidimensional*, por lo que si deseas aprenderlo también es perfectamente válido, pero hay que tener en cuenta que este motor se utiliza exclusivamente en SSAS mientras que el *modelo tabular* puede ser utilizado en: SSAS, Excel y Power BI (Somos consciente de que se ha mencionado esto varias veces, pero no queremos dejar el mínimo atisbo de confusión en ello).

Futuro del Modelo Multidimensional

Queremos aventurar que en un futuro Microsoft hará cruces entre los dos modelos de forma directa, es decir, que podremos reciclar código MDX a DAX y a la inversa código DAX a MDX, básicamente porque el mismo Microsoft ha dado a conocer que seguirá invirtiendo fuertemente en el motor analítico multidimensional, quien sabe sólo el tiempo lo dirá con total certeza.

¿Qué es Power Pivot y el Lenguaje DAX?

Power Pivot antes escrito sin espacio como *PowerPivot*, es un complemento de Microsoft para Excel cuyo núcleo, llamado: el DAX Engine, está disponible cada vez más en diversas tecnologías de Microsoft BI, concretamente en el software Power BI y SQL. Para Excel es una extensión que añade funcionalidades que subsanan todas las necesidades analíticas y la potencia de una manera tan sublime, que a veces es imposible dar crédito a tanta maravilla. Para Power BI es la espina dorsal en la parte analítica y así crear indicadores, KPIs, métricas y cálculos.

DAX se está posicionando día a día como una poderosa máquina de procesamiento de datos y con ello nos brinda una vastedad de opciones para extraer información relevante de los datos, todos esto, en definitiva, soporta la toma de decisiones, si, la toma de decisiones, eso que direcciona los objetivos empresariales.

Por qué deberías tomártelo enserio

Imagina que eres un gerente de abastecimiento de productos en un supermercado, estas encargado del manejo de miles de productos y analizar miles de millones de datos para identificar cuáles productos mantener y quitar o no son tan relevantes, si se piensa en todos los desafíos que surgen para agrupar, analizar y crear reportes para sacar conclusiones significativas de esta cantidad masiva de datos, nos encontraremos con una cantidad abrumadora de tareas, por mencionar algunas:

- Habilidad para reunir datos de múltiples fuentes, ejemplo: Access, SQL, Oracle, Archivos de Texto, etc.
- Manejo de cantidades masivas de datos a una velocidad cómoda
- Habilidad para crear reportes de forma eficiente, por ejemplo, de: SSRS.
- Compartir este reporte de manera efectiva y eficaz
- Crear diversas expresiones con el fin de resumir los datos y sacar conclusiones

¡¡Así es !!, todas estas tareas que antes eran un proceso titánico, ahora *Power Pivot* y el lenguaje DAX lo solventa de una forma rápida y muy sencilla de manejar, dicho de otro modo, podemos crear reportes dinámicos **"Tablas Dinámicas"** o matrices en *Power BI* de una cantidad masiva de datos, proveniente de una gran variedad de fuentes utilizando nuestra querida interfaz de Excel o el cada vez más utilizado Power BI.

Lo que esto quiere decir, es que no se necesita ser un desarrollador o una persona con habilidades increíbles en Excel, VBA u otras tecnologías que impliquen programación de computadoras, porque *Power Pivot* y el lenguaje DAX permite conectar todas las fuentes de datos de una manera tan sencilla que sólo se requiere de unos cuantos clics y además permite una distribución muy fácil y ágil.

Qué es el Lenguaje DAX

Podemos vincular datos de múltiples fuentes: Bases de datos, data markets, tablas vinculadas, archivos de texto, etc.

1. Podemos trabajar con millones de datos de forma eficiente y tranquila

2. El Lenguaje DAX permite extender los análisis, es decir, tener un despliegue de expresiones gracias a los **cálculos personalizado**s, cortando todas las limitaciones de las tablas dinámicas y convirtiéndola en el arma letal en nuestro arsenal de Excel.

3. El Lenguaje DAX se ha convertido en el núcleo de las tecnologías de Business Intelligence de Microsoft.

4. Es posible crear diferentes formas de relacionar las tablas de datos.

5. Se pueden ocultar columnas que no queramos ver en el panel de campos de las tabas dinámicas.

6. Se pueden crear indicadores KPI y jerarquías.

7. De manera creativa, permitirle al usuario final que inserte datos de entrada admitiendo reportes parametrizables.

8. El formato se mantiene constante a lo largo de diferentes reportes.

Introducción a Power BI

En la Parte I de este libro trabajamos con *Power Query* para Excel siendo plenamente conscientes de que también es aplicable a *Power Query* para *Power BI* de escritorio. En esta parte del libro y la siguiente vamos a trabajar netamente en *Power BI*, tanto por ver la intercambiabilidad de tecnologías como por aprovechar algunas funcionalidades adicionales.

Es necesario dar un paso atrás y entender: *¿Qué es Power BI?*

La Suite de Power BI

¿Qué es Power BI?

Power BI Power BI es un conjunto de herramientas de análisis empresarial que pone el conocimiento al alcance de toda la organización. Conexión a cientos de orígenes de datos, preparación de datos simplificada, generación de análisis ad hoc. Bellos informes que luego se publican para provecho de la organización en la Web y en dispositivos móviles. Creación de paneles personalizados al alcance de todos, con una perspectiva empresarial única, de 360 grados. Escalado a nivel empresarial, con gobierno y seguridad.

Definición Tomada de la página de Power BI

Lo primero que debemos entender es que Power BI no es un programa, *Power BI es un conjunto de aplicaciones destinadas al análisis de negocios*, es decir, que hablamos de Power BI como cuando decimos Office, sabemos que es una Suite de softwares.

En Power BI contamos con tres tecnologías principales:

- Power BI de Escritorio
- Servicio de Power BI en la nube
- Power BI para dispositivos móviles

Nota Existen otras variantes para Power BI, no obstante, las mencionadas son las más utilizadas.

- **Power BI de Escritorio (Power BI Desktop):** Power BI desktop es la aplicación para tu computadora, en él creamos modelos de datos sofisticados y robustos, ofreciendo análisis avanzados gracias a que podemos utilizar un lenguaje específico para ello: DAX. Igualmente, si en un paso anterior necesitamos preparar los datos contamos con la interfaz y el lenguaje para hacerlo: M, adicionalmente, su potencial de visualización lo convierten en el punto departida para crear reportes, informes y cuadros de mando.

- **El Servicio de Power BI en la Nube (Power BI Services):** Como su nombre lo indica es un servicio en la nube el cual proporciona todas las opciones para compartir, añadir niveles de privacidad, creara roles de usuarios, crear contenidos compartidos y con restricciones; así mismo, cuenta con sus propias opciones rápidas para el análisis.

- **Power BI para Dispositivos Móviles (Power BI Mobile):** Permite acceder de forma segura a paneles e informes de Power BI desde nuestro celular u otros dispositivos móviles, permitiendo estar notificado en tiempo real y filtrar rápidamente para el análisis.

Este es un libro sobre inteligencia de negocios. La inteligencia de negocios o Business Intelligence en inglés abreviado BI esta divida en cuatro etapas de un proceso sucesivo donde cada una depende de la otra, estas son:

- Preparación de Datos
- Análisis de Datos
- Visualización de Datos
- Compartir información

En este libro abarcamos los tres primeros ejes: (Preparación, análisis y visualización) y todo ello lo conseguimos con Power BI de escritorio, por lo tanto, será el único objeto de estudio de ahora en adelante.

Instalar Power BI de Escritorio

Power BI de escritorio es completamente gratuito, para descargarlo debemos ir a la página oficial de Power BI.

Vamos a nuestro navegador favorito y en el buscador de Google digitamos la palabra *Power BI* y procedemos con la búsqueda, la primera página filtrada será la que nos servirá, además, podemos pulsar clic directamente en Power BI Desktop.

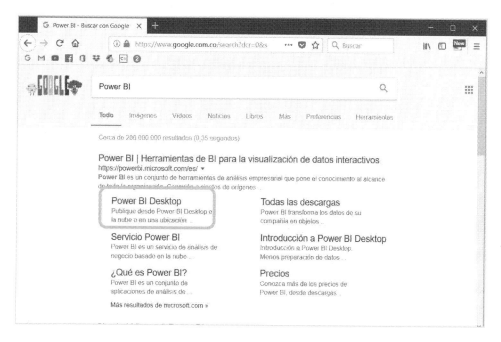

Figura 10. 2 – Búsqueda de la Página de Power BI

En la siguiente página encontraremos el botón para su descarga con nombre *DESCARGA GRATUITA*, sin embargo, si lo hacemos directamente se descargará e instalará Power BI de escritorio en inglés, para descargarlo en español demos pulsar clic en *Opciones Avanzadas de Descarga* que se encuentra inmediatamente debajo del botón de descarga gratuita.

Figura 10. 3 – Opciones Avanzadas de Descarga

La página que nos aparecerá a continuación todavía está configurada para descarga en inglés, de hecho, si observamos la URL:

*https://www.microsoft.com/**en-us**/download/details.aspx?id=45331*

Apreciaremos que la parte /*en-us*/ está indicado *english* (en) *united states* (us), es aquí donde debemos hacer la variación y poner /*es- es*/ por español España.

*https://www.microsoft.com/**es-es**/download/details.aspx?id=45331*

Ahora si podemos desplazarnos a la parte central de la página y ver que el idioma seleccionado es español, con esto ya podemos pulsar clic en el botón rojo de Descargar.

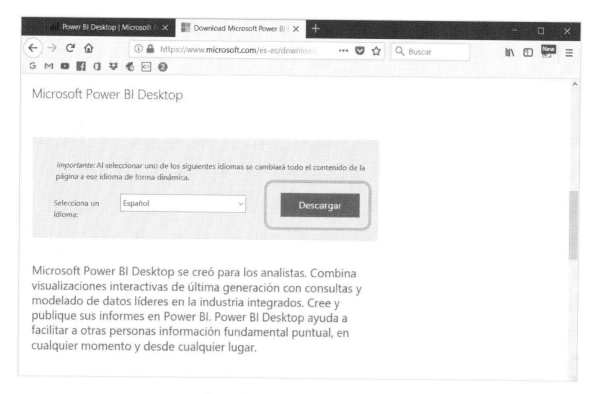

Figura 10. 4 – Descargar en español

En el siguiente paso debemos seleccionar si es de 32 bits o 64 bits, esto dependerá de nuestro caso específico y la instalación del sistema operativo.

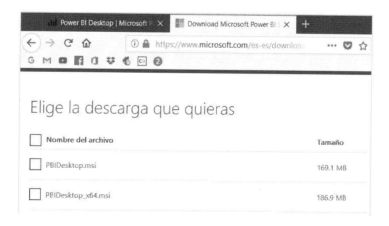

Figura 10. 5 – Arquitectura de Instalación de Power BI

Interfaz de Power BI de Escritorio

Una vez instalado, vamos a conocer las partes de la interfaz gráfica de usuario de Power BI de escritorio que será esencial de ahora en adelante.

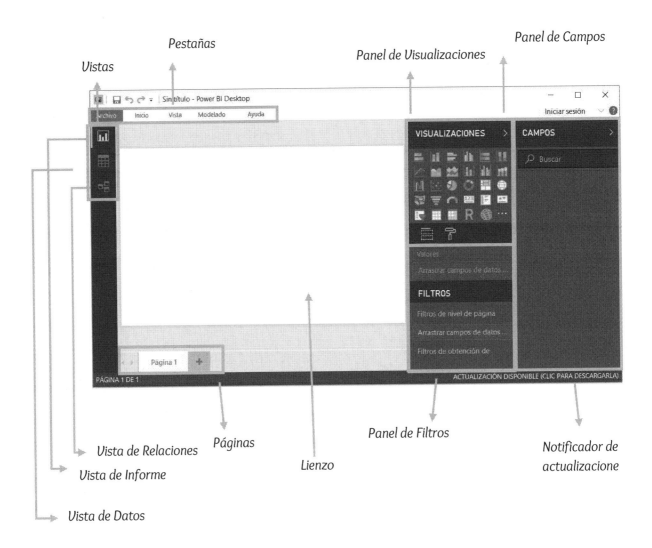

Figura 10. 6 – Interfaz de Power BI Desktop

CAPÍTULO 11

Topología, Relación entre Tablas y sus Tipos

Después de completar este capítulo tú sabrás:

- Cuáles son los tipos de tablas
- Cuáles son los tipos de columnas
- Cómo realizar el entretejido de Tablas
- Cuáles son los tipos de Relaciones

Dinos, *¿cuántas veces no has querido realizar un cálculo que involucra columnas de dos o más tablas?* Multitud de veces verdad. Para alcanzar dicha tarea, y si tenemos un conocimiento holgado en expresiones matriciales para Excel, podemos optar por crear mega fórmulas que demandan cantidades copiosas de tiempo, así como una precisión casi quirúrgica.

En este capítulo te queremos revelar como con Power BI o Power Pivot para Excel esta solución esta tan solo a 5 clics de distancia como mucho, sin embargo, para disfrutar de las mieles de la relación de múltiples tablas es necesario abrazar unos conceptos básicos, en concreto: tipos de tablas y columnas, ello nos labrará el camino para llegar al punto álgido del capítulo: crear miniinformes basados en múltiples tablas con el simple hecho de arrastrar y soltar.

Tipos de Tablas en Bases de Datos

Entre los conceptos básicos de bases de datos es imperativo discernir los tipos de tabla existentes, sin dar muchas vueltas específicamente nos vamos a encontrar con dos tipos de tablas: Tablas de dimensión o búsqueda y tablas de hechos.

Tablas de Hechos (Fact Tables)

Es una tabla que contiene mediciones de un área de negocio. Cada registro de la tabla es una medición diferente y *la granularidad está definido por las dimensiones relacionadas*. Estas mediciones son comúnmente aditivas, aunque no siempre.

Granularidad de Datos El tamaño de grano es el nivel de detalle de los datos, por ejemplo, un detalle día a día de los registros tiene más detalle que un detalle semana a semana de los registros ya que, capta más datos o detalle en la variable o dimensión tiempo.

No esta demás señalar que el tamaño de grano no se limita únicamente a la dimensión tiempo, también puede ser geográfico o todo aquello que tiene niveles de jerarquía bien establecidos.

Visto de otra manera, una tabla de hechos contiene registros en intervalos regulares: día a día, semana a semana, mes a mes, etc. Etc. De un proceso y sus variables de negocio. Las mediciones que permiten operaciones aritméticas son de gran utilidad, ejemplo: Registro de ventas, costos, unidades, utilidad, etc.

Las tablas de hechos se caracterizan por tener una *"alta densidad de datos"* comúnmente miles, millones o incluso más.

Tablas de Dimensión o Tablas de Búsqueda (Dimensión Table)

Es una tabla que contiene elementos de negocio, donde los campos describen los elementos, usualmente una tabla de dimensión hace referencia a varias tablas de hechos, visto de otra manera, una tabla que se utiliza para restringir y agrupar datos de una o varias tablas de hechos, son tablas que tienen información de las cuales dependen otros datos.

Las tablas de dimensión se caracterizan por tener una **"baja densidad de datos"**.

Tipos de Columnas en Tablas de Bases de Datos

Otro par de conceptos indefectibles se asocian a las columnas de cada uno de los tipos de tablas, particularmente: clave primaria y calve externa.

Clave Primaria o Primary Key

Es un campo que sirve como identificador único de fila (registro) en una tabla de dimensión, por lo tanto, dicha columna *tiene elementos que no se repiten* pues de esta manera se podrá identificar de forma univoca cada fila, en otras palabras, no valores duplicados.

- Ejemplos:

- Documentos de Identidad
- SKU
- ISBN
- Orden de Pedidos
- Id de País

Clave Externa o Foreign Key

Es un campo que se refiere a una columna en una tabla de hechos, pero que son *"equivalentes"*, es decir, tienen los mismos le elementos, pero en este caso los valores se pueden repetir.

Entretejido de Tablas

Ahora que conocemos los conceptos básicos en bases de datos para relacionar tablas, es necesario, entrar en materia y relacionar directamente desde la interfaz, en este caso, desde la interfaz de *Power BI*, pero no debemos olvidar que lo que se describe a continuación también aplica para *Power Pivot* de Excel.

Relaciones Automáticas en Power BI

Una situación con la cual nos encontraremos en *Power BI* es que al ir a la *vista de relaciones* nos encontraremos con que las tablas están relacionadas.

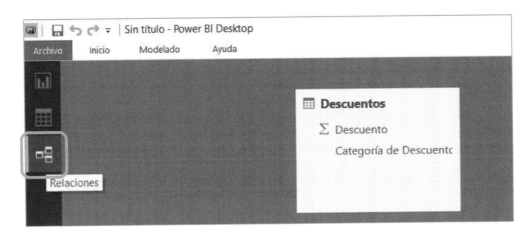

Figura 11. 1 – Ir a la vista de Relaciones en Power BI

Esta relación de manera automática la lleva a cabo Power BI internamente, sin embargo, estas relaciones pueden ser incorrectas o no coincidir con las que nosotros necesitemos. Adicionalmente esta tarea interna no ocurre con las tablas cargadas en *Power Pivot* para Excel, por lo menos para las versiones 2016 y anteriores.

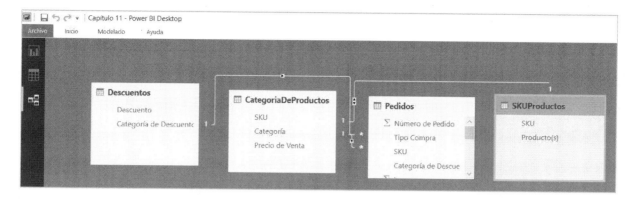

Figura 11. 2 - Relación Automática entre Tablas en Power BI

La recomendación es eliminar estas relaciones y crearlas desde cero para así cerciorarnos al 100% que son las deseadas. Par lograr dicha tarea nos podemos posicionar en cada relación, es decir, en cada línea que une un par de tablas pulsando clic encima de ella hasta que tome un color amarillo, luego pulsamos clic encima de la tecla *Delete* o *Supr*, una vez hecho lo previo se nos desplegará un cuadro de diálogo que nos pedirá que confirmemos si realmente queremos suprimir dicha relación.

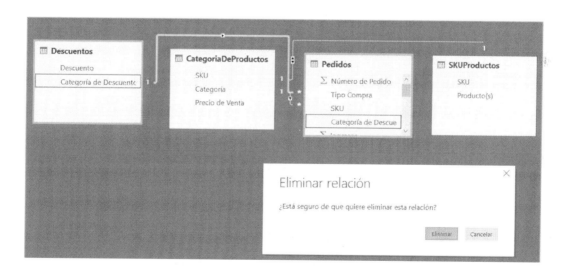

Figura 11. 3 – Eliminar Relaciones

Otra alternativa para eliminar las relaciones es ir a la pestaña *Inicio*, luego al grupo *Relaciones* y pulsar clic encima del comando *Administrar relaciones*.

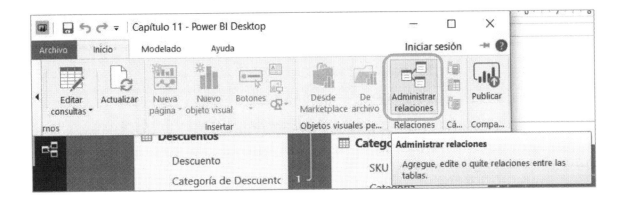

Figura 11. 4 – Comando Administrar Relaciones

De lo anterior se nos desplegará un cuadro de diálogo que lista todas las relaciones existentes, el proceso aquí consiste en seleccionar relación a relación en la lista e ir pulsando clic en el botón eliminar.

Figura 11. 5 – Cuadro de Diálogo Administrar Relaciones

Relacionar Tablas Manualmente

El primer paso para relacionar tablas manualmente consiste en identificar el tipo de tabla de cada una, en nuestro caso, si tomamos las tablas: *Pedidos*, *SKUProdcutos*, *Categoría de Productos* y *Descuentos*, tendremos lo siguiente:

- Tipos de Tablas:

- *Pedidos* es una tabla de hechos
- *SKUProductos* es una tabla de dimensión o búsqueda
- *Categoría* de Productos es una tabla de dimensión o búsqueda
- *Descuento* es una tabla de dimensión

En adición a lo previo debemos identificar en cada tabla cuáles son las claves primarias y las claves externas, recalcando que las tablas de búsqueda les asociamos clave primaria y a las tablas de hechos claves externas.

- Tipos de Tablas y Columnas:

- *Pedidos* es una tabla de hechos, clave externa *SKU* y *Categoría de Productos*
- *SKUProductos* es una tabla de dimensión o búsqueda, clave primara *SKU*
- *Categoría de Productos* es una tabla de dimensión o búsqueda, Calve primaria *SKU*
- *Descuento* es una tabla de dimensión, clave primara *Categoría de Descuento*

Con toda la información definida el proceso de relación de tablas es sencillo: pulsamos clic encima de la columna clave primara y la arrastramos hasta la clave externa equivalente en la tabla de hechos, un ejemplo concreto sería: la relación entre la tabla *Pedidos* y la tabla

SKUProductos, en este escenario en concreto procedemos a pulsar clic encima del campo *SKU* de la tabla *SKUProductos* y mantenido el clic pulsado arrastramos hasta la clave externa de tabla *Pedidos*, es decir, al campo *SKU* de la tabla *Pedidos* y soltamos.

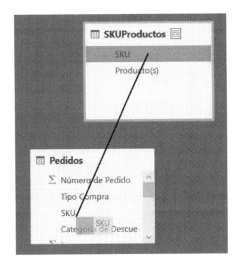

Figura 11. 6 – Relacionado Tablas Manualmente

Con lo previo interiorizado relacionar las tablas restantes es bastante fácil, el resultado final sería como el siguiente:

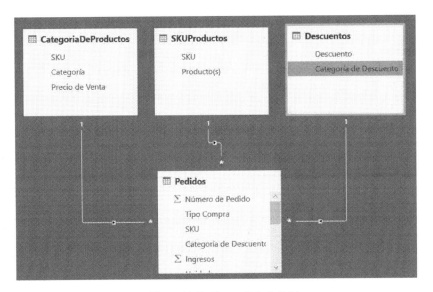

Figura 11. 7 – Entretejido de Tablas

Nota La manera en la cual se relacionaron las tablas anteriores es una forma de un abanico de posibilidades, esto lo podemos inferir fácilmente ya que, si apreciamos la forma en que relacionamos las tablas de forma completamente manual en contraste con las relaciones creadas automáticamente por Power BI, veremos que son dos vías diferentes.

Estas opciones de relacionar tablas dependerán del tipo de relación que utilizamos entre un par de tablas, con lo cual podemos intuir que basta con que la relación entre un par de tablas sea diferente para decir que el entretejido de tablas es también distinto.

Tipos de Relaciones

Se ha descrito que las relaciones se deben crear de una *clave primaria a una calve externa*, sin embargo, este es un caso particular de tres variantes, debido a que podemos relacionar de una *clave primaria a clave primaria* o de una *clave externa a una clave externa*.

Antes de continuar con los tipos de relación es vital que analicemos las relaciones en términos de unicidad o elementos repetidos. Si observamos detenidamente una clave primaria veremos que se sus elementos son únicos, por lo tanto, decimos que es el lado de los unos. Por otra parte, la clave externa contiene elementos duplicados, por tal motivo decimos que es el lado de los muchos. Siguiendo esta terminología *de unos y muchos* tendremos tres tipos de relaciones entre un par de tablas:

- Relación Uno a Muchos (1:*)
- Relación Uno a Uno (1:1)
- Relación Muchos a Muchos (*:*)

¡**Advertencia!** Los tipos de relación *uno a muchos* y *uno a uno* son perfectamente válidos en Power BI, por lo menos, de manera directa. Así que has que te estampen esto en todas tus camisetas:

"El tipo de relación muchos a muchos no es permitidos en Power BI ni Power Pivot por lo menos de manera directa"

Relación Uno a Muchos

Para cada registro en la tabla de dimensión pueden existir muchos o infinitos elementos en la tabla relacionada, la cual sería una tabla de hechos. Como se ha mencionada previamente contiene la clave externa. Esta situación es la ilustrada en la figura 11.6.

Relación Uno a Uno

Para cada registro en la tabla de dimensión puede existir un sólo registro en la tabla relacionada, que en este caso puede ser otra tabla de dimensión, un ejemplo es relacionar la tabla *SKUProductos* con la tabla *Categoría de Productos* mediante sus campos *SKUs*.

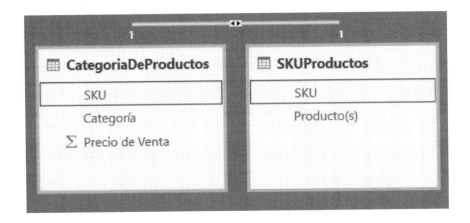

Figura 11. 8 – Tipo de Relación Uno a Uno

Relación Muchos a Muchos

Podemos visualizar este tipo de relación como la relación que se puede dar entre dos tablas de hechos, esta relación no es posible en Power BI analítico de manera directa, aunque hay métodos alternos son de alta complejidad que no alcanzan a ser tratados en este libro.

 Nota Aunque la relación *muchos a muchos* desde la parte analítica no es tratada en el presente texto, podemos encontrar una manera de ejecutar este tipo de relación desde la preparación de datos en el capítulo 4.

 Nota Para propósitos de este libro dejar las relaciones de manera idéntica que las presentadas en la figura 11.7.

Miniinforme de Múltiples Tablas Relacionadas

Ahora vamos a la *vista de informe*, para lograrlo únicamente debemos pulsar clic encima del pequeño botón en el extremo izquierdo con icono de un gráfico de barras.

Figura 11. 9 – Vista de Informe en Power BI (Lienzo)

Una vez allí vamos al *panel de visualizaciones* y ubicamos el **objeto visual matriz** para pulsar clic encima de él.

Figura 11. 10 – Objeto Visual Matriz

 Nota Para mayor detalle acerca de los objetos visuales y tipos de gráficos en Power BI puedes remitirte a la Parte III del presente libro, es decir, desde el capítulo 20 en adelante.

A continuación, aparecerá un contendor de objeto visual.

Figura 11. 11 – Contenedor de Objeto Visual

Manteniendo seleccionado dicho contenedor de objeto visual que en este caso corresponde a una *matriz*, vamos a ir a al *panel de visualizaciones* y en las áreas de colocación vamos a llevar los siguientes campos o columnas:

- Detalle:

- Llevamos el campo *Producto (s)* de la tabla *SKUProducto* al área de filas
- Llevamos el campo *Categoría* de la tabla *Categoría de Productos* al área de columnas
- Levamos el campo *Ingresos* de la tabla *Pedidos* al área de valores

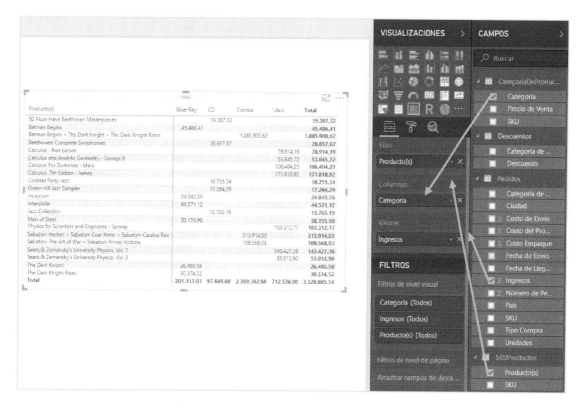

Figura 11. 12 – Miniinforme con Objeto Visual Matriz

CAPÍTULO 12

Los 3 Sabores de Cálculos DAX más un Aroma

Después de completar este capítulo tú sabrás:

- Qué es el Lenguaje DAX
- Qué es una Medida y su importancia
- Qué es una Columna Calculada y su importancia
- Qué es una Tabla Calculada y su importancia
- Variables en el lenguaje DAX

DAX es el lenguaje de funciones soñado para el analista de datos, para el estadista y en definitiva para cualquier persona que desee extraer información precisa, oportuna, accionable y de valor de montañas de datos.

Por lo anterior, tenemos que conocer los fundamentos del lenguaje DAX como si fuera la palma y el dorso de nuestra mano, al finalizar este capítulo sabrás con exactitud esos conceptos esenciales en el lenguaje DAX que pavimentan la vía para empezar a encarrilar todo tipo de cálculos que soporten la toma de decisiones empresariales.

¿Qué es el Lenguaje DAX?

DAX, es un lenguaje de funciones que nos permite recabar en los confines de los datos para hacer análisis como nunca había sido soñado, por lo tanto, supone un lenguaje supremamente poderoso para los usuarios de Excel, para los de Power BI o próximos para hacer inteligencia de negocios y enfocar la toma de decisiones en la vía correcta.

Nota DAX son las siglas en inglés para: expresiones para el análisis de datos

Data Analysis eXpressions

Las propias siglas hablan por sí solas, un lenguaje optimizada y enfocado para tomar múltiples tablas relacionadas y de allí extraer información rica que nos ayude a tomar decisiones inteligentes y acertadas en los negocios, pura inteligencia competitiva.

Los 3 tipos de cálculos (3 sabores)

Si nos planteamos la pregunta: *¿Cómo hacer análisis más potentes en Excel?*

Podríamos pensar en ampliar la respuesta diciendo que con el lenguaje DAX, y no está mal, pero debemos desglosar un poco más comentando que el núcleo, **el corazón del funcionamiento del lenguaje DAX se basa en sus tres "sabores"** de tipos de cálculos personalizados (**Cálculos DAX**), estos son:

- Medidas
- Columnas Calculadas
- Tablas Calculadas

Siempre utilizamos el lenguaje DAX para crear alguno de estos tres cálculos, ellos nos permiten jugar, manipular y moldear los datos a nuestro antojo para hacer los análisis necesarios. Todas las funciones, **variables** y en general expresiones DAX desembocan en uno de estos *tres Cálculos Personalizados*, para posteriormente utilizarlos en nuestros reportes, consultas, presentación visual, cuadros de mando, etc. *¿Notas la importancia ahora de los Cálculos DAX?*

Cálculos DAX Los Cálculos DAX componen la Escalera Real en nuestra mano de póquer BI para doblegar los datos y así nos entreguen la información necesaria en el momento oportuno.

Para seguir el hilo de la metáfora con el Póquer:

Power Pivot / Power BI / SSAS Tabluar, es decir, El DAX Engine: es la mano, el arma, la herramienta más valiosa para hacer análisis y trabajar con datos (*¡**Todo prácticamente!, pues una hoja de cálculo siempre tiene datos, si no, cuál sería el punto de: hoja de cálculo*), sin embargo, al igual que en el póquer, es la mano / la herramienta, menos frecuente utilizada por los usuarios de Excel.

Lo anterior, probablemente ocurre por muchas causas; lo que si es cierto, es que es una constante hasta el momento, debido a que muchas personas que se pueden beneficiar con DAX, lo desconocen completamente, por ello muchos de nuestros esfuerzos van en aportar nuestro granito de arena en mejorar en alguna escala esta situación.

Para poner los pies en la tierra respectos a los cálculos DAX, dediquemos unos párrafos a cada uno de estos cálculos personalizados...

Pero ... Un momento:

¡Advertencia! En Power Pivot para Excel sólo contamos con dos Cálculos DAX: *Medidas y Columnas Calculadas*. Mientras que en Power BI y SSAS contamos con *Medidas, Columnas Calculadas y Tablas Calculadas*.

Así que has que graben esto en el collar de tu perro:

"El lenguaje DAX en algunas tecnologías cuenta con más posibilidades, básicamente por actualizaciones."

Introducción a Medidas

Las Medidas en Power Pivot *(Denominados Campos Calculados en Excel 2013)* es uno de los tres tipos de cálculos personalizados o cálculos DAX que están a nuestra disposición para crear soluciones mediante Excel, Power BI y SSAS sin ninguna limitación.

No se exagera cuando hay personas que dicen que: *"Es lo mejor que le ha pasado a Excel en su historia"* o que *"Representa un cambio total en las reglas del juego a nuestro favor"* Todo tipo de cosas se dicen del lenguaje DAX y no es por darle un valor desorbitante, ¡De Verdad que no! nosotros personalmente decimos que:

Acerca de DAX ¡Componen una excelsa sinfonía de una revolución mágica y sin precedentes para Business Intelligence -BI-! es como si nos hubieran traído una tecnología de veinte años en el futuro para utilizarlas hoy en día. La capacidad de resumir cantidades masivas de datos, crear expresiones de todo tipo para extraer gemas de información, acompañado de la posibilidad de crear reportes de tablas dinámicas como nunca se había soñado, la convierten el arma letal para inteligencia de negocios. Business Intelligence al alcance de todos.

¿Qué es una Medida?

Demos una definición sencilla pero que capte la esencia de qué es una medida:

Medida Es una fórmula que se añade el área de valores de una matriz en Power BI o a al área de valores de una tabla dinámica en Excel.

Es vital antes de continuar resaltar la diferencia de nombres en las distintas versiones, este tipo de cálculo DAX se ha denominado de diferentes formas en las diversas versiones de Excel y otros programas, así:

- **Excel 2010:** Medidas (En inglés Measures)
- **Excel 2013:** Campos Calculados (En inglés Calculated Fields)
- **Excel 2016:** Medidas
- **Power BI:** Medidas
- **SSAS:** Medidas

En definitiva, Microsoft opto por renombrar al tipo de cálculo que añade fórmulas a los reportes de tablas dinámicas como Campos Calculados en Excel 2013. Sin embargo, volvió a su nombre original, ya que ayuda a marcar una diferencia desde el principio en contraste con la funcionalidad antigua de Campos Calculados.

Medidas en Power BI

Las medidas en Power BI y Power Pivot nos permiten hacer cualquier cosa, por ejemplo:

- Crear expresiones para análisis de clientes nuevos, recurrentes y perdidos que nos permitan analizar diversos escenarios
- Análisis de afinidad en productos
- Análisis ABC
- Análisis de inventarios, lead time y distribución

... Por mencionar unos pocos ...

Cualquier tipo de resumen que se nos ocurra, pues para ello tenemos a nuestra disipación todo lenguaje de fórmulas bien estructurado y completo, denominado: Lenguaje DAX.

Tipos de Medidas en Power BI

Podemos crear tipos de medidas en Power BI basándonos en la existencia o no de fórmulas y funciones del lenguaje DAX. Aquellas que utilizan el lenguaje DAX son llamadas **medidas explícitas** y aquellas que no lo utilizan son denominadas **medidas implícitas**.

Las *medidas explícitas* pueden surgir de dos maneras, aquellas que creamos con el lenguaje DAX de forma manual si tenemos el conocimiento y aquellas que crean la expresión DAX, pero de forma automática gracias a la interfaz de Power BI. Las primeras medidas las *llamamos* **medidas explícitas manuales** mientras que a las segundas las llamadas **medidas explícitas automáticas**.

Las medidas implícitas se crean de forma automática pero no dejan ni un solo rastro de función o expresión DAX, de hecho, no se sabe si internamente está utilizando el lenguaje DAX o consiste en algún algoritmo distinto de resumen.

> **¡Advertencia!** Nosotros no recomendamos la utilización o creación de medidas implícitas porque no existe fórmula DAX asociada, por lo tanto, no se puede reutilizar o llamar en otra medida (no es reusable o reciclable).
>
> Así que, tatúate esto:
>
> *"Las buenas prácticas demandan crear todas le medidas de manera explícita sin importar si una medida tan sencilla como crear la suma de una columna"*

En definitiva, y si nos permiten el símil cinematográfico, las medidas implícitas encierran una filosofía más devastadora que el anillo de *mordor* en la tierra media.

El esquema siguiente resume los tipos de medidas en Power BI:

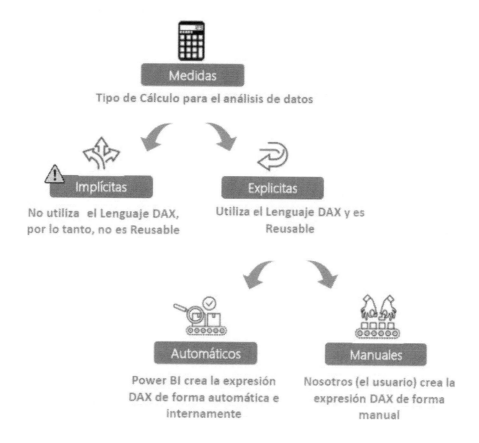

Figura 12. 1 – Tipos de Medidas en Power BI

¡**Advertencia!** Las medidas explícitas automáticas no existen en Power Pivot para Excel, por lo menos de las versiones 2016, 2013 y 2010. Probablemente en versiones futuras de office, en concreto a partir de office 2016, ya vengan integradas.

A estas medidas explicitas automáticas nosotros las denominamos las recetas DAX automáticas y serán tema del próximo capítulo. Adicionalmente dichas recetas son lo que se conocen en la propia interfaz de Power BI como medias rápidas.

Medidas implícitas

Aunque no recomendamos las medidas implícitas, su creación es bastante sencilla ya que solo consiste arrastrar y soltar.

Supongamos, por ejemplo, que deseamos crear una matriz que muestre el *promedio de ingresos* para los distintos *SKU* en una *matriz* de *Power BI*.

Para conseguir esta tarea debemos crear una matriz y luego llevar el campo *SKU* de la tabla *SKUProductos* al área de filas.

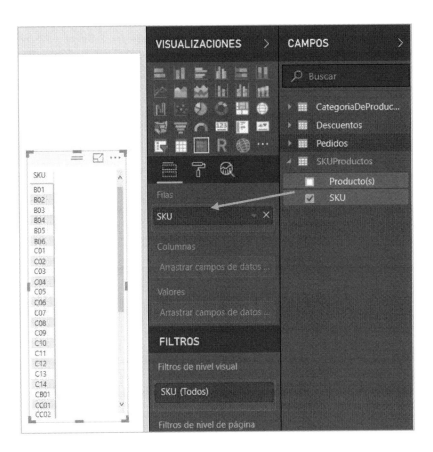

Figura 12. 2 – Matriz con campos SKU de la tabla SKUProductos en una matriz

Si recordamos la definición de medida que hemos brindado, sabemos que es un cálculo que se lleva al área de valores *(de una matriz o tabla dinámica)*. Como queremos el promedio de ingresos lo único que debemos hacer es llevar el campo *ingresos* de la tabla *Pedidos* al área de valores de la matriz.

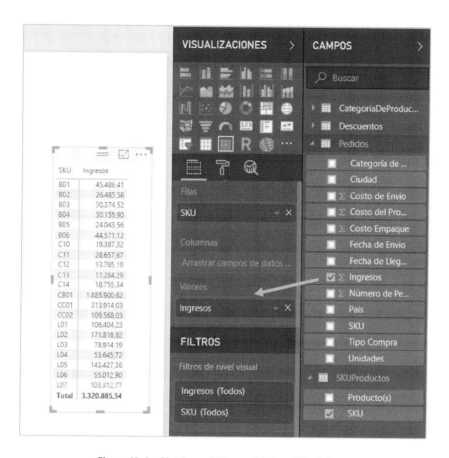

Figura 12. 3 – Matriz con SKU y medida implícita de Ingresos

¡Advertencia! Cuando se crear una medida con el método de arrastrar y soltar en un campo en el área de valores de una matriz, es importante destacar que el tipo de cálculo que se crea por defecto es la suma de la columna si el campo es numérico y la cuenta de elementos si el campo es de tipo texto.

Para cambiar el tipo de cálculo implícito debemos posicionar el cursor de nuestro mouse en la pequeña flecha que aparece al extremo derecho del campo *Ingresos,* situado en el área de valores de la matriz justo al lado de la x.

Figura 12. 4 – Desplegar cálculos implícitos en Power BI

Pulsamos clic encima de esta flecha, y se despliega un menú que en su parte central muestra los cálculos que podemos utilizar de manera implícita con tan sólo un clic, observando que el seleccionado por defecto es suma *(fácilmente identificable por el chulito o palomita de color verde en el extremo izquierdo del menú desplegable)*

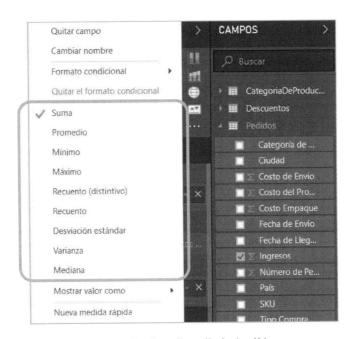

Figura 12. 5 – Menú que lista cálculos implícitos

Todas las opciones desde suma hasta mediana corresponden a las medidas implícitas que podemos utilizar, para nuestro caso lo cambiamos por *Promedio*, llegando al resultado deseado:

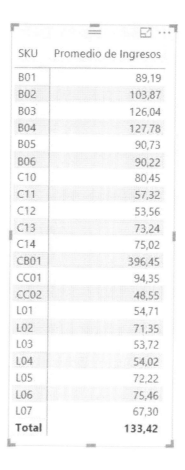

SKU	Promedio de Ingresos
B01	89,19
B02	103,87
B03	126,04
B04	127,78
B05	90,73
B06	90,22
C10	80,45
C11	57,32
C12	53,56
C13	73,24
C14	75,02
CB01	396,45
CC01	94,35
CC02	48,55
L01	54,71
L02	71,35
L03	53,72
L04	54,02
L05	72,22
L06	75,46
L07	67,30
Total	**133,42**

Figura 12. 6 – Matriz con Promedio de Ingresos Implícitos

Como podemos ver su ejecución es bastante rápida pero no encontraremos ninguna fórmula o función asociada en ninguna parte, estas opciones son útiles si queremos ver un resumen ágil, pero para crear un modelo de datos robusto no es recomendable. Adicionalmente, vemos que solamente son 9 cálculos posibles, si deseamos hacer cosas más complejas debemos acudir al lenguaje DAX sin duda alguna.

Medidas explícitas manuales

Es válido repasar que las medidas explícitas están vinculadas a una expresión DAX visible que podemos manipular si así lo consideramos necesario, para crear una medida explícita manual debemos ir a pestaña *modelado* grupo *Cálculos* y pulsar clic encima del comando *Nueva Medida*.

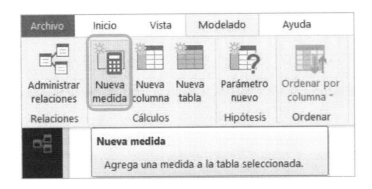

Figura 12. 7 – Comandos para Cálculos DAX en Power BI

Una vez pulsamos clic en el comando vamos a ver como se habilita una barra de fórmulas, esta es la barra de fórmulas DAX.

Figura 12. 8 – Barra de fórmulas DAX

 Nota Los nombres de las funciones del lenguaje DAX se deben dar en inglés independientemente si la instalación de nuestro Power BI es en español o en inglés (en general en cualquier idioma del mundo)

El lenguaje DAX siempre es inglés.

En la parte izquierda del igual ponemos el nombre y después la expresión DAX.

Digamos que en esta situación queremos calcular la media geométrica de los ingresos. Bien, algo que hay que destacar es que esta medida de forma implícita no existe, si bien tenemos: *promedio* y *mediana*, la media geométrica no la encontraremos en la lista desplegable de medidas implícitas, es decir, que en este escenario es obligatorio recurrir a las medidas explicitas para poder cumplir el requisito.

Después del igual ponemos las letras *geo* y veremos cono aparece un menú contextual *(técnicamente este menú contextual se llama Intellisense)* listando todas las funciones del lenguaje DAX que empiezan por las letras *geo*. En este caso en particular veremos cómo aparecen dos opciones de funciones:

Figura 12. 9 – Funciones que empiezan por las letras geo

En el Intellisense nos podemos mover con las teclas de dirección y seleccionar la función deseada con la tecla tab, claro también podemos hacer eso con el mouse de nuestra computadora y pulsar dos veces clic encima del nombre de la función que queremos utilizar. La función que vamos a seleccionar es GEOMEAN sin la x al final. Con lo anterior parece un nuevo Intellisense listando las tablas y sus columnas.

Figura 12. 10 – Función GEOMEAN e Intellisense

Podemos apreciar que el tooltip también nos brinda información acerca de lo que hace la función, así como un listado de sus argumentos, para la función GEOMEAN únicamente tenemos un argumento que corresponde un campo numérico de una tabla, para nuestra situación debemos llamar la tabla *Pedidos* y el campo *Ingresos*, cerramos paréntesis cuadrados y pulsamos en la tecla Enter, así:

Figura 12. 11 – Fórmula GEOMEAN con campo ingresos de la tabla Pedidos

Nota

Es crucial identificar el funcionamiento de la sintaxis de tablas y columnas en DAX, como se puede ver de la creación de la medida de media geométrica anterior, para hacer referencia a una columna debemos primer poner el nombre de la tabla y luego entre paréntesis cuadrados el nombre de la columna:

• *Pedidos[Ingresos]*

También podemos llamar a una tabla y todas sus columnas, para ello únicamente debemos escribir el nombre de la tabla, ejemplo:

• *Pedidos*

Sin embargo, si el nombre de la tabla tiene espacios y/o tildes debemos encerrar el nombre entre comillas simples así:

• *'Categoría de Productos'*

Si se llama a una columna asociada a la tabla anterior sería:

• *'Categoría de Productos'[Precio de Venta]*

La medida recién creada quedará en alguna de las tablas en el modelo de datos, en particular permanecerá en la tabla que tengamos seleccionada en el *panel de campos* cuando estamos creando la medida, en nuestra situación teníamos seleccionada la tabla *Categoría de Productos*, por lo tanto, la medida debería aparecer allí:

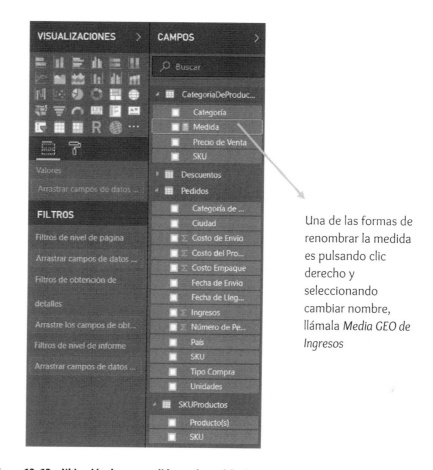

Una de las formas de renombrar la medida es pulsando clic derecho y seleccionando cambiar nombre, llámala *Media GEO de Ingresos*

Figura 12. 12 – Ubicación de una medida en el panel de Campos

Puedes notar que **la medida es fácilmente identificable por el icono de una calculadora** en su extremo izquierdo, mencionar también que nuestra medida a quedado con el nombre por defecto medida, para cambiarlo debemos pulsar clic encima del icono de calculadora para que se habilite nuevamente la barra de fórmulas DAX y renombrar.

Figura 12. 13 – Renombrar Medida

Ahora seleccionemos la matriz anterior y arrastramos la medida *Media GEO de Ingresos* al *área de valores*.

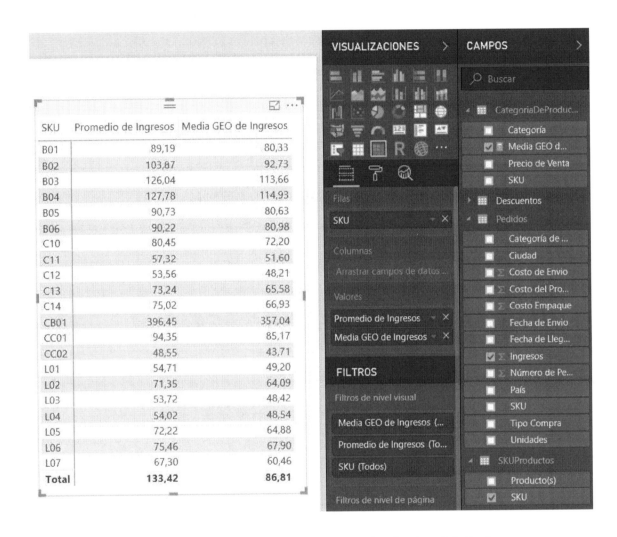

Figura 12. 14 – Medida Media Geométrica en Área de Valores de la Matriz

Medidas explícitas automáticas

Estas medidas se crean forma automática, es decir, que no debemos digitar ni una sola fórmula o función de manera manual. Únicamente contamos con un cuadro de dialogo nos ayudará a que se cree dichas fórmulas.

Estas medidas son equivalentes a medidas rápidas y serán tema del siguiente capítulo.

Introducción a Columnas Calculadas

Las **Columnas Calculadas**, nuestro segundo tipo de **Cálculo DAX** disponible en Power Pivot para Excel y Power BI. Recordemos que los **tipos de Cálculos DAX o Cálculos Personalizados en Power Pivot** son:

- Medidas o *Measures en inglés* (Campos Calculados en Excel 2013)
- Columnas Calculadas o *Calculated Columns en inglés*
- Tablas Calculadas o *Calculated Tables en Ingles* (NO disponible en Power Pivot a la fecha)

Como su nombre lo indica, las columnas calculadas permiten crear columnas adicionales en nuestras tablas tomando columnas ya existentes de las diversas tablas en el modelo de datos mediante le lenguaje DAX.

Tablas de Población de la Web

Perfecto, sin embargo, para los fines que deseamos también necesitaremos otra *"tablita"* que no está disponible en el archivo; para este caso una tabla que nos indique el número de habitantes que hay en las ciudades principales en el país de Colombia, por lo tanto debemos explorar en internet e **importar datos desde la web**.

Si buscamos en la Web, la primera fuente que nos encontraremos es Wikipedia:

URL: https://es.wikipedia.org/wiki/Anexo:Municipios_de_Colombia_por_poblaci%C3%B3n

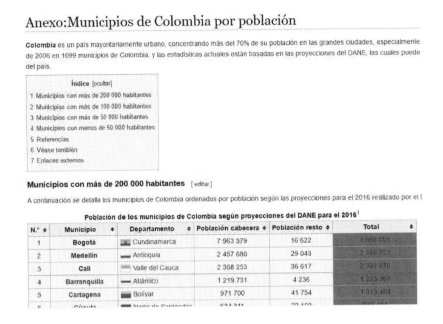

Figura 12. 15 – Anexos de Municipios de Colombia en Wikipedia

No luce nada mal, ¿*Cierto*? Vamos a la Pestaña **Inicio**, grupo **Datos Externos**, desplegamos las opciones de **Orígenes de Datos**, nos dirigimos al comando **Web** para pulsar clic encima.

Figura 12. 16 - Importar Datos de la Web

Con la acción precedente se despliega un cuadro de diálogo que nos pide la URL.

Figura 12. 17 – URL para cargar datos de la Web

Presionamos clic en el botón Aceptar y aparece lo siguiente:

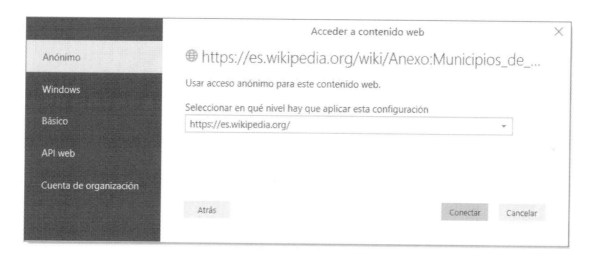

Figura 12. 18 – Acceder a Contenido Web

Luego pulsamos clic en el botón concretar y se desplegará un cuadro de dialogo como el ilustrado en la figura siguiente.

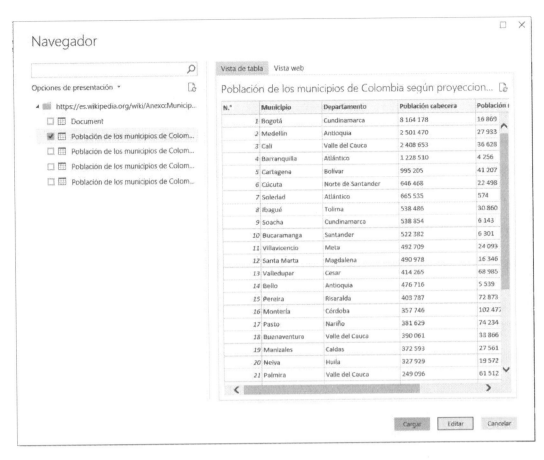

Figura 12. 19 – Cuadro de Dialogo Navegador de Contenido Web

Como se puede apreciar aparecen 4 tablas, están en Wikipedia, seleccionamos la primera de ellas y en la parte inferior pulsamos clic en el botón Editar.

¡Advertencia! Fíjate que las columnas: Población cabecera, población y Población total son de tipo texto debido a que los miles están separados por un espacio, es decir, aparece: 8 164 178 en lugar de 8164178. Para solventar el inconveniente es necesario remover esos espacios, no obstante, dicho espacio no es un espacio convencional (como el que se crea utilizando la barra espaciadora)

Para realizar esta tarea seleccionamos las tres columnas de población, para ello, basta con pulsar clic encima de la columna *Población cabecera* y manteniendo pulsado la tecla shift seleccionar la última columna, *población total.*

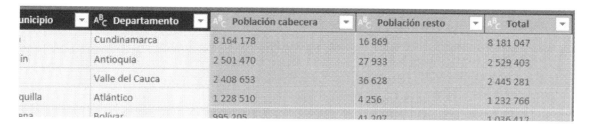

Figura 12. 20 – Seleccionar varias columnas en el editor de consultas

Ahora, pulsamos clic derecho en cualquiera de la columnas seleccionadas y a continuación se desplegará un menú contextual, en dicho menú debemos pulsar clic encima de la opción reemplazar valores.

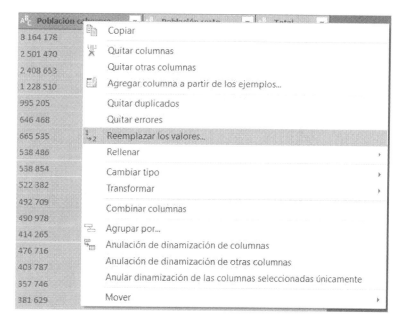

Figura 12. 21 – Comando Reemplazar Valores

Con la acción anterior se despliega el cuadro de diálogo siguiente:

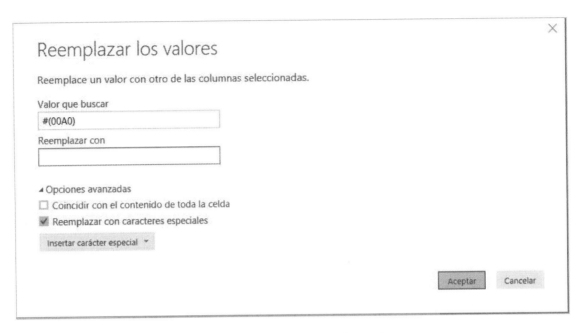

Figura 12. 22 – Cuadro de Diálogo Reemplazar valores

Para que el cuadro de diálogo te quede como la imagen anterior es necesario desplegar las opciones avanzadas, seleccionar el *check box* reemplazar con caracteres especiales y en la lista de opciones desplegar y seleccionar *espacio de no separación*. Con esto queda la tabla lista, cerrar y aplicar.

 Nota, Renombrar la consulta con un nombre más corto, por ejemplo: Población Colombia.

Crear Columna Calculada

Para crear una columna a calculada basta con ir a *la vista de datos* y selecciona la tabla *Población Colombia* en el *panel de campos* y una vez allí ir la pestaña *Inicio*, grupo *cálculos*.

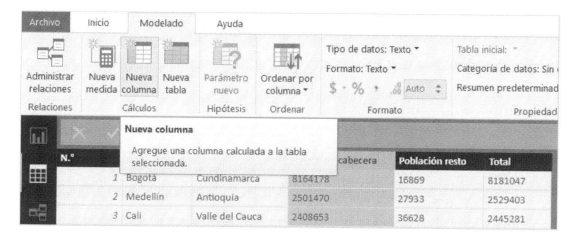

Figura 12. 23 – Columna Calculada

El funcionamiento de la barra de fórmulas DAX se activa una vez pulsamos clic encima del comando *Nueva Columna* que es igual para las medidas, por ejemplo, podemos crear la siguiente columna calculada:

Nótese que aprovechamos inmediatamente para renombrar la columna calculada por Población efectiva.

```
Población Efectiva = 'PoblaciónColombia'[Población cabecera]*0,70+'PoblaciónColombia'[Población resto]*0,65
```

Figura 12. 24 – Creación de Columna Calculada

Nota Aprecia como la expresión es igual para toda la columna, sin embargo, los valores son diferentes para fila, esto es así porque *Power Pivot* ejecuta la fórmula fila a fila. Puedes asemejarla a las tablas estructuradas de Excel.

Funciones DAX en Columnas Calculadas

En las Columnas Calculadas no estamos limitados solamente a los operadores.

También podemos utilizar todo el abanico de funciones del lenguaje DAX, por ejemplo, para nuestra columna población efectiva necesitamos redondear al número de abajo *Es población al fin y al acabo.*

Para ello podemos utilizar la función ROUNDDOWN, así:

Figura 12. 25 – Función DAX en una columna Calculada

Como se puede ver ROUNDDOWN tiene dos argumentos:

ROUNDDOWN (<Número>; <Decimales>)

En el primer argumento dejamos la expresión que habíamos creado previamente y en el segundo argumento ponemos un cero, el resultado luce así:

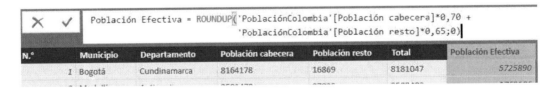

N.°	Municipio	Departamento	Población cabecera	Población resto	Total	Población Efectiva
1	Bogotá	Cundinamarca	8164178	16869	8181047	5725890

Figura 12. 26 – Función ROUNDUP con dos argumentos para Columnas Calculadas

Nota Las Columnas Calculadas en Power Pivot aparecen como campos normales en el panel de campos de Power BI, esto quiero decir que las podemos utilizar de igual manera en las distintas áreas de colocación.

Variables en el Lenguaje DAX

Cuando decimos un aroma al principio de capítulo nos referimos a las variables, no es un tipo de cálculo DAX sino una forma de optimizar y documentar expresiones DAX. El lenguaje DAX es tan estupendo y útil que su popularidad crece exponencialmente en la comunidad de usuario de Excel y profesionales en inteligencia de negocios, con ello las mejoras que se hacen a él son constantes, mes a mes, año a año. Por lo anterior hoy podemos decir que el lenguaje DAX, es un lenguaje de programación de **Microsoft SQL Server Analysis Services (SSAS)** y **Microsoft Power Pivot**.

Para la versión 2016, ya no sólo hablamos de iteraciones (Bucles), literales (constantes), sino también al que es parte integra de los lenguajes de programación: **Variables en el Lenguaje DAX.**

 Nota Las variables bridan una ruta alterna para llamar al contexto de fila automático, este tema requiere de libros o cursos más avanzados en DAX, por ejemplo: Máster en DAX y Power Pivot.

Acerca de Variables

Las variables en el lenguaje DAX son una de las características que hace que nuestras fórmulas DAX se puedan leer con mayor facilidad, y con ello documentarlas de manera indirecta, esto incide en que la legibilidad aumenta al igual que la capacidad para reciclarlas y utilizarlas en otros escenarios.

- Sintaxis:

La sintaxis para el uso de variables en el Lenguaje DAX, es bastante sencilla

VAR

< NombreVariable > = < Expresión DAX para Medida o Tabla >

RETURN

< Expresión DAX >

 Nota, Se pueden declarar cuantas variables necesitemos, esto lo logramos utilizando la palabra VAR el número n de variables que necesitemos antes de la palabra reservada RETURN.

Ejemplo Básico: Descuentos

Vamos a crear una medida de ejemplo básica con variables:

```
Ejemplo de Variables =
VAR IngresosTotales = SUM(Pedidos[Ingresos])
RETURN
IF(IngresosTotales<300000;IngresosTotales*0,8;IngresosTotales*0,95)
```

Figura 12. 27 – Ejemplo de Variables en DAX

Elementos Para Medidas

Las **Medidas** son un cálculo DAX de un valor supremamente alto por eso, organizarlas y documentarlas permitirá tener un modelo de datos ordenado y fácil de utilizar, en Power BI podemos lograrlo mediante:

* Tablas para Alojar Medidas
* Descripción de Medidas

Tablas para Alojar Medidas

Cuando creamos una medida esta quedará en la tabla que tengamos seleccionada en el panel de campos, sin embargo, al tener muchas medidas, digamos decenas están quedaran desperdigadas por todas partes complicando la búsqueda de una especifica rápidamente, claro el buscador que aparece en la parte superior del panel de campos facilita la cosas, pues si digitamos en el cuadro de texto las iniciales del nombre de la medida, este filtrara todas aquellas que empiecen por estas letras, ejemplo, si ponemos las letras *Medi* veremos que se filtra le medida *Media GEO de Ingresos*.

Figura 12. 28 – Buscador en Panel de Campos

El desliz se presenta cuando no recordamos el nombre de la medida, para solventar este revés recomendamos crear una tabla exclusiva para alojar medidas, de hecho, podemos crear tantas tablas para alojar medidas como necesitamos, con esto conseguiremos agruparlos por categorías, ejemplos: medidas de inventarios, medidas de ventas, etc.

– Elaboremos las Siguientes Medidas teniendo la tabla Pedidos Seleccionada

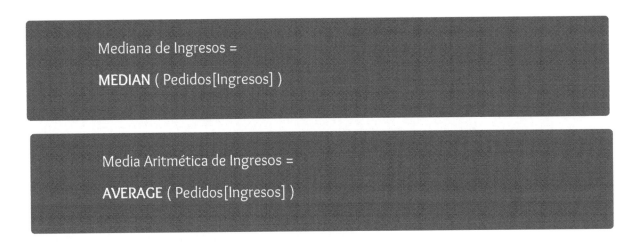

Mediana de Ingresos =

MEDIAN (Pedidos[Ingresos])

Media Aritmética de Ingresos =

AVERAGE (Pedidos[Ingresos])

Nuestras medidas *"Desperdigadas"* deberán lucir algo así:

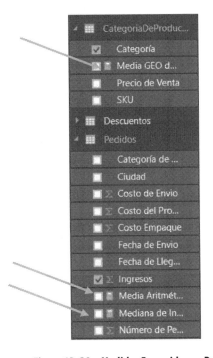

Figura 12. 29 – Medidas Esparcidas en Panel

– *Pasos para Crear Tabla Para Alojar Medidas*

Para crear una categoría propia de medidas **debemos seguir cuatro pasos sencillos, el primero** ir a la pestaña *Inicio* y el grupo *Datos Externos* pulsar clic en el comando *Especificar Datos*.

Figura 12. 30 – Especificar Datos

Se desplegará el cuadro de diálogo de la imagen debajo, allí no debemos hacer nada sólo cambiar el nombre *Tabla1* por algo más descriptivo, ejemplo: *Medidas,* pulsar clic en cargar.

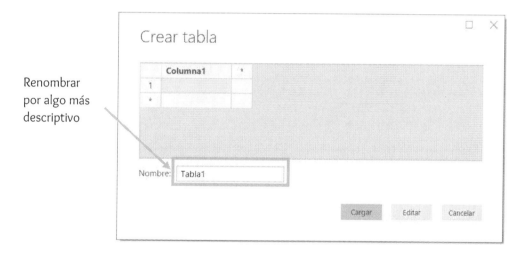

Figura 12. 31 – Cuadro de Diálogo Crear Tabla

El segundo paso es: ir a la *vista de Datos*, en el *panel de campos* seleccionar la tabla creada (*Medidas*) y luego pulsar clic derecho encima de la única columna que tiene, en el menú que aparece pulsar clic en *Ocultar en la vista de informe*.

Figura 12. 32 – Ocultar en la Vista de Informe

 ¡Advertencia! Cuando uno se habitúa a crear tablas de medidas, el paso de *Ocultar en la Vista de Informe* muchas veces es omitido, sin embargo, es importante pues será el que tendrá el efecto para que aparezca el icono de medidas en vez de tabla y se posicione en la parte superior del panel de campos.

El **tercer paso consiste** en llevar todas las medidas a la tabla *Medidas*, por ejemplo, en la *vista de Informe* selecciona la medida *Media GEO de Ingresos,* una vez hecho esto vamos a la pestaña *Modelado* y el grupo *Propiedades* desplegamos las opciones de *Tabla Inicial* para finalmente pulsar clic en *Medidas*.

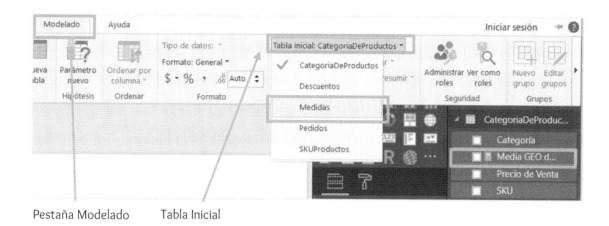

Pestaña Modelado   Tabla Inicial

Figura 12. 33 – Cambiar Tabla Inicial

 Nota Se debe seleccionar medida a medida e ir moviéndola a la tabla con nombre *Medidas*, por lo anterior es recomendable crear la tabla o tablas para alojar medidas antes de empezar a crear cálculos DAX.

El **cuarto paso** es ocultar y volver a mostrar el *panel de campos*.

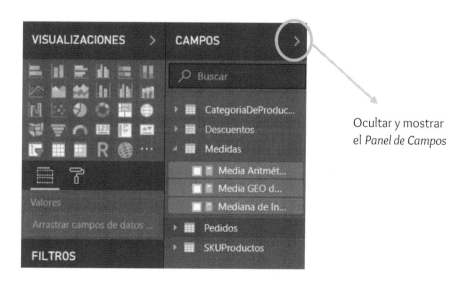

Ocultar y mostrar el *Panel de Campos*

Figura 12. 34 – Ocultar y Mostrar Panel

El efecto del cuarto paso será que la tabla de medidas quedará en la parte superior del *panel de campos* y además en su extremo izquierdo en lugar de aparecer el icono de tabla aparecerá el icono de medidas, la calculadora.

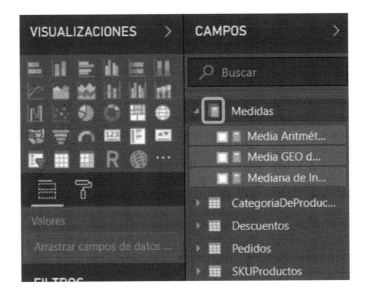

Figura 12. 35 – Icono de Calculadora en Tabla de Medidas

Nota En Excel también se puede conseguir el efecto y creación de tablas para alojar Medidas, la diferencia radica en crear una tabla vacía en una hoja aparte, es decir, una sola columna y una sola celda vacía, los pasos posteriores son exactamente iguales.

Descripción de Medidas

Otra opción importante para las medidas es la posibilidad de agregar una descripción, por ejemplo, la medida *Media Aritmética de Ingresos* nos puede parecer que tiene un nombre muy largo por lo que podemos optar por un abreviado, algo así *MedArt Ingresos*, no obstante, se nos puede olvidar que significa o si lo utiliza un tercero no entendería.

Para solucionar este inconveniente simplemente podemos añadirle una descripción a la medida, para ello seleccionamos la medida en el *panel de campos*, vamos la pestaña *Vista* y habilitamos el panel *Propiedades de Campo*, este panel aparecerá entre el *panel de visualizaciones* y el *panel de campos*.

Veremos claramente que hay un espacio para añadir una descripción, allí podemos poner algo así: *Esta medida devuelva el promedio o media aritmética de los datos.*

¿Qué efecto tiene la descripción?

La descripción se verá reflejada en el tooltip cuando posicionamos el cursor del mouse en el nombre de la medida en el *panel de campos*.

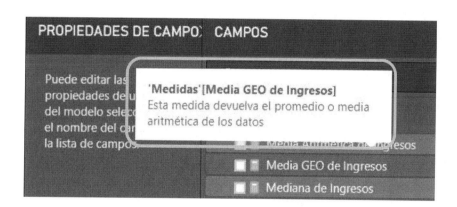

Figura 12. 36 – Icono de Calculadora en Tabla de Medidas

CAPÍTULO 13

Recetas DAX (Medidas Rápidas)

Después de completar este capítulo tú sabrás:

- Qué son las medidas explícitas manuales o medidas rápidas
- Cómo crear medidas rápidas de agregados por categorías
- Cómo crear medidas rápidas de filtros
- Cómo crear medidas rápidas de inteligencia de tiempo

Muchas veces el lenguaje DAX puede llegar a ser intimidante, porque si bien al principio dominar sus fundamentos es bastante sencillo a medida que se va avanzando o realizando escenarios más complejos nos encontramos que entender la temática de contextos requiere de tiempo y práctica.

La buena noticia es que, a parte de las medidas implícitas, Power BI nos brinda la posibilidad de crear medidas explícitas de manera automática sin necesidad de conocer nada acerca del lenguaje DAX. Todo lo anterior gracias a una interfaz amigable mediante un cuadro de dialogo donde indicamos unos parámetros iniciales.

Medidas Rápidas

Las medidas rápidas fueron una característica de versión preliminar hasta principios de febrero del 2018, de allí en adelante ya es parte integral de Power BI, esto quiere decir que Power Pivot para Excel no cuenta con esta alternativa.

Para llegar al cuadro de diálogo de medias rápidas únicamente debemos ir a la pestaña *inicio* y ubicar el grupo *cálculos*, el último comando tiene por nombre *nueva medida rápida*.

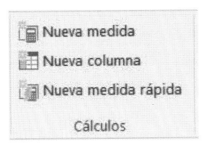

Figura 13. 1 – Nueva Medida Rápida

Una vez ejecutamos el comando *Nueva medida rápida* lo que va a ocurrir es que se despliega el cuadro de diálogo con el mismo nombre.

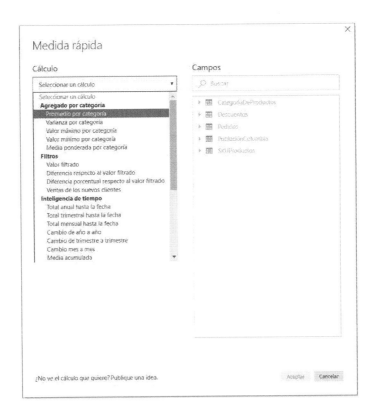

Figura 13. 2 – Cuadro de diálogo para medidas rápidas

Allí en el cuadro de diálogo si mostramos la lista desplegable de cálculos podremos observar que hay categorías generales *(aquellas que están resaltadas en negrita)*. Estas son:

- Agregados por categorías
- Filtros
- Inteligencia de Tiempo
- Totales
- Operaciones aritméticas
- Textos

Aquí vamos a describir las tres primeras categorías.

Agregados por Categorías

Estas medidas rápidas nos van a permitir tener un cálculo diferente en niveles distintos de una matriz, por ejemplo: supongamos que tenemos una matriz con los campos *País* y *Tipo de compra* de la tabla *Pedidos* en el *área de filas*.

Figura 13. 3 - Matriz

El objetivo sería conseguir que a nivel de país aparezca por ejemplo el promedio de los ingresos y a nivel de tipo de compra la suma de los ingresos. Es esta tarea precisamente la que se logra mediante la sección *agregado por categoría* de las medidas rápidas.

Antes de ir al detalle de cómo crear esta medida rápida o receta DAX elaboramos una medida explícita manual que nos arroje los ingresos totales.

```
Ingresos Totales = SUM(Pedidos[Ingresos])
```

Figura 13. 4 – Medida para Ingresos Totales

Ya con la medida creada la llevamos al *área de valores* de la matriz previamente creada, quedando de la siguiente manera:

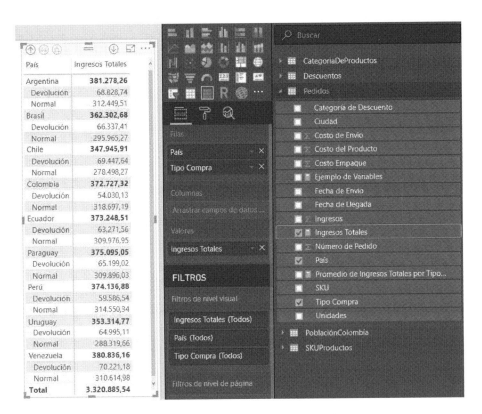

Figura 13. 5 – Matriz con medida Ingresos Totales

Después vamos y ejecutamos el comando *Nueva Medida Rápida* y seleccionamos el cálculo: *Promedio por categoría*.

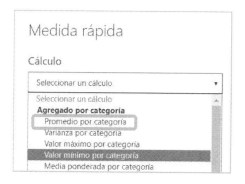

Figura 13. 6 – Promedio por Categoría

En valor base debemos llevar el cálculo o medida que queremos que se ejecute a nivel de *Tipo de Compra*, mientras que en Categoría debemos llevar el campo Tipo de compra.

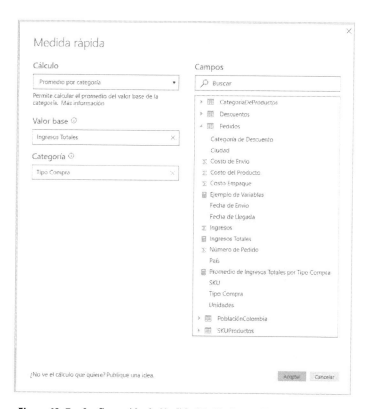

Figura 13. 7 – Configuración de Medida Rápida Promedio por Categoría

Una vez configurado el cuadro de diálogo pulsamos clic en el botón *Aceptar*, la medida quedará en el *panel de campos*.

Figura 13. 8 – Medida Rápida en el Panel de Campos

Como podemos apreciar su nombre es extenso, para cambiarlo únicamente debemos pulsar dos veces clic encima del icono de una calculadora para que se habilite la barra de fórmulas DAX y nos muestre el nombre.

```
Promedio de Ingresos Totales por Tipo Compra 2 =
AVERAGEX(
    KEEPFILTERS(VALUES('Pedidos'[Tipo Compra]));
    CALCULATE([Ingresos Totales])
)
```

Figura 13. 9 – Fórmula DAX de la Medida Rápida

Para cambiar el nombre recordemos que lo único que debemos hacer es cambiar el texto al lado izquierdo del igual.

```
PIng Totpor TCom =
AVERAGEX(
    KEEPFILTERS(VALUES('Pedidos'[Tipo Compra]));
    CALCULATE([Ingresos Totales])
)
```

Figura 13. 10 – Renombrar Medida creada como medida rápida

Ahora procedemos a llevar la medida rápida recién creada al *área de valores* de la *matriz*.

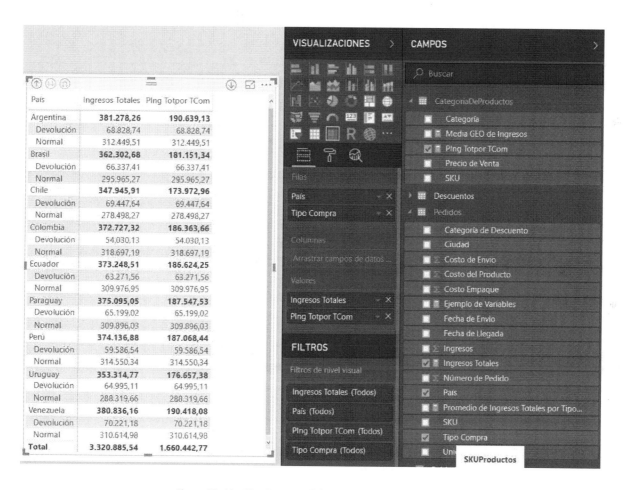

Figura 13. 11 – Matriz con medida rápida de promedio por categoría

En la *matriz* podemos comprobar que a nivel de país es promedio y en tipo de compra la suma.

Para cambiar el nombre recordemos que lo único que debemos hacer es cambiar el texto al lado izquierdo del igual.

Filtros

Estas medidas rápidas nos van a permitir crear un cálculo que tenga en cuenta alguna restricción o filtro de algún campo en el modelo de datos.

Por ejemplo: supongamos que tenemos una *matriz* con el campo *País* el *área de filas* y la medida *ingresos totales* en el *área de valores*.

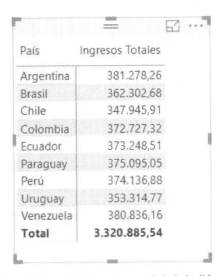

Figura 13. 12 – Matriz con Campos País de Pedidos

Lo que se desea conseguir es que el valor de Colombia aparezca en cada casilla de la matriz independientemente del país asociado.

Para conseguirlo lo único que debemos hacer es ir a una nueva media rápida y en cálculos seleccionar de la sección filtro la subsección de valor filtrado.

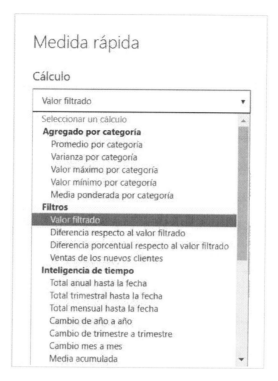

Figura 13. 13 – Valor Filtrado para Medidas Rápidas

En valor base debemos llevar el cálculo *ingresos totales*, en filtro el campo *País*, una vez llevamos el campo se nos habilitará los elementos únicos:

- Argentina
- Brasil
- Chile
- Colombia
- Ecuador
- Paraguay
- Perú
- Uruguay
- Venezuela

Aquí seleccionamos Colombia.

Figura 13. 14 – Cuadro de Diálogo Medida Rápida para Valor Filtrado

Ubicamos la medida y arrastramos al área de valores de la matriz previa.

Nota La metodología para agregar medidas rápidas es exactamente la misma para cualquier sección, de hecho, los valores a configurar son bastante descriptivos. Por ello aquí sólo hacemos una descripción breve y rápida

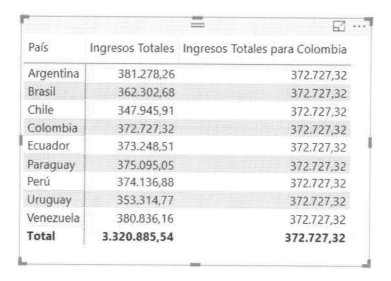

País	Ingresos Totales	Ingresos Totales para Colombia
Argentina	381.278,26	372.727,32
Brasil	362.302,68	372.727,32
Chile	347.945,91	372.727,32
Colombia	372.727,32	372.727,32
Ecuador	373.248,51	372.727,32
Paraguay	375.095,05	372.727,32
Perú	374.136,88	372.727,32
Uruguay	353.314,77	372.727,32
Venezuela	380.836,16	372.727,32
Total	**3.320.885,54**	**372.727,32**

Figura 13. 15 – Matriz con Medida Rápida de Valor Filtrado

Las demás subsecciones hablan por sí solas:

Diferencia respecto al valor filtrado

Diferencia porcentual respecto al valor filtrado

Inteligencia de Tiempo

Estas medidas rápidas nos van a permitir crear unos cálculos donde sus transacciones utilizan fechas específicas o intervalos de tiempo determinados, inclusive, el 90% de las tablas siempre cuentan con por lo menos un campo de fecha.

El Lenguaje DAX no es ajeno a ello, por eso trae un paquete especial de funciones encaminadas a moldear fechas y permitir reportes que de otra manera serían muy difíciles de lograr, en ocasiones hasta imposibles. Esta categoría de medidas rápidas son las correspondientes a la sección de *inteligencia de tiempo*.

Creemos una *matriz* con el campo *fecha de envió* en el *área de filas* y la medida *Ingresos Totales* en el *área de valores*, la matriz final luciría así:

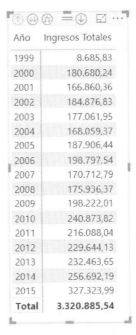

Año	Ingresos Totales
1999	8.685,83
2000	180.680,24
2001	166.860,36
2002	184.876,83
2003	177.061,95
2004	168.059,37
2005	187.906,44
2006	198.797,54
2007	170.712,79
2008	175.936,37
2009	198.222,01
2010	240.873,82
2011	216.088,04
2012	229.644,13
2013	232.463,65
2014	256.692,19
2015	327.323,99
Total	**3.320.885,54**

Figura 13. 16 – Matriz para Inteligencia de Tiempo en Medidas Rápidas

En la matriz anterior debemos pulsar dos veces clic en el tercer circulo en la parte superior, contando de izquierda a derecha, esto para que se expanda la jerarquía aparezcan trimestre y meses. A pesar de ello, el nivel de jerarquía en trimestre no será necesario, por lo que debemos quitarlo pulsando clic en el *área de filas* donde aparece la palabra trimestre.

Figura 13. 17 – Eliminar Nivel de Trimestre

La matriz debe tener el siguiente aspecto:

Figura 13. 18 – Matriz para Medida Rápida

Lo que se desea conseguir es el total acumulado desde el principio del año hasta le fecha o mes actual que se esté mirando en la matriz.

Para conseguirlo lo único que debemos hacer es ir como ya hemos intuido a crear una nueva media rápida y en cálculos seleccionar de la sección de inteligencia de tiempo la subsección de total anual hasta la fecha.

En el cuadro de diálogo debemos llevar a Valor Base *Ingresos Totales* y en fecha el campo *Fecha de envío* de la tabla *Pedidos*.

Figura 13. 19 – Medida Rápida para Total Anual Hasta la Fecha

Como ya es costumbre debemos pulsar clic en el botón aceptar y ubicar la nueva medida rápida (su nombre por defecto es YTD Ingresos Totales) y arrástrarla al *área de valores* de la matriz previa.

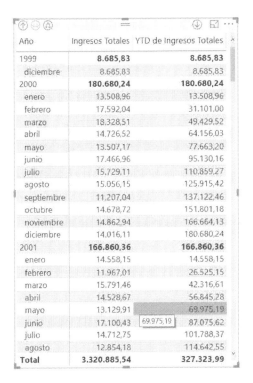

Figura 13. 20 – Matriz con Medida Rápida YTD Ingresos

Con las descripciones de este capítulo queremos que te enteres de la existencia de las medidas rápidas, por lo que no es un capítulo para explorar cada una en detalle ya que ellas se explican por si solas, sino más bien trazar los lineamientos generales, de hecho, en el caso de la sección de inteligencia de tiempo el solo nombre explica que hace cada media rápida por si misma:

- Total Anual Hasta la Fecha
- Total Trimestre Hasta La Fecha
- Total Mensual Hasta la Fecha
- Cambio Año a Año
- Cambio Trimestre a Trimestre
- Cambio Mes a Mes
- Media Acumulada

Lo que recomendamos es que explores y juegues con las demás secciones y subsecciones para que te familiarices con lo que se puede encontrar en las medidas rápidas.

CAPÍTULO 14

La Llave para Dominar DAX: Síntesis de Contextos

Después de completar este capítulo tú sabrás:

- Los Tres Pilares de Todo Crack en DAX
- Acerca del Ecosistema DAX
- Los Tres Pasos (Internos) Primordiales en DAX
- Contextos en DAX

Nosotros, los autores de este libro hemos tenido la bonita oportunidad de impartir cursos y entrenamientos presenciales sobre inteligencia de negocios con Power BI; análisis de datos y lenguaje DAX; preparación de Datos y lenguaje M, análisis rápido y lenguaje natural así como visualización de datos y Excel en general. Por lo anterior sabemos que el lenguaje DAX cuesta, si, el lenguaje DAX toma su tiempo para dominar e interiorizar de verdad y algo que hemos detectado es que dejar pasar desapercibido o no ponerles toda la atención a los contextos del lenguaje DAX es el primer causante de un aprendizaje un poco menos que acelerado.

Lo anterior no te lo decimos como una mala noticia, sino más bien como lo mejor que puede pasar antes de arrancar el capítulo actual ya que te recomendamos que prestes y leas muy detenidamente cada párrafo, línea, palabra y letra que sobreviene, porque es el capítulo que se dedica a ver los fundamentos del lenguaje DAX, estos fundamentos son los cimientos que deben quedar supremamente sólidos y sin ningún atisbo de humedad para poder crear métricas, cálculos e indicadores deseados.

Los 3 Pilares de Todo Crack en DAX

Nota

Grábate esto a fuego:

"Todo Crack en DAX; por lo tanto, Máster en Power Pivot, Gurú en Power BI y Promesa en SSAS debe dominar tres cosas al dedillo y conocerlas como si fuera la palma y el dorso de su mano: **Propagación de Filtros, Contextos** *y* **VertiPaq Engine.***"*

Analogía para Propagación, Contexto y VertiPaq

Al principio e incluso por un período de tiempo significativo puede parecer que estos tres componentes *(Propagación de filtros, contexto de evaluación y VertiPaq Engine)* pertenecen a un ambiente divergente en un ecosistema constituido por funciones y fórmulas.

A pesar de la primera impresión, **la realidad es más extensa**, nos explicamos y siguiendo la analogía ambiental:

DAX es un ecosistema donde la fauna y flora se corresponde con las funciones y operadores del lenguaje, es allí donde recae nuestra atención cuando empezamos a navegar por las aguas de las Expresiones para el Análisis de Datos, pero como todo sistema **debe existir un ambiente donde se relacionan (Contextos)** y en cuyo hábitat ocurren **interacciones (Propagación de filtros)**.

Así mismo, dicho ecosistema debe estar en equilibro para que se sostenga por sí mismo y de resultados óptimos (VertiPaq Engine)

Acerca del Ecosistema DAX Engine

Para tomar lo comentado en la sección previa del presente capítulo en el matiz de los términos del motor interno del lenguaje DAX vamos a darles una primera y pequeña definición a los *"Los 3 Pilares de Todo Crack en DAX"*: Contexto de evaluación, propagación de filtros y el motor VertiPaq.

- **Contexto de Evaluación:** Es el ambiente bajo el cual se ejecuta una función o expresión DAX.

- **Propagación de Filtros:** Cómo, cuándo y por qué interactúan las distintas tablas en el modelo de datos, es decir, como esas relaciones creadas en el capítulo 11 trabajan en conjunto.

- **VertiPaq Engine:** A parte de poder crear expresiones DAX de todo tipo es necesario crearlas de manera optimizada, es decir, crear código DAX que se ejecute de la manera más rápida posible *(Para ello hay que entender el motor interno, VertiPaq Engine).*

> **Nota** No obstante, no recomendamos que te aventures y preocupes por dominar estos tres pilares en simultaneo, de hecho, recuerda que un conocimiento holgado en ello es lo que da la experticia en DAX y sólo el tiempo y la práctica permite alanzar esta meta; para todo esto es necesario seguir una hoja de ruta para ir escalando progresivamente.
>
> Es más, en este libro únicamente tratamos una breve introducción a contextos y propagación de filtros debido a que profundizar en esta temática requiere de un plan de estudio muchísimo más amplio que queda por fuera del alcance de este libro.

Contextos en DAX

– ¿Qué es un Contexto?

Te hemos mencionado que el contexto es el ambiente bajo el cual se ejecuta la función o expresión DAX.

– ¿Qué significa esto?

 Contexto El contexto es el pedacito de tabla donde se ejecuta la expresión DAX bien sea una medida, columna calculada o tabla calculada.

Es esencial entender que la definición anterior es sólo una primera aproximación definición y entendimiento del contexto de evaluación. No obstante, vamos paso por paso, para dilucidar correctamente esta primera definición de contextos. Para hacer la explicación más sencilla y amena aquí vamos a utilizar unas tablas alternas y pequeñas, vamos a conocer la tabla de datos:

Date	Product Id	Quantity	Order Delivery
jueves, 1 de junio de 2017	3	1	39
jueves, 1 de junio de 2017	4	1	41
jueves, 1 de junio de 2017	1	1	39
jueves, 1 de junio de 2017	3	1	57
jueves, 1 de junio de 2017	4	1	51
jueves, 1 de junio de 2017	1	1	45
jueves, 1 de junio de 2017	3	1	63
jueves, 1 de junio de 2017	4	1	55

Figura 14. 1 – Tabla de Datos Pequeña para Estudio de Contextos

La tabla registra las ventas día a día en el mes de junio del 2017 para los distintos productos de un restaurante, almacenando cantidad y tiempo de entrega en minutos, el id de producto y la fecha adscrita a la transacción.

Como ya sabes que *las medidas implícitas esconden una filosofía más devastadora que el anillo de mordor,* por este hecho vamos a proceder a crear una medida explícita manual que nos arroje la suma de las cantidades o la suma del campo *Quantity* de la tabla de registros de cantidades del restaurante.

```
Quantity Tot = SUM(OrderHistoryOfJun2017[Quantity])
```

Figura 14. 2 – Medida Quantity Tot

A continuación, elaboremos una matriz con los *Product Id* en el área de filas y la medida recién creada *Quantity Tot* en el área de valores.

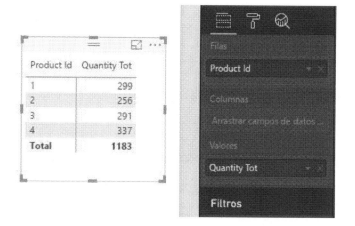

Figura 14. 3 – Matriz Inicial para Estudiar Contextos

– A desmenuzar lo que sobreviene en la matriz

Inicialmente, lo evidente: **Cada valor de la medida Quantity Tot es diferente.** Si lo sabemos: *"y el agua moja"* pero debemos ser capaces de ver algo más allá porque hay un aspecto trascendental en esta premisa que puede parecer, hay que decirlo, un poco tonta.

Pero lo que debemos preguntarnos en realidad es: *¿Cómo llega Power BI a esos resultados? para acotarlo más: ¿Cómo llega Power BI llega al valor de 299 en la matriz?*

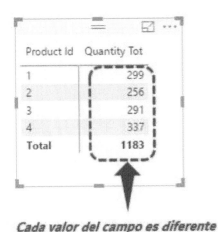

Cada valor del campo es diferente

Figura 14. 4 – Matriz Para Analizar Casilla en el Área de Valores

 ¡Advertencia! Más que analizar el valor 299 de la matriz y cómo llega a él, lo que se desea analizar es como llega al valor de la casilla donde se encuentra el valor 299. Esto es importante porque a continuación utilizaremos unas tablas mucho más acotadas de resumen para entender la explicación de la mejor manera posible. Recordar, estamos analizando la posición en la casilla especifica de la matriz.

Una respuesta con alta probabilidad de cómo llega Power BI al valor 299 sería: *«299 representa la cantidad total vendida para el producto con ID 1»*

Y sin duda alguna es una respuesta maravillosa, pero; si, siempre hay un, pero. *¿Por qué los valores varían si la fórmula es exactamente la misma?*

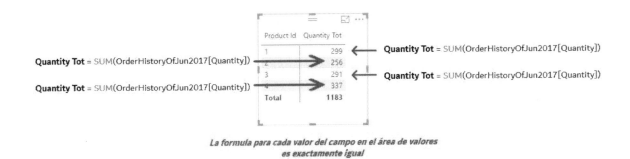

La formula para cada valor del campo en el área de valores
es exactamente igual

Figura 14. 5 – Fórmula Exactamente Igual para Todas las Casilla de la Matriz

¿Cómo llega exactamente el DAX Engine de manera interna a ese valor? Ahora si no es tan evidente.

"Entender cómo el DAX Engine llega a estos valores es clave"

 Nota, Entender cómo llega el motor de DAX a los valores de las casillas en una matriz es el peldaño que te llevará a dominar este lenguaje.

Para ello hay que interiorizar los tres pasos primordiales en DAX.

Tres Pasos (Internos) Primordiales en DAX

Para cada valor en el área de valores de una medida DAX siempre hay que pensar en estos tres pasos primordiales:

1. Identificar Filtros
2. Aplicar Filtros
3. Ejecutar Expresión DAX

Recalamos lo siguiente: Para Cada Valor En El Área De Valores

Es decir, los tres pasos se aplican para cada *"casilla"* de manera completamente independiente y de forma única. ¡No lo olvides!

Sin embargo, lo anterior puede ser algo engañoso, porque analizar cada *"celda"* en un objeto visual que no sea una matriz (o tabla dinámica en Power Pivot) puede llegar a ser confuso por eso lo que nosotros recomendamos es la metodología: *Evolución Matriz a Gráfico.*

 Nota La metodología evolución Matriz a Gráfico es estudiado en el capítulo 20 del presente texto.

Identificar Filtros

Como sabemos que se debe analizar *"casilla"* por *"casilla"* vamos a tomar la POSICIÓN que corresponde al valor de: 299

– *¿Cuáles son los filtros?*

Todo lo que rodea a la celda y restringe

 Filtros Es una o más restricciones aplicados a una tabla que tiene como fin segmentarla en un conjunto más pequeño de acuerdo con la especificación de este.

Para este caso:

- OrderHistoryOfJun2017[Product Id] = 1

Visto de otra manera, todos aquellos campos que no están en el *área de valores* y el elemento respectivo de la celda analizada involucrado en la matriz.

Ahora tenemos la lista de requerimientos (Filtros), es momento de aplicarlos.

Aplicar Filtros

 ¡Advertencia! para visualizar mejor los 3 pasos primordiales, vamos a tomar *una mini-versión de la tabla OrderHistoryOfJun2017*, esto quiere decir que el valor resultante no será 299 sino uno muchísimo más pequeño porque es una tabla simplificada. dicho con otras palabras: *Estamos estudiando la posición donde se encuentra el valor 299.*

Date	Product Id	Quantity	Order Delivery
1/06/2017	3	1	39
1/06/2017	4	1	41
1/06/2017	4	3	46
1/06/2017	2	3	56
1/06/2017	1	3	68
1/06/2017	1	1	39
1/06/2017	3	1	57
1/06/2017	2	2	55
1/06/2017	1	3	40
1/06/2017	3	2	40
1/06/2017	4	1	51
1/06/2017	4	3	60
1/06/2017	1	1	45
1/06/2017	3	1	63

Figura 14. 6 – Tabla en Mini-Versión

Habiendo dicho esto sigamos, ahora es necesario tomar los filtros identificados en el paso 1 y aplicarlos a la tabla:

Date	Product Id	Quantity	Order Delivery
1/06/2017	3	1	39
1/06/2017	4	1	41
1/06/2017	4	3	46
1/06/2017	2	3	56
1/06/2017	1	3	68
1/06/2017	1	1	39
1/06/2017	3	1	57
1/06/2017	2	2	55
1/06/2017	1	3	40
1/06/2017	3	2	40
1/06/2017	4	1	51
1/06/2017	4	3	60
1/06/2017	1	1	45
1/06/2017	3	1	63

Figura 14. 7 – Mini Tabla con Filtros Aplicados

Únicamente hasta este punto entra en juego la expresión DAX de la medida.

Ejecutar Expresión DAX

La expresión DAX de la medida ahora si entra al juego *¿Quién es la expresión DAX?* La asignada a la medida que estamos analizando.

¿Recuerdas le medida que estamos analizado

Así es: **Quantity Tot:**= SUM (OrderHistoryOfJun2017[Quantity])

Pero fíjate que sólo hasta ahora se va a ejecutar la expresión DAX, quiere decir que los pasos 1 y 2 se ejecutan siempre primero, SIEMPRE.

¿Qué podemos concluir?

Nota,

Haz Parte de Tu Ser Esto:

"La Expresión DAX de la medida se aplica sólo en el pedacito de tabla que queda visibles después de aplicar los filtros"

¿Entiendes?

Se ejecuta en el ambiente (de tablas) que se ha generado previamente, es decir, en los pasos 1 y 2.

Es por eso que el resultado de la fórmula o expresión DAX varia, porque a pesar de ser exactamente la misma para cada *"casilla"* el pedacito de tabla donde se ejecuta cambia debido a los filtros aplicados en ella.

La expresión DAX es la misma, pero el ambiente *(Contexto)* donde se ejecuta varia.

- Pedacito de tabla visible después de aplicar los filtros
- Columna involucrada en la expresión DAX

  - **Quantity Tot**:= SUM (OrderHistoryOfJune2017[Quantity])
  - 3 + 1 + 3 + 1
  - = 8

Figura 14. 8 – Contexto: Pedacito de Tabla

De ahora en adelante cada vez que mires un valor piénsalo y analízalo en términos de estos tres pasos, piénsalo siempre así hasta que sea completamente automático, hasta que pienses instintivamente con el DAX Engine, conviértalo en tu mantra así iras en el camino correcto para dominar DAX.

Contextos en DAX

Si bien hemos hablado de los contextos en DAX como un ente único, la realidad juega un papel más amplio, en realidad existen dos contextos.

- Contexto de Fila
- Contexto de Filtro

Podemos pensar en el contexto de filtro como el pedacito de tablas que es visible para la ejecución de la expresión DAX en una medida, ojo para un tipo de cálculo medida.

Por otra parte, el ***contexto de fila es el pedacito de tablas que es visible para la ejecución de la expresión DAX para un tipo de cálculo columna calculada.***

 Contexto de Evaluación A la sumatoria de los dos contextos, es decir, contexto de filtro + contexto de fila una o más restricciones se le denomina *contexto de evaluación.*

Contexto de Filtro

La explicación que hemos hecho hasta este punto corresponde al contexto de filtro, es decir, que es el fragmento de tabla válido o visible dictado por la matriz para la ejecución de la expresión DAX analizado siempre casilla a casilla.

Contexto de Fila

Para entender el contexto de fila, vamos a tomar nuevamente un escenario resumido, en este caso una pequeñísima tabla de *productos, unidades* y *precio de venta.*

Producto	Unidades	Precio
A	9	21
B	4	77
C	7	29

Figura 14. 9 – Pequeñísima tabla para analizar contexto de filtro

Si queremos crear una columna calculada con el total, la expresión DAX sería:

Total Venta= Datos[Unidades] * Datos[Precio]

Cuando ejecutamos la columna calculada el resultado es el siguiente:

Producto	Unidades	Precio	Venta Total
A	9	21	189
B	4	77	308
C	7	29	203

Figura 14. 10 – Columna Calculada en Mini Tabla para Contexto de Fila

Los valores cambian a lo largo de la columna calculada *Venta total*, pues como podemos observar los tres valores son diferentes: 189, 308 y 203, empero, la fórmula es idéntica para cada una de las casillas, así:

Producto	Unidades	Precio	Venta Total
A	9	21	189
B	4	77	308
C	7	29	203

= Datos[Unidades] * Datos[Precio]

= Datos[Unidades] * Datos[Precio]

= Datos[Unidades] * Datos[Precio]

Figura 14. 11 – Columna Calculada Fórmulas Iguales en las Casillas

Entonces, *¿Por qué los valores son diferentes si la expresión DAX es igual?* La respuesta por que el contexto de fila es diferente. El contexto de fila es la fila actual, mejor dicho, en una columna calculada se va ejecutando fila a fila en un proceso iterativo, quiere decir que en un primer momento la columna calculada para la primera casilla solo tendrá visible la primera fila en la tabla, lo cual es la fila actual, mientras que las demás filas quedan ocultas.

Luego pasa a la segunda fila y solo tendrá visible la fila actual, que para dicha situación sería la segunda fila en la tabla, dejando las demás filas ocultas para la 'formula DAX asociada a la columna calculada.

De forma ilustrada para la primera fila en una columna calculada podemos visualizarla de manera gráfica como la presentada en la siguiente imagen.

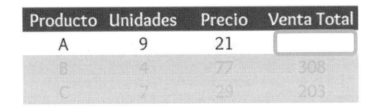

Figura 14. 12 – Primer Momento para Columna Calculada

Claro, como en la fila actual para la primera parte de la expresión: Datos[Unidades] sólo existe una casilla, entonces devuelve el valor 21, de la misma manera, para la segunda parte de la expresión Datos[Precio] existe una fila entonces devolvería 21, ya con dos valores escalares ejecuta la operación 9*21 sin ningún inconveniente arrojando el valor 189.

 Contexto de Fila Automático El contexto de fila es la fila actual en la ejecución de una columna calculada, la cual produce el pedacito de tabla visible para la expresión DAX. A esta fila actual se le conoce específicamente como *contexto de fila automático*, especialmente importante distinguirla e identificarla por su nombre porque como veras en el capítulo siguiente existe otro contexto de fila, llamado *contexto de fila programable*.

CAPÍTULO 15

Funciones Doradas: FILTER, Iteración y ALLxxxx

Después de completar este capítulo tú sabrás:

- Funciones Tabulares y Escalares
- Función FILTER
- Funciones de Agregación Iterativas
- Funciones para Ignorar el Contexto de Filtro

Hasta este punto del viaje, hemos visto que el lenguaje DAX cuenta con una vastedad de funciones que son muy similares por no decir que idénticas al motor clásico de funciones de Excel, sin embargo, y si nos permites el símil matemático el lenguaje DAX tiene un *eje de coordenadas z* donde se encuentra un grupo de funciones que arrojan como resultado no un valor numérico sino una tabla de valores.

Dilucidar el ABC de las funciones tabulares o aquellas que retornan una tabla como resultado es la situación idónea para dirigir un ascenso en el lenguaje de funciones para el análisis de datos, pero este no es el único componente de la ecuación, también es parte integral entender el comportamiento interno de las funciones de **iteración de agregación**, decimos "*de agregación*" porque las funciones vienen divididas en dos "*razas*", la funciones de iteración que arrojan un escalar o valor único y las funciones de iteración que devuelven una tabla como salida final. Este capítulo también va acaramelado con las funciones ALLxxxx. Las funciones ALLxxxx son un conjunto de funciones tabulares que tienen como característica adicional que son capaces de ignorar o "*hacerse los de la vista gorda*" con el contexto de filtro. Estas funciones también son un componente de la ecuación inicial para emprender el camino en los terrenos del lenguaje DAX.

Funciones Tabulares y Escalares

En el lenguaje funcional DAX existen un millón más uno de clasificaciones posibles para sus funciones, desde su comportamiento respecto al contexto, según el linaje de creación del cálculo, según su tipo en un área concreta, según su funcionamiento interno, según las relaciones de las tablas, según la propagación de filtros, etc. Etc. No obstante, existe un clasificación etérea, inmutable y obligatoria: *Según el resultado que arroja la función.*

- Funciones Escalares
- Funciones Tabulares

Funciones Escalares

Las funciones escalares son aquellas que al devolver un resultado final devuelven un único elemento, es decir, un valor atómico, por ejemplo: 5, TRUE, a, -9, etc. Etc. Estas funciones son bastante familiares por el simple hecho de que son el caso más común de las funciones de Microsoft Excel.

– *Algunos ejemplos de funciones que devuelven un escalar:*

- SUM
- ROUNDUP
- MID
- ISLOGICAL
- AVERAGE
- INT
- TRUE
- DISTINCTCOUNT
- TODAY

Funciones Tabulares

Hay una rama de funciones que retornan una tabla como resultado final, estas funciones son las que denominamos funciones tabulares y en un 99% no tienen ningún símil con Excel (*Es más hay gran número de funciones escalares que no tiene ningún equivalente con Excel*)

> **Nota** Cuando decimos funciones de Excel nos referimos al motor clásico de funciones, es decir, al que utilizamos en las celdas de las diversas hojas. Esto lo resaltamos porque en Excel tenemos Power Pivot que funciona con el mismo lenguaje DAX.

– Algunos ejemplos de funciones que devuelven una tabla:

- FILTER
- SUMMARIZE
- ALL
- VALUES
- CALCULATETABLE
- DATEADD
- CROSSJOIN

> **¡Advertencia!** Las *medidas* y *columnas calculadas* sólo admiten funciones escalares, si por ejemplo creamos una medida con una función FILTER (*FILTER(Pedidos; Pedidos[País]="Colombia")*) devolverá inevitablemente un error.
>
> *–¿Puedes deducir por qué?*
>
> Esta premisa es excelente para que la entiendas y análisis siguiendo los tres pasos del capítulo anterior; te pedimos de la manera más comedida que así lo hagas, puedes comprobar si estas entendiendo DAX y la temática de contextos.

Función FILTER

La función tabular número uno a conocer por excelencia es la función FILTER. La función FILTER devuelve una tabla acotada según una restricción dada, concretamente, si deseamos retornar la tabla *Pedidos*, pero únicamente si el país es Colombia lo podemos conseguir gracias a la función FILTER, análogamente podemos pensar en la función FILTER como una función que aplica un filtro a una tabla.

Sintaxis de la Función FILTER

= FILTER(<Tabla>;<Condición o Filtro>)

- **Tabla**: Aquí debemos indicar algo tan sencillo como el nombre de una tabla, ejemplo: Pedidos, 'Categoría de Productos' o algo más complejo como una función que retorne una tabla. Has este punto esto querría decir que en el primer argumento podemos poner otro FILTER, sin embargo, y concedido la lista de funciones tabulares de ejemplos dadas en el apartado anterior sabemos que en el primer argumento podemos poner funciones tales como: ALL, VALUES, CROSSJOIN, etc., etc.
- **Condición o filtro**: Aquí debemos indicar el filtro o restricción que le queremos realizar a la tabla pasada en el primer argumento de la función.

Para seguir el ejemplo de este primer apartado, si deseamos retornar la tabla *Pedidos*, pero únicamente si el país es Colombia la fórmula DAX sería:

```
=FILTER (
    Pedidos;
    Pedidos = "Colombia"
)
```

Se mencionaba también que en el primer argumento se puede proporcionar una función o expresión que devuelva una tabla. Pongamos la siguiente situación, queremos devolver la tabla *Pedidos* para el *País Colombia* y el *Tipo de Compra* igual a *Normal*.

Conociendo lo anterior, la expresión DAX sería.

```
=
FILTER (
    FILTER ( Pedidos; Pedidos[Tipo Compra] = "Normal" );
    Pedidos[País] = "Colombia"
)
```

Evidentemente existen otras maneras de lograr la tarea señalada, por ejemplo, con

- El operador lógico O
- La función OR
- Y la ya mencionada anidación de funciones FILTER.

Vamos a documentar las dos variantes diferentes. Con la función OR:

```
=
FILTER (
    Pedidos;
    OR ( Pedidos[País] = "Colombia"; Pedidos[Tipo Compra] = "Normal" )
)
```

Con la función y el operador lógico O.

```
=

FILTER (

    Pedidos;

    Pedidos[País] = "Colombia" || Pedidos[Tipo Compra] = "Normal"

)
```

Cualquiera de las tres expresiones DAX anteriores las podemos utilizarlas en el tipo de cálculo *tabla calculada*, para ello debemos recordar ir a la pestaña *Modelado*, ubicar el grupo *Cálculos* y seleccionar el comando: *Nueva Tabla Calculada*.

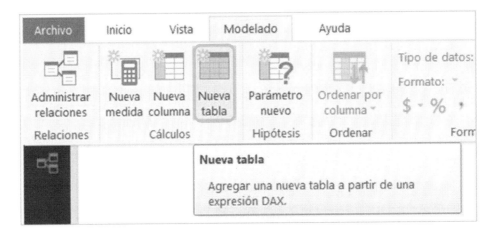

Figura 15. 1 – Nueva Tabla Calculada

Peguemos la expresión de la solución número uno, es decir, la que contiene los dos FILTER anidados. Recordar que en la parte izquierda del igual podemos indicar el nombre del cálculo, en este caso vamos a llamar a la tabla calculada *Pedidos Colombia*.

```
Pedidos Colombia =
FILTER (
    FILTER ( Pedidos; Pedidos[Tipo Compra] = "Normal" );
    Pedidos[País] = "Colombia"
)
```

Figura 15. 2 – FILTER Anidados en Tabla Calculada

Nota Para extraer o contraer la barra de fórmulas verticalmente basta con pulsar clic encima del icono en forma de flecha que se encuentra en la esquina superior derecha de la barra de fórmulas DAX, como podemos intuir la dirección de la flecha indica si se contrae o expande dependiendo del estado inicial.

Para visualizar el resultado de la tabla calculada el primer paso debemos ir a la *vista de datos en el extremo izquierdo de la interfaz de Power BI con el icono de una tabla.* En una segunda instancia ubicar en el panel de campos, *parte derecha de la interfaz,* la tabla calculada con nombre *Pedidos Colombia,* la cual se distingue de las tablas nativas de Power BI por el hecho de que el icono en el extremo izquierdo es (como) de color azul tenue, bastante tenue pero distinguible.

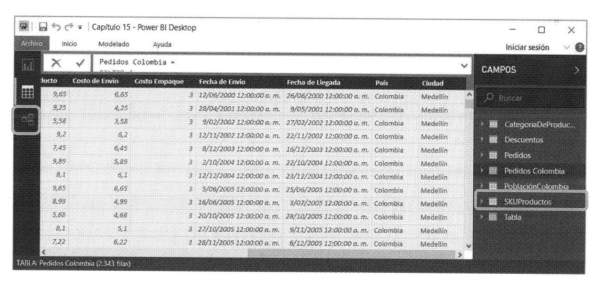

Figura 15. 3 – Visualización de Tabla Calculada en Interfaz de Power BI

Argumentos Tabulares en Funciones Escalares

La función FILTER es fácil de entender como hemos podido corroborar en los párrafos anteriores, la cuestión ahora sería sí las medidas y columnas calculadas únicamente admiten funciones o expresiones escalares, entonces:

–¿las funciones o expresiones tabulares son de utilización exclusiva para tablas calculadas?

La respuesta es no, total, el título de este aparatado nos *"echa al agua"*, nos delata. El motivo por el cual las funciones tabulares no son de uso exclusivo de tablas calculadas es por el simple hecho que existen funciones que arrojan un escalar como resultado, pero en uno o más de sus argumentos reciben funciones o expresiones que retornen una tabla, y a aquí, se desata un gran poder.

 Nota, Cada registro o fila de la tabla *Pedidos* corresponde a una transacción o venta, cada transacción puede tener asociada varias unidades vendidas, sin embargo, fueron realizadas al mismo cliente, por esto decimos que es una única venta.

Imaginemos que tenemos una matriz de Power BI donde en el área de filas tenemos el campo SKU de la tabla Pedidos, el objetivo es crear para dicha matriz una medida que al llevarla al área de valores nos arroje el número de ventas o transacciones si las unidades fueron estrictamente mayores a una.

Para suplir la demanda es necesario dar la bienvenida a la primera función escalar que en su único argumento recibe una tabla o una expresión que retorne una tabla, la función COUNTROWS.

= COUNTROWS(‹Tabla o expresión tabular›)

Conociendo la función FILTER y la función COUNTROWS la solución al problema planteado salta a la vista.

```
Tx>1 =
COUNTROWS (
        FILTER ( Pedidos;
                Pedidos[Unidades]>1 )
)
```

Si construimos la matriz debe lucir como la siguiente figura:

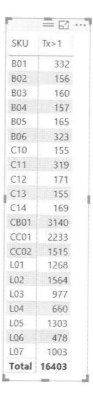

SKU	Tx>1
B01	332
B02	156
B03	160
B04	157
B05	165
B06	323
C10	155
C11	319
C12	171
C13	155
C14	169
CB01	3140
CC01	2233
CC02	1515
L01	1268
L02	1564
L03	977
L04	660
L05	1303
L06	478
L07	1003
Total	16403

Figura 15. 4 – Matriz con Medida Tx>1 (Transacciones Mayores a 1)

De hecho, podemos crear la función que retorne el número de transacciones sin ninguna restricción.

> NumTx =
>
> **COUNTROWS** (Pedidos)

La matriz:

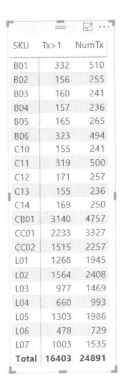

SKU	Tx>1	NumTx
B01	332	510
B02	156	255
B03	160	241
B04	157	236
B05	165	265
B06	323	494
C10	155	241
C11	319	500
C12	171	257
C13	155	236
C14	169	250
CB01	3140	4757
CC01	2233	3327
CC02	1515	2257
L01	1268	1945
L02	1564	2408
L03	977	1469
L04	660	993
L05	1303	1986
L06	478	729
L07	1003	1535
Total	**16403**	**24891**

Figura 15. 5 – Medidas de Número de Transacciones y Transacciones Mayores a 1

De aquí podemos empezar a crear medidas más interesantes, por ejemplo: una medida que nos diga el número de transacciones para los países: Argentina, Brasil y Colombia siempre y cuando el tipo de compra sea igual a normal.

Conociendo la función FILTER y la función COUNTROWS la solución al problema planteado salta a la vista.

```
TxArgBrColNormal =
COUNTROWS (
    FILTER (
        Pedidos;
        Pedidos[País] IN { "Argentina"; "Brasil"; "Colombia" }
            && Pedidos[Tipo Compra] = "Normal"
    )
)
```

Otro conjunto de funciones que admiten en uno de sus argumentos una tabla o expresión tabular son las funciones de iteración.

Funciones de Iteración

Las funciones de iteración como su nombre lo indica son funciones que en su proceso interno siguen un proceso iterativo, las funciones de iteración se pueden dividir en dos clases:

- Funciones de Iteración de Agregación
- Funciones de iteración Tabulares

Siguiendo el apartado anterior las *funciones de iteración de agregación* son útiles por que admiten expresiones tabulares en sus argumentos, pero demás nos van a permitir crear cálculos que ejecuten operaciones en una base fila a fila u operaciones entre columnas.

Funciones con Sufijo X

Las funciones de iteración de agregación se van a caracterizar por tener un sufijo x, es decir, su nombre es como las funciones normales de agregación, pero al final tendrán la letra X, por tal motivo también se conoce a este conjunto de funciones como las funciones con sufijo X.

– Algunos ejemplos de funciones con sufijo X:

- SUMX
- AVERAGEX
- COUNTX
- MINX
- MAXX
- MEDIANX
- GEOMEANX

Estas funciones tienen la misma estructura de argumentos por lo que podemos dar una anatomía general para la sintaxis de las *funciones de iteración de agregación.*

– Anatomía de Sintaxis de las funciones con sufijo X:

= NOMBRE**X** (‹Tabla o Expresión Tabular›;‹Expresión en un base fila a fila›)

¡Advertencia! No todas las funciones con sufijo X siguen la anatomía de sintaxis general, de hecho, hay algunas que tienen un orden ligeramente diferente en sus argumentos y otras que tienen más de dos, no obstante, las funciones con sufijo X que no siguen la anatomía de sintaxis general no son la regla general sino una serie de casos especiales.

Para comprender, supongamos que necesitamos una medida que arroje los costos totales, pero siempre para el *Tipo de Compra* igual a devolución, básicamente en la tabla *Pedidos* tenemos tres costos: *Costo del Producto, Costo de Empaque* y *Costo de Envío*, a pesar de ello, no tenemos ninguna columna con el costo total.

Si fuera sólo la parte de costo total, la solución sería como sigue:

```
Costo Total =
    SUM(Pedidos[Costo del Producto]) +
    SUM(Pedidos[Costo Empaque]) +
    SUM(Pedidos[Costo de Envío])
```

El punto crítico sería como añadir la restricción para el tipo de compra devolución sin crear una columna calculada como paso intermedio, aquí necesitamos algo más poderoso y es precisamente las funciones de iteración de agregación.

 Nota, No existe manera de añadir la restricción de tipo de compra con la función FILTER y luego utilizar la función SUM para solventar la solicitud de manera favorable, es más, la función SUM y ninguna de agregación básica admite algo diferente que no sea el llamado de una columna.

Funcionamiento Interno de las Funciones con Sufijo X

Antes de resolver el escenario propuesto, vamos a estudiar el proceso interno de estas funciones con un esquema o tablas pequeñas simplificadas. La tabla tiene el nombre de 'Dat' y consta de 3 columnas denominada A, B y C. Adicionalmente esta pequeñísima tabla sólo cuenta con tres registros o filas, todos ellos son valores enteros.

'Dat'

A	B	C
6	2	1
9	4	2
7	6	2

Figura 15. 6 – Tabla Simplificada

Vamos a tomar la función SUMX como modelo para entrever el funcionamiento interno de las funciones con sufijo X, además, vamos a tomar la siguiente medida:

```
=
SUMX ( 'Dat' ;
        ( 'Dat'[A] ^ 2 ) + ( 'Dat'[C] * 'Dat'[B] )
)
```

– *Proceso Interno:*

Lo primero es asumir que la tabla sobre la cual va a trabajar la expresión DAX es la presentada tal cual la figura 15.6, dicho de otro modo, se toma la tabla de la figura 15.6 como el contexto de filtro.

 Nota La premisa general es que la función con sufijo X va fila a fila en la tabla de resultado proporcionada en su primer argumento ejecutando el cálculo que se ha señalado en su segundo argumento.

Para nuestro caso concreto de la medida con expresión DAX anterior, la función con sufijo X va a la primera fila:

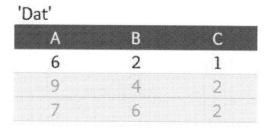

Figura 15. 7 – Tabla Simplificada Primera Iteración

Para el primer momento, la primera iteración, corresponde a la primera fila de la tabla en la figura 15.7 que hemos dicho es el contexto de filtro para este escenario, quiere decir, que para la expresión DAX únicamente existe esa primera fila y únicamente esa primera fila, las demás filas de la tabla quedan ocultas o son invisibles para la expresión DAX de la medida.

Por favor, ***presta muchísima pero muchísima atención a la siguiente nota y ponla de salva pantallas en tu celular*** y en la computadora de la oficina:

Nota En el escenario de la función de iteración se puede ver el trabajo conjunto del contexto de filtro y el contexto de fila.

El contexto de fila viene dictado por la figura 15.6 y hasta ese punto todas las filas son visibles, sin embargo, al llegar la ejecución de la expresión DAX de la medida, en el primer momento sólo existe la primera fila la cual sería un contexto de fila, porque sería la fila actual en la iteración. Esta convivencia del contexto de filtro y el contexto de fila corresponde al contexto de evaluación.

Con la primera fila como única visible el paso siguiente es calcular la expresión DAX dada en el segundo argumento: ('Dat'[A] ^ 2) + ('Dat'[C] * 'Dat'[B])

No importa que lo repitamos insistentemente, pero cómo únicamente tenemos la primera fila visible los valores para cada una de las columnas en el segundo argumento de la función iteración serían:

- 'Dat'[A] = 6
- 'Dat'[C] = 1
- 'Dat'[B]) = 2

Por lo tanto, ejecutando tal cual el segundo argumento tendríamos: $(6{\char94}2) + (1*2)$, que se traduce en $(36+2)$ que arroja como valor final el número 38.

El número 38 es almacenado internamente, para pasar a la siguiente iteración.

En la siguiente iteración la lógica es idéntica, pero dejando visible únicamente la segunda fila y las demás ocultas.

'Dat'

A	B	C
6	2	1
9	4	2
7	6	2

Figura 15. 8 – Segunda Iteración

- 'Dat'[A] = 9
- 'Dat'[C] = 2
- 'Dat'[B]) = 4

$(9{\char94}2) + (2*4) => (81+8) => 89.$

El número 89 es almacenado internamente, para pasar a la siguiente iteración.

¡Vuele y juega la misma lógica!

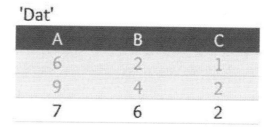

Figura 15. 9 – Tercera Iteración

- 'Dat'[A] = 7
- 'Dat'[C] = 2
- 'Dat'[B]) = 6

(7^2) + (2*6) =>(49+12) => 61.

El número 61 es almacenado internamente, aquí finaliza la iteración.

A este punto los valores: 38, 89 y 61 han quedado almacenados de manera interna, digamos que en una piscina de datos esperando una orden de salida para convertir a dichos valores en uno único. Ese valor de resumen es sacado ejecutando la agregación señalada antes de la x

Para el escenario que estamos estudiando la función de agregación antes de la X es la función SUM, por lo tanto, lo que se hace a continuación es la suma de los valores en la piscina de datos. Mejor dicho: 38 + 89 + 61 devolviendo como resultado el valor escalar 188.

Si en lugar de haber sido la función SUMX hubiera sido la función AVERAGEX, la operación de los valores en la piscina de datos hubiera sido: (38 + 48 + 61) / 3 con resultado 62,6 dado que la función antes de la X es AVERAGE que indica el promedio de los valores.

Nota Otra ventaja que van a brindar las funciones de iteración con sufijo X es que en su primer argumento no sólo podemos poner el nombre de una tabla sino también una expresión que devuelva una tabla, por ejemplo: FILTER.

Retomando la solicitud primaria: *"Necesitamos una medida que arroje los costos totales pero siempre para el Tipo de Compra igual a devolución"* ahora ya podemos brindar su resolución:

```
Costos de Devolución =
SUMX (
        FILTER ( Pedidos; Pedidos[Tipo Compra] = "Devolución" );
        Pedidos[Costo del Producto] + Pedidos[Costo Empaque]
            + Pedidos[Costo de Envio]
    )
```

Desglosemos la medida para entender lo sucedido.

1. El primer argumento de SUMX es la función FILTER la cual retorna una tabla filtrada o restringida para aquellos registros que corresponde a devolución.

2. El segundo argumento de la función SUMX es una expresión en una base fila a fila que realiza la suma de los tres costos en la tabla Pedidos

Nota, Algo a notar es que las funciones de iteración con sufijo X se ejecutan fila a fila, quiere decir, que existe un contexto de fila, sin embargo, este contexto de fila es diferente al contexto de fila creado por una columna calculada el cual es un *contexto de fila automático.* El contexto de fila creado por las funciones de iteración se llama *contexto de fila programable.*

Otras Funciones de Iteración

Las funciones vienen dividas en dos *"clanes"*:

- Funciones de iteración que arrojan un escalar o valor único
- Funciones de iteración que devuelven una tabla como salida final

Por ejemplo, la función FILTER es una función de iteración. Así es esta función es iterativa, de hecho, si miramos su sintaxis vemos que se delata sola:

= FILTER (<Tabla o Expresión Tabular>; <Condición Lógica Fila>)

Una primera diferencia radica en que el segundo argumento debe ser una expresión lógica, es decir, que retorna falso o verdadero (TRUE o FALSE), ya que si es verdadero será considerada en el resultado final de la tabla si es falso será descartada. La expresión lógica también se ejecuta en una base fila a fila, por lo que existe un *contexto de fila programable*.

Otra diferencia se ve al final del proceso iterativo, esto debido a que no hay que hacer ninguna agregación de valores en una *piscina de dato*, sino simplemente tomar aquellas filas que cumplen para ser mostradas en el resultado final.

> **Nota** Las funciones de iteración de agregación y escalares no son las únicas categorías que existen, hay funciones que no son de sufijo X pero que también devuelven un escalar, esto es más informativo ya que el lenguaje DAX es bastante amplio y se sale del alcance de este libro.
>
> Si deseas profundizar en el lenguaje DAX te recomendamos el vídeo curso:
>
> - **Máster en DAX y Power Pivot** | **Tomo #1 a #8**

Lista de Funciones de NO Sufijo X

Te mencionamos algunas funciones de iteración que no corresponden a sufijo X, el enjambre de estas funciones es de una envergadura muchísimo más profunda, pero te resaltamos con las que te encontraras probablemente en una primera instancia si decides profundizar en el Lenguaje DAX.

- FILTER
- LASTNONBLANK
- FIRSTNONBLANK
- LOOKUPVALUE
- ADDCOLUMNS

Funciones ALLxxxx

Las funciones ALLxxxx son una familia de funciones bastante especial ya que ellas ignoran el contexto de filtro, esencialmente hablaremos de:

- ALL
- ALLEXCEPT
- (Existe otra gamma de funciones ALLxxxx en esta familia)

Función ALL

La explicación más enrevesada de las funciones ALL es desde el punto de vista neto de los contextos o en concreto del contexto de filtro, aquí no pretendemos complicar las cosas, en su lugar queremos brindar una explicación aproximada bastante buena, casi que la real utilizando también el contexto de filtro. La verdad es que la explicación más compleja sólo será necesario en unos muy pocos escenarios.

Para comprender la utilidad de la función ALL creemos una matriz con el campo *País* de la tabla *Pedidos* en el área de filas y de paso llevemos la medida *Ingresos Totales* al área de valores.

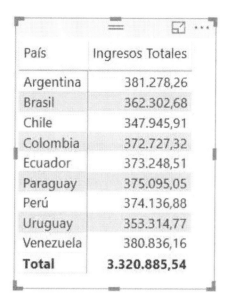

Figura 15. 10 – Matriz Inicial

La meta por conseguir es crear una medida que retorne la participación, dicho de otro modo, el porcentaje del total general. Por lo tanto, deberíamos crear un cálculo así:

- Casilla Argentina = 381.278/**3.320.885**

- Casilla Brasil = 362.302/**3.320.885**

- Casilla Chile = 347.945/**3.320.885**

- Casilla Colombia = 372.727/**3.320.885**

- Casilla Ecuador = 373.248/**3.320.885**

- Casilla Paraguay = 375.095/**3.320.885**

- Casilla Perú = 374.136/**3.320.885**

- Casilla Uruguay = 353.314/**3.320.885**

- Casilla Venezuela = 380.836/**3.320.885**

La primera medida o numerador de la fórmula aritmética es sencilla puesto que viene dada por la medida *Ingresos Totales*, sin embargo, el denominador es una historia distinta debido a que necesitamos que sea la suma de todos los elementos de la tabla.

Las Dos Caras de ALL

La función ALL tiene dos caras:

- ALL con una tabla como argumento
- ALL con una columna o varias columnas como argumentos

– ALL con una Tabla como argumento:

La primera faceta de la función ALL es cuando le proporcionamos el nombre de una tabla como argumento, en esta situación solamente podemos indicarle un único argumento y es el nombre de la tabla en cuestión, ejemplos: ALL(Pedidos), ALL(SKUProductos), etc.

 ¡Advertencia! Cuando utilizamos la función ALL en su primera faceta únicamente podemos indicar el nombre de una tabla, es decir, que no podemos utilizar en su argumento una función o expresión que devuelva una tabla.

Entonces, **la función ALL (en su primera faceta) devuelve la tabla indicada en su argumento ignorando el contexto de filtro**.

– ALL con una Columna o varias Columnas Como argumentos:

La segunda faceta, indicamos una columna o varias columnas (en este caso espaciadas por el separador de lista), ejemplos: ALL(Pedidos[País]), ALL(Pedidos[País], Pedidos[Tipo Compra]), etc.

Entonces, *la función ALL (en su segunda faceta) devuelve:*

1. **Si es una columna:** *La Lista de valores únicos de la columna ignorando el contexto*
2. **Si son más de dos columnas:** *La Lista de combinaciones únicas de las columnas ignorando el contexto.*

Ejemplo una columna: ALL (Pedidos[País])

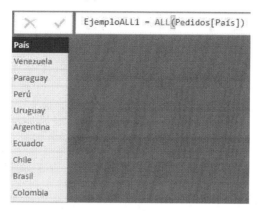

Figura 15. 11 – Ejemplo de ALL en segunda faceta con una única Columna

Ejemplo dos columnas: ALL (Pedidos[País]; Pedidos[Tipo Compra])

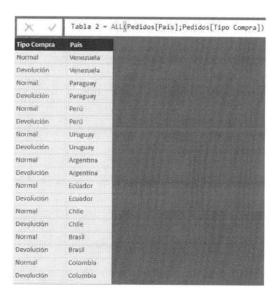

Figura 15. 12 – Ejemplo de ALL en Segunda Faceta con dos Columnas

Nota Los ejemplos anteriores fueron creados con tablas calculadas, quiere decir que el contexto de filtro es las tablas nativas iniciales.

Nota

En algunas aplicaciones querrás obtener la lista de valores únicos de una columna teniendo en cuenta el contexto de filtro, en dicho caso, la función que lo haces es la función VALUES:

Sintaxis: VALUES (‹Columna de una Tabla›)
Ejemplo: VALUES(Pedidos[País])

La función VALUES sólo tiene un argumento por lo que las combinaciones únicas de varias columnas nos las realiza, para este escenario puedes valerte de la función SUMMARIZECOLUMNS

Sintaxis: SUMMARIZECOLUMNS (‹Columna 1› ; ‹Columna 2› ; ...)

* La sintaxis, funcionamiento y tareas que se pueden conseguir con la función SUMMARIZECOLUMNS es mucho más amplia, pero para los fines de esta nota podemos tomarla como la descrita arriba.

Ejemplo: SUMMARIZECOLUMNS (Pedidos[País] ; Pedidos[Tipo Compra])

Ya tenemos los elementos necesarios para el cálculo del denominador en la medida de % *Participación* que queremos construir, la expresión DAX sería:

```
Total General =
SUMX( ALL ( Pedidos ) ;  Pedidos[Ingresos]) )
```

El motivo por el cual la expresión DAX funciona para la matriz de la figura 15.10 es que independientemente de la casilla que se está colocando y el filtro de país aplicado el contexto de filtro es completamente ignorado por la función ALL, es decir, que la función SUMX iterará en toda la tabla *Pedidos*, en todos los países. Si llevamos la medida *Total General* a la *matriz* podremos observar su resultado.

País	Ingresos Totales	Total General
Argentina	381.278,26	3.320.885,54
Brasil	362.302,68	3.320.885,54
Chile	347.945,91	3.320.885,54
Colombia	372.727,32	3.320.885,54
Ecuador	373.248,51	3.320.885,54
Paraguay	375.095,05	3.320.885,54
Perú	374.136,88	3.320.885,54
Uruguay	353.314,77	3.320.885,54
Venezuela	380.836,16	3.320.885,54
Total	**3.320.885,54**	**3.320.885,54**

Figura 15. 13 – Total General como Medida

Ya tenemos todos los elementos suficientes para crear la medida de *% de Participación*, tenemos dos vertientes, el número uno escribir todas las funciones y demás en la medida, mejor dicho, así:

```
% Participación =
DIVIDE (
    SUM ( Pedidos[Ingresos] ) ;
    SUMX( ALL ( Pedidos ) ;
        Pedidos[Ingresos] )
    )
```

Nota La función DIVIDE realiza la división de dos valores, proporcionando el numerador en el primer argumento y el denominador en su segundo argumento. La función DIVIDE cuenta con un tercer argumento opcional en el cual podemos indicar que queremos que muestre si la división es por cero, el valor por defecto de este tercer argumento es BLANK lo cual lo veríamos reflejado como una casilla vacía.

La ventaja de la función DIVIDE respecto a la utilización del operador de división (/) es que si el denominador es un cero, la medida o cálculo DAX no arrojara un error sino una casilla con el valor en el tercer argumento de la función.

La recomendación es utilizar la función DIVIDE en lugar de operador (/) siempre que sea posible.

Otra opción para escribir la medida *% Participación* consiste en llamar las medidas previamente creadas: *Ingresos Totales* y *Total General*. La manera de llamaras es abriendo paréntesis cuadrados y seleccionarlas en el Intellisense y cerrar paréntesis cuadrados.

```
% Participación =
DIVIDE ( [Ingresos Totales] ; [Total General]  )
```

Arrastremos la medida *% Participación* al área de valores de la matriz y observemos el resultado final.

País	Ingresos Totales	Total General	% Participación
Argentina	381.278,26	3.320.885,54	11,48%
Brasil	362.302,68	3.320.885,54	10,91%
Chile	347.945,91	3.320.885,54	10,48%
Colombia	372.727,32	3.320.885,54	11,22%
Ecuador	373.248,51	3.320.885,54	11,24%
Paraguay	375.095,05	3.320.885,54	11,30%
Perú	374.136,88	3.320.885,54	11,27%
Uruguay	353.314,77	3.320.885,54	10,64%
Venezuela	380.836,16	3.320.885,54	11,47%
Total	**3.320.885,54**	**3.320.885,54**	**100,00%**

Figura 15. 14 – Medida % Participación

Existen muchas aplicaciones para la función ALL, pero aquí te ponemos sobre la mesa lo fundamental.

Función ALLEXCEPT

Supongamos que queremos la lista de combinaciones únicas de los campos: *País*, *Tipo de Compra*, *Categoría de Descuento*, *Ciudad*, *fecha de envío*, *fecha de llega* y *Unidades* en una tabla calculada. La solución ALL sería.

```
EjemploALLe =
ALL ( Pedidos[País] ;
        Pedidos[Tipo Compra] ; Pedidos[Categoría de Descuento] ;
        Pedidos[Ciudad] ;  Pedidos[Unidades] ;
        Pedidos[Fecha de Envio] ;  Pedidos[Fecha de Llegada]
    )
```

Si vemos el requerimiento son todos los campos de la tabla Pedidos excluyendo los campos *Costo de Producto, Costo Empaque* y *Costo de Envio*. La función ALLEXCEPT hace exactamente lo mismo que ALL, únicamente que en vez de listar todas las columnas que queremos combinaciones únicas listamos las que deseamos excluir o las excepciones según el nombre de la función.

```
EjemploALLe2 =

ALLEXCEPT ( Pedidos ;

        Pedidos[Costo de Envio];

        Pedidos[Costo del Producto];

        Pedidos[Costo Empaque]

    )
```

En la función ALLEXCEPT debemos tener en cuenta que en el primer argumento debemos indicar el nombre de la tabla y luego listar las columnas que se excluyen.

Lista de Otras Funciones ALLxxxx

La lista de funciones ALLxxxx es más amplia, a pesar de ello, con las dos anteriores se cumple el objetivo de este libro de brindarte las herramientas iniciales en DAX y con las cuales podrás realizar una gran variedad de tareas, te listamos las otras funciones ALLxxxx.

- ALLSELECTED
- ALLNONBLANKROW

CAPÍTULO 16

Propagación de Filtros al Desnudo

Después de completar este capítulo tú sabrás:

- La importancia de los contextos
- Propagación de filtros
- Filtros directos e indirectos
- Mecanismo de funcionamiento de propagación de filtros

El lenguaje DAX para Power Pivot, Power BI y SSAS es *Mind Blowing*, empero, el corazón que desemboca en todas las bondades e incontables posibilidades para el modelamiento es la experiencia de trabajar con múltiples tablas relacionadas de manera declarativa, es decir, hemos podido trabajar con múltiples tablas en Excel utilizando la clásica y querida función BUSCARV y sus allegados (INDICE, COINCIDIR, etc., etc.).

Aunque las ventajas de los métodos clásicos son variados, lo cierto es que la cantidad de desventajas superan con creces la lista de opciones positivas. El lenguaje DAX tiene la característica de que trabaja con las relaciones de forma declarativa, esto quiere decir, que no hay columnas adicionales y la comunicación entre tablas es por medio de un vínculo que indica la modificación que debe seguir una o varias tablas, el asunto ahora es comprender como funciona este vínculo y comunicación entre tablas, para ello debemos hablar sobre propagación de filtros que es el fin último del presente capítulo.

La Importancia de los Contextos

¿Te estudiaste el capítulo 14 síntesis de contextos en DAX a detalle y conciencia? •

Si tu respuesta es sí, sabes que:

> **Nota** Es el heraldo que anuncio un universo por conquistar, principio de la obra magna para entender el lenguaje DAX.

Si tu respuesta es no, qué estas esperando ve y estudia ese capítulo a detalle y a conciencia hasta que los entiendas al 100%. Dicho capítulo es requisito para el estudio y buen desarrollo del presente, así que léelo y sobre todo **empieza a dilucidar los destellos en contextos** y pensar en términos de **los tres pasos primordiales en DAX** desde ahora y por siempre, hazlo parte de tu credo.

Aunque el capítulo de contextos consta de unos buenos fundamentos hay una verdad sobre el que salta a la vista, en aquel capítulo únicamente trabajamos con una tabla.

Sin embargo, para entender cómo funcionan los contextos cuando existen varias tablas en el modelo de datos *(Relacionadas o no)* es imperativo hablarte sin tapujos de una temática de la que se dice menos que poco: *La propagación de filtros.*

> **Nota** La propagación de filtros en el modelo de datos es, de hecho, el agua que nutre los contextos.

La propagación de filtros **es el pináculo para entender el funcionamiento de las relaciones entre tablas** verdaderamente, y embarcarse en dicha empresa no siempre es atractivo. No porque sea complejo, ya que verás una vez comprendido es bastante sencillo, sino porque es necesario una explicación de máxima finura.

Propagación de Filtros

Igual que una flecha no puede lanzarse en una dirección aleatoria, no podemos dejar que este capítulo corra libre sin un buen **modelo de datos de simplificación que ayude a entender de manera sencilla la propagación de filtros.**

Así que te presento a la tabla **Product Datail**

Product Id	Product Name	Precio
1	Hamburger	20
2	Hot Dog	15
3	Pizza	30
4	Sandwich	22

Figura 16. 1 – Tabla Product Datail

De hecho, para seguir un mismo lineamiento tomaremos los mismos datos simplificados del capítulo 14. Quiere decir que también estaremos utilizando la tabla de la figura 14.1. He aquí nuevamente la tabla en cuestión

Date	Product Id	Quantity	Order Delivery
jueves, 1 de junio de 2017	3	1	39
jueves, 1 de junio de 2017	4	1	41
jueves, 1 de junio de 2017	1	1	39
jueves, 1 de junio de 2017	3	1	57
jueves, 1 de junio de 2017	4	1	51
jueves, 1 de junio de 2017	1	1	45
jueves, 1 de junio de 2017	3	1	63
jueves, 1 de junio de 2017	4	1	56

Figura 16. 2 – Tabla OrderHistoryOfJune2017

Si cargamos estas dos tablas en un mismo archivo de Power BI lo que ocurrirá naturalmente el relacionamiento automático de las dos tablas.

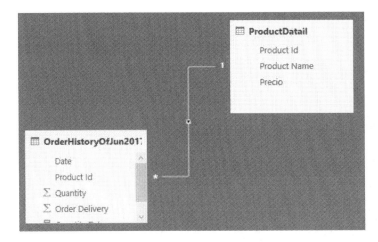

Figura 16. 3 – Relaciones Automáticas

La guinda en el pastel es que han quedado relacionados correctamente. En este caso es sencillo para la funcionalidad porque **los nombres en ambas tablas son idénticos:**

Figura 16. 4 – Administrar Relaciones

La relación es un punto álgido para la propagación, no te preocupes, puntualizamos más adelante. Lo que hay que rescatar es que han quedado relacionadas correctamente.

Configuración de la Matriz

En orden para entender la propagación de filtros, vamos a **crear una matriz** que involucre campos de las dos tablas.

Añadimos el campo *Product Name* de la tabla *Product Datail* al *área de filas* y el campo *Quantity* de la tabla *OrderHistoryOfJune2017* al *área de columnas*.

– *¿Qué hace falta?*

Exacto una medida

–*¿De qué tipo, implícita o explicita?*

Juramos que hemos podido casi escuchar tu respuesta: *explicita*.

La medida que vamos a realizar es una que nos **retorne el promedio de entrega en horas**, recordemos que en la tabla *OrdeHistoryOfJune2017* tenemos el campo *Order Delivery* que corresponde al tiempo de entrega en minutos.

```
Promedio Entrega:=
DIVIDE (

        AVERAGE ( OrderHistoryOfJun2017[Order Delivery] ) ;

        60

)
```

Llevamos la medida *Promedio Entrega* al área de valores, nuestra matriz debe lucir:

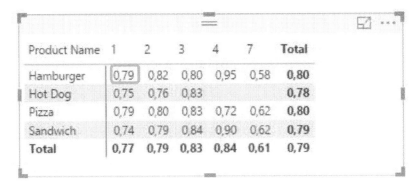

Product Name	1	2	3	4	7	Total
Hamburger	0,79	0,82	0,80	0,95	0,58	0,80
Hot Dog	0,75	0,76	0,83			0,78
Pizza	0,79	0,80	0,83	0,72	0,62	0,80
Sandwich	0,74	0,79	0,84	0,90	0,62	0,79
Total	0,77	0,79	0,83	0,84	0,61	0,79

Figura 16. 5 – Matriz con Medida Promedio Entrega

Tres Pasos Primordiales en DAX

Recapitulando del capítulo de síntesis de contextos:

Para cada valor en el área de valores de una **medida DAX** siempre:

1. Identificar Filtros
2. Aplicar Filtros
3. Ejecutar Expresión DAX

Vamos a seguirlos, para ello **debemos seleccionar una celda concreta** para analizar

– ¿Qué tal 0,79?

En orden para entender la propagación de filtros, vamos a **crear una matriz** que involucre campos de las dos tablas.

¡Advertencia! Estamos enfocados de ahora en adelante en el valor encerrado en rojo de la matriz en la imagen anterior, el cual corresponde al valor 0,79. No obstante, utilizaremos unas tablas aún más simplificadas por lo que no debemos perder de vista que es la posición de la casilla donde está el valor 0,79.

– 1. Identificar Filtros

Recordar que los filtros son todo lo que rodea a la celda o casilla y la restringe

 Filtros Es una o más restricciones aplicados a una tabla que tiene como fin segmentarla en un conjunto más pequeño de acuerdo con la especificación de este.

Para este caso:

* Product Datail[Product Name]=*"Hamburger"*
* OrderHistoryOfJune2017[Quantity]=1

– 2. Aplicar Filtros

 Nota, Antes de aplicar los filtros es importante resaltar que estamos involucrando dos tablas en esta oportunidad.

Para ello primero te presentamos las dos tablas resumidas, ojo, sé que hemos presentado las dos tablas previamente, sin embargo, estas eran las tablas completas, a continuación, vamos a presentar estas mismas tablas ver en versiones acotadas, es decir, con muchos menos registros para poder visualizar plenamente el suceso de propagación de filtros,

* **OrderHistoryOfJune2017**
* **ProductDatail**

Tabla OrderHistroyOfJune2017 versión acotada:

Date	Product Id	Quantity	Order Delivery
1/06/2017	3	1	39
1/06/2017	4	1	41
1/06/2017	4	3	46
1/06/2017	2	3	56
1/06/2017	1	3	68
1/06/2017	1	1	39
1/06/2017	3	1	57
1/06/2017	2	2	55
1/06/2017	1	3	40
1/06/2017	3	2	40
1/06/2017	4	1	51
1/06/2017	4	3	60
1/06/2017	1	1	45
1/06/2017	3	1	63

Figura 16. 6 – Tabla OrderHistoryOfJune2017 versión resumida

Tabla Product Datail versión acotada:

Product Id	Product Name	Price
1	Hamburger	20
2	Hot Dog	15
3	Pizza	30
4	Sandwich	22

Figura 16. 7 – Tabla Product Datail versión Resumida

¡**Advertencia!** Tener en cuenta que estamos ahora analizando la posición donde se encuentra el valor 0,79. Pero en las versiones acotadas de las tablas, esto quiere decir que al final no vamos a obtener el resultado 0,79 si no un valor completamente diferente.

Una vez captado nuestras tablas de ejemplo vamos a aplicar los filtros en sus respectivas tablas. El filtro **Product Datail**[*Product Name*]=*"Hamburger"* se aplica a la tabla **Product Datail**, por lo tanto, queda:

Product Id	Product Name	Price
1	Hamburger	20
2	Hot Dog	15
3	Pizza	30
4	Sandwich	22

Figura 16. 8 – Tabla Product Datail Versión Acotada con Filtros

Quiere decir que la expresión DAX únicamente tiene acceso al pedacito de tabla **Product Datail** que se acaba de filtrar. Dicho de otro modo, **la medida DAX verá que la tabla Product Datail consta de una sola fila** (*Resaltada con fondo gris en la imagen anterior*) y **las demás filas** (*con fondo blanco y color de fuente gris tenue*) **no existen para la medida**.

– *Por si las moscas:*

Observa con detenimiento la ilustración de la figura a continuación:

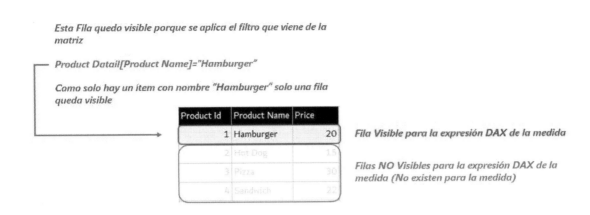

Esta Fila quedo visible porque se aplica el filtro que viene de la matriz

Product Datail[Product Name]="Hamburger"

Como solo hay un item con nombre "Hamburger" solo una fila queda visible

Product Id	Product Name	Price
1	Hamburger	20
2	Hot Dog	15
3	Pizza	30
4	Sandwich	22

Fila Visible para la expresión DAX de la medida

Filas NO Visibles para la expresión DAX de la medida (No existen para la medida)

Figura 16. 9 – Filtros y Versión Acotada con Explicación

Ahora bien, tenemos otro filtro. El filtro **OrderHistoryOfJune2017** *[Quantity]=1* se aplica a la tabla OrderHistoryOfJune2017, por lo tanto, queda:

Date	Product Id	Quantity	Order Delivery
1/06/2017	3	1	39
1/06/2017	4	1	41
1/06/2017	4	3	46
1/06/2017	2	3	56
1/06/2017	1	3	68
1/06/2017	1	1	39
1/06/2017	3	1	57
1/06/2017	2	2	55
1/06/2017	1	3	40
1/06/2017	3	2	40
1/06/2017	4	1	51
1/06/2017	4	3	60
1/06/2017	1	1	45
1/06/2017	3	1	63

Figura 16. 10 – Tabla OrderHistoryOfJune Versión Acotada con Filtros

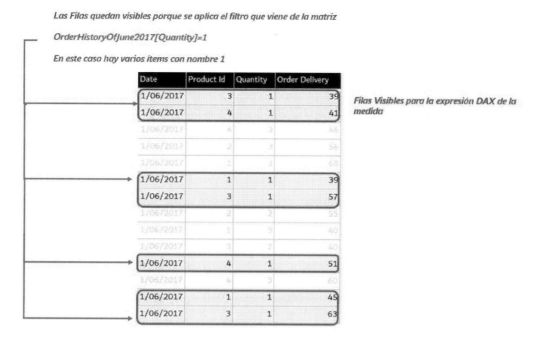

Las Filas quedan visibles porque se aplica el filtro que viene de la matriz

OrderHistoryOfJune2017[Quantity]=1

En este caso hay varios ítems con nombre 1

Figura 16. 11 – Explicación de Filtros en Tabla OrderHistoryOfJune2017

Ok, filtros *(directos)* aplicados, por ello, sería el momento de pasar al paso número tres y *ejecutar la expresión DAX*. Pero algo está faltando, pensémoslo por un segundo:

Observemos la medida con lupa y criterio detectivesco:

```
Promedio Entrega:=
DIVIDE (

        AVERAGE ( OrderHistoryOfJun2017[Order Delivery] ) ;

        60

)
```

La raíz del asunto está en que la medida se basa únicamente en la tabla *OrderHistoryOfJune2017* (La tabla *Product Datail* no se encuentra por ninguna parte en la expresión DAX). Sin embargo, la *matriz* sí que está involucrando la tabla *Product Datail*.

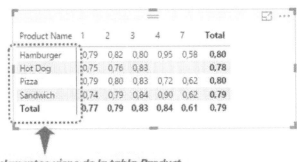

Estos elementos viene de la tabla Product
Datail (No pueden salir de ninguna otra parte)

Figura 16. 12 – Observar que hay elementos de las dos tablas

Mejor dicho, si en este momento ejecutáramos el paso tres con el pedacito de tablas que es visible después del paso dos, ¿*Qué sucede?*, Que si bien ejecutaría el promedio de *Order Dilivery*:

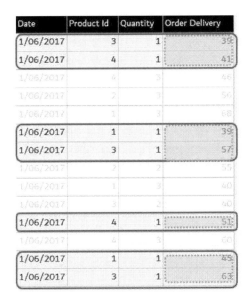

Figura 16. 13 – Ejecución de Paso Tres, Omitiendo Propagación de Filtros

Si analizamos los productos que tiene en consideración la tabla en la ilustración de la figura anterior, lo cierto sería que está teniendo en cuenta varios productos.

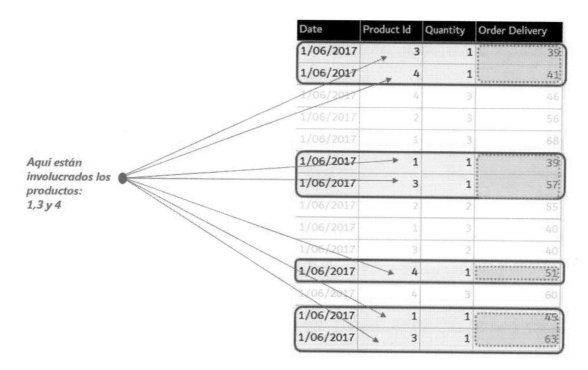

Figura 16. 14 – Varios Productos en Consideración

Pero sabemos que únicamente debería ser el producto que corresponde a *hamburger*. ¿Por qué? Recuerdas la matriz y la *"casilla"* que estamos analizando.

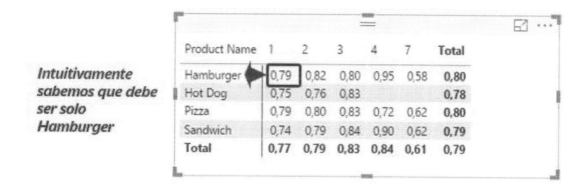

Figura 16. 15 – Matriz para Observar que el único producto es Hamburger

Es decir, falta un **(1) vínculo** *y una forma de* **(2) comunicación** *entre las dos tablas.* Pues, el vínculo sí que existe, ya que las dos tablas están relacionadas.

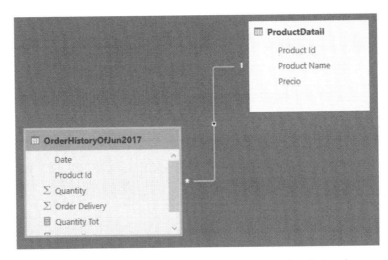

Figura 16. 16 – El Vínculo se da porque las dos tablas están relacionadas

La cuestión es: ¿Cómo se comunican? La relación **(Vínculo)** sirve para que las tablas propaguen *(comuniquen)* sus filtros. Aquí es donde entra la ***propagación de filtros.***

Filtros Indirectos o Cruzados

Antes del paso tres: **Ejecutar Expresión DAX** ocurre la propagación de filtros o presentado de manera alterna los filtros cruzados.

Así que escribe en tu pared con tinta indeleble lo siguiente:

Nota Justo antes del paso tres en el *algoritmo de los tres pasos primordiales* en contextos, se aplican los filtros indirectos o cruzados, es decir, *sucede la comunicación entre las tablas relacionadas en el modelo de datos* para ver cómo afectan los filtros de una tabla con sus tablas relacionadas, esto lo que va a permitir es reducir aún más los pedacitos de tablas visibles para la expresión DAX.

Mecanismo de Propagación de Filtros

Para ver el funcionamiento de la propagación de filtros es ineludible forjar la terminología estándar necesaria para tener congruencia tanto en este capítulo como en los demás ámbitos, por lo tanto, es importante repasar los siguientes conceptos

- Tabla Transaccional (*aka: Tabla de hechos o Tabla Matriz)
- Tabla de Búsqueda (*aka: Tabla de Dimensión)
- Clave Primaria (*aka: Primarey Key)
- Clave Foránea (*aka: Foreign Key o Clave ajena)
- Columnas Equivalentes

*aka: Also Know As, También conocido como

– ¡Para que reinventar la rueda!

1) Definición Tabla de Búsqueda: Es una tabla en la cual por lo menos uno de sus campos tiene elementos que no se repiten (cada ítem o elemento es único identificando de forma univoca cada registro de la tabla).

2) Definición Tabla Transaccional: Es una tabla con alta densidad de datos, es decir, con una cantidad de filas considerables respecto a las otras del modelo de datos actual, dicha tabla contiene los valores de las medidas de negocio o dicho de otra forma los indicadores de negocio.

– Citando a Wikipedia

3) Definición Calve Primaria: Se llama clave principal a un campo o a una combinación de campos que identifica de forma única a cada fila de una tabla. Una clave primaria comprende de esta manera una columna o conjunto de columnas.

4) Definición Clave Foránea: *Es una limitación referencial entre dos tablas. La clave foránea identifica una columna o grupo de columnas en una tabla (tabla hija) que se refiere a una columna o grupo de columnas en otra tabla (tabla maestra o referenciada)*

5) Columnas Equivalentes: *Son las columnas de una tabla transaccional y de búsqueda con los mismos elementos, estas columnas permitirán las relaciones en las tablas.*

– *En nuestro escenario resumido:*

- **Tabla Transaccional:** *OrderHistoryOfJune2017*
- **Tabla de Búsqueda:** *Product Datail*
- **Clave Primaria:** Columna *Product ID* de la tabla de búsqueda
- **Clave Foránea:** Columna *Product ID* de la tabla transaccional

Propagación en Acción

La manera por la cual se van a comunicar las dos tablas es mediante la relación. ahora bien, **la comunicación va a ir en una única dirección:**

«!» Grábate esto a Fuego:

La propagación de filtros ocurre siempre en una única dirección, desde las tablas de búsqueda a las tablas transaccionales (A menos que se indique lo contrario)

Teniendo en consideración lo anterior, sabremos de antemano que la propagación para el escenario de este capítulo ocurre desde la tabla *Product Datail* a la Tabla *OrderHistoryOfJune2017*.

De hecho, la pequeña flecha que aparece en *Power BI* indica precisamente esto, de que tabla a que tabla ocurre la propagación de filtros.

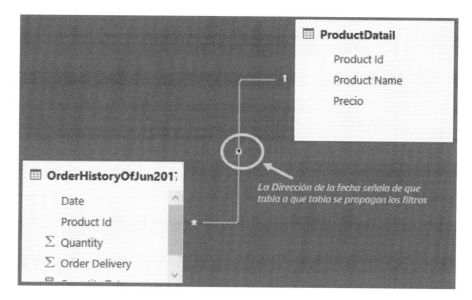

Figura 16. 17 – Dirección de Propagación

¡Advertencia! La dirección de la flecha para Power Pivot de Excel 2013 es en la dirección opuesta a la mostrada en la figura 16.17. Para Power Pivot de Excel 2010, 2016, Power BI y SSAS la dirección de la flecha es como la presentada en la ilustración de la figura 16.7.

– ¿Cómo ocurre la propagación?

Sabemos que el filtro de la tabla de búsqueda es: **Product Datail**[*Product Name*]*="Hamburger"* no afecta directamente a la tabla transaccional, primero porque se ha dicho específicamente que sea para la tabla *Product Datail* y en segundo lugar porque el campo Product Name no existe en la tabla *OrderHistoryOfJune2017*. Entonces, **Lo primero que ocurre** es una correspondencia entre el ítem o los ítems del campo que corresponde al filtro (es decir, **Product Datail**[*Product Name*]*="Hamburger"*) y la clave primaria de la tabla de búsqueda (es decir, **Product Datail**[*ProductID]*)

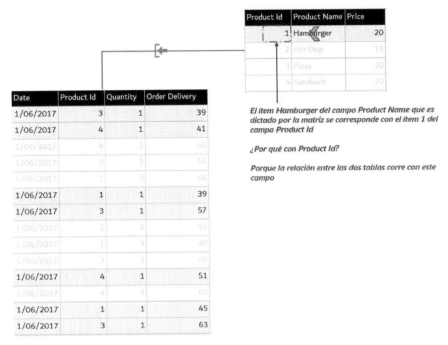

Figura 16. 18 – Propagación en Acción

El elemento se propaga ya que es el que está relacionado con la tabla transaccional.

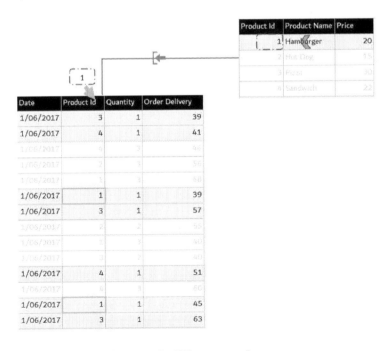

Figura 16. 19 – El Elementos se Propaga

Por lo tanto, el pedacito de tabla que es visible en la tabla transaccional es:

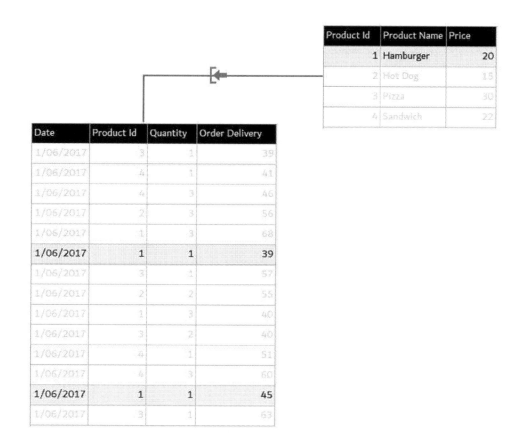

Figura 16. 20 – Pedacitos de Tablas Después de la Propagación

Contexto de Filtro

Ahora podemos dar una definición un poquitico más aproximada del contexto de filtro:

El contexto son los pedacitos de tablas visibles en el modelo de datos que verá la expresión DAX del cálculo personalizado después de la propagación de filtros.

Y ahora si estamos listos para el tercer paso primordial en DAX: Ejecutar expresión DAX

– 3. Ejecutar Expresión DAX

La expresión DAX de la medida se ejecutará hasta ahora, recuérdalo

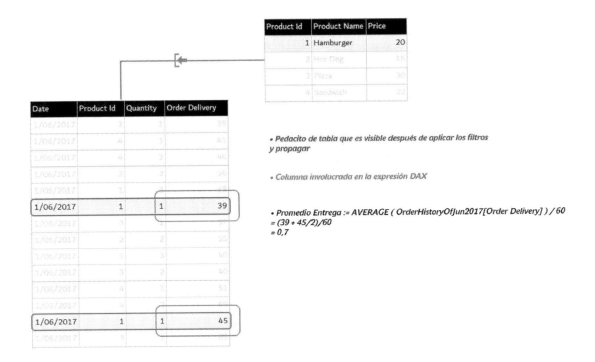

Figura 16. 21 – Ejecución de Expresión DAX Después de la Propagación de Filtros

¡Advertencia! La función ALL ignora el contexto, simplemente no lo tiene en cuenta, ello quiere decir que no lo modifica. Por lo tanto, la propagación ocurre si la expresión DAX tiene una función ALL, esto en lo que deriva es en que otras partes de la expresión seguirán viendo los pedacitos de tablas.

Tres Pasos (Internos) Primordiales en DAX con Propagación

Los tres pasos los podemos actualizar de la siguiente forma para múltiples tablas

1. Identificar Filtros
2. Aplicar filtros *y propagar*
3. Ejecutar Expresión DAX

Fíjate que la propagación va en el segundo paso, antes de la ejecución de la expresión DAX.

Recomendaciones para trabajo con múltiples tablas y Propagación

Entendiendo los fundamentos en contextos, los tres pasos primordiales y la propagación filtros, podemos sacar un par de reglas generales para evitar valores anómalos en nuestras matrices, tablas dinámicas o demás elementos.

- En las áreas de filas y columnas de una matriz utilizar siempre campos de las tablas de dimensión y en el área de valores medidas que tenga su raíz en campos de tablas transaccionales, de esta manera aseguramos que la propagación de filtro sea adecuada y no ve valores inherentes en nuestra matriz.

> **Nota** Es posible habilitar la propagación bidireccional, pero en lo posible evitarlas o reducirlas al máximo posible.

- Si se desea crear medidas que involucren campos de múltiples tablas, la recomendación es que dichos campos sean de tablas transaccionales y que la matriz tenga campos en al área de filas y columnas de una o más tablas de dimensión compartidas por los campos de las tablas transaccionales involucradas en la medida.

CAPÍTULO 17

La Crema y Nata de las Funciones: CALCULATE

Después de completar este capítulo tú sabrás:

- Variación Discreta de Contexto (On/Off)
- Primera Profundización en el Contexto de Filtro
- El ABC de la función CALCULATE
- Las 3 Posibles Condiciones de la Función CALCULATE

"Una función para gobernarlas a todas. Una función para encontrar todas las respuestas, una función para utilizarlas en un mismo lugar y atarlos en un mismo ambiente. La función única, CALCULATE, no es siniestra sino más bien todo lo contrario: el verdadero poder"

Si debíamos encontrar una definición para la función CALCULATE, algo del estilo con la analogía del señor de los anillos era cuando menos apropiada, y es que la función CALCULATE y su prima hermana CALCULATETABLE es la función más importante, más poderosa e inevitable del lenguaje DAX. El motivo recae en que es la única función que puede modificar o actualizar el contexto de filtro, es la única función que permite términos intermedios en contextos, por lo anterior está involucrada prácticamente en el 90% de las expresiones del lenguaje y su vastedad de posibilidades roza el descaro puesto que nos da acceso a una infinidad de aplicaciones.

Cuando se habla de la función CALCULATE nada es desdeñable, pues su entendimiento auténtico demanda de mucho estudio y práctica, no obstante, este capítulo brinda una buena introducción para que la puedas utilizar a un nivel superior a la media.

Anomalías en Medidas de Participación con SUMX y ALL

Bien, en este capítulo retomamos la línea general de archivos **Disproductos**, vale decir, las tablas: *Pedidos, SKUProductos, CategoríaDeProductos, Descuentos*, etc.

En el **Capítulo 15: La Llave para Dominar DAX, Síntesis de contextos**. Vimos cómo crear una medida que arroje el porcentaje de participación o porcentaje del total general, esta medida será vital ahora, por lo que recordar que la hemos llamado: **% Participación** no está demás.

Vamos a crear una matriz que tenga en el *área de filas* el campo *Categoría* de la tabla *CategoríaDeProductos* y el campo *SKU* de la tabla *SKUProductos* también el área de filas, adicionalmente vamos a llevar la medida *% Participación* al área de valores.

Recordar que si no aparece todas las jerarquías en la matriz sólo debemos dar clic en el botón señalado.

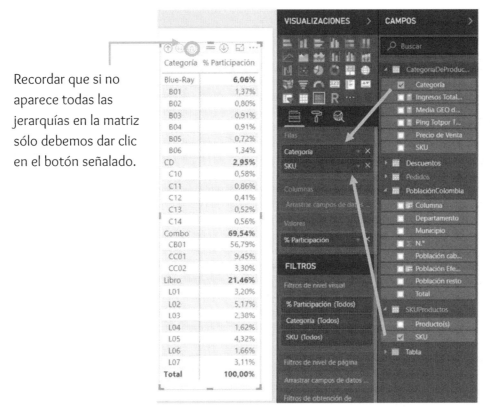

Figura 17. 1 – Matriz con % Participación

Analizando la medida *% Participación* de la matriz anterior podremos notar que todo está correcto, la manera más fácil de identificarlo es observando el Total de la matriz, ya que allí debemos comprobar que el valor sea 100% y en dicho caso se cumple perfectamente. Ahora procedamos a llevar una *segmentación de datos* al *lienzo* de Power BI y arrastrar a su campo la columna *Categoría de Descuento* de tabla *Descuento*.

Nota Todos los detalles acerca del objeto visual *Segmentación de Datos*: Su configuración y trucos de diseño lo puedes estudiar en el capítulo 25.

En la *segmentación de datos* vamos a seleccionar el elemento *Special Day*.

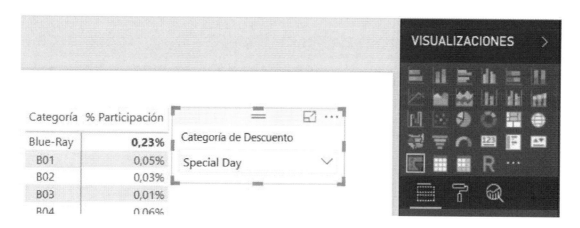

Figura 17. 2 – Segmentación de Datos con Elemento Special Day Seleccionado

Observemos nuevamente la matriz para corroborar si la medida *% Participación* sigue funcionando en todo su esplendor o más bien encontramos alguna incoherencia. Utilicemos el método de mirar el Total de la matriz para ejecutar la comprobación, será más que claro que la medida *% Participación* ya no está funcionando por que el valor del Total no es 100%, es de hecho, un valor muy inferior.

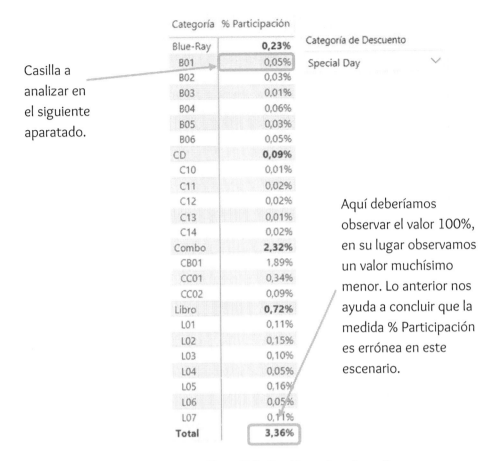

Categoría	% Participación
Blue-Ray	**0,23%**
B01	0,05%
B02	0,03%
B03	0,01%
B04	0,06%
B05	0,03%
B06	0,05%
CD	**0,09%**
C10	0,01%
C11	0,02%
C12	0,02%
C13	0,01%
C14	0,02%
Combo	**2,32%**
CB01	1,89%
CC01	0,34%
CC02	0,09%
Libro	**0,72%**
L01	0,11%
L02	0,15%
L03	0,10%
L04	0,05%
L05	0,16%
L06	0,05%
L07	0,11%
Total	**3,36%**

Categoría de Descuento

Special Day ∨

Casilla a analizar en el siguiente aparatado.

Aquí deberíamos observar el valor 100%, en su lugar observamos un valor muchísimo menor. Lo anterior nos ayuda a concluir que la medida % Participación es errónea en este escenario.

Figura 17. 3 – Total General con Anomalía

Variación Discreta de Contexto

La pregunta que surge naturalmente:

– *¿Por qué la medida se daña con una configuración como la presentada en la figura 17.3 mientras que para la matriz de la figura 17.1 funciona correctamente?*

Para llegar al corazón del asunto debemos enfocarnos en el objeto visual que separa estas dos matrices, esto es, la segmentación de datos con el campo *CategoríaDeDescuento* de la tabla *Descuento*.

Dejemos a la vista la expresión DAX de la medida *% Participación* para que nos ayude a dilucidar lo que está ocurriendo.

```
% Participación =
DIVIDE (
    SUM ( Pedidos[Ingresos] ) ;
    SUMX( ALL ( Pedidos ) ;
        Pedidos[Ingresos] )
    )
```

El numerador de la expresión DAX:

SUM (Pedidos[Ingresos])

No tiene nada extraño y además sabremos que funciona adecuadamente, analizando en termino de los 3 pasos primordiales en contextos:

Nota Estaremos analizando la expresión DAX de la medida *% Participación* en el escenario de la matriz de la figura 17.3 y la casilla remarcada en la misma figura.

– 1. *Identificar Filtros*

- CategoríaDeProductos[Categoría] = *"Blue-Ray"*
- SKUProductos{SKU] = *"B01"*
- Descuento[Categoría de Descuento] = *"Special Day"*

– 2. Aplicar Filtros y Propagar

Aquí sabremos que la tabla transaccional *Pedidos* quedará restringida en su visibilidad para la expresión DAX de acuerdo con los filtros anteriores y la propagación, a saber, la tabla Pedidos quedará visible únicamente para Special Day, B01 y Blue-Ray.

 Nota Es importante tener un conocimiento pleno y consiente del capítulo 16, sino es importante estudiarlo y repasarlo ahora mismo.

– 3. Ejecutar Expresión DAX

Quiere decir que la expresión *(Para la casilla encerrada en la figura 17.3)*: SUM (Pedidos[Ingresos]) corresponde al total de ingresos para la categoría de producto Blue-Ray, la categoría de descuento Special Day y el SKU B01. Esto lo que quiere decir es que esta parte de la expresión DAX está teniendo en cuenta los 3 filtros.

El Denominador de la expresión DAX:

SUMX (ALL (Pedidos) ; Pedidos [Ingresos])

– 1. Identificar Filtros

- CategoríaDeProductos[Categoría] = *"Blue-Ray"*
- SKUProductos{SKU] = *"B01"*
- Descuento[Categoría de Descuento] = *"Special Day"*

– 2. Aplicar Filtros y Propagar

En este punto debemos mirar con un poco más de cuidado el primer argumento de la función SUMX, que corresponde a: ALL (Pedidos)

Recapitulando: La función ALL en su primera faceta recibe una tabla y la retorna ignorando el contexto de filtro.

Lo anterior se traduce que devuelve la tabla completa sin ningún filtro para ningún campo, independientemente de si es un filtro dictado por una matriz, segmentación de datos o cualquier objeto visual, devuelve la tabla Pedidos completica.

> **Nota** No olvidar que la aplicación de filtros y la propagación si ocurre, sin embargo, ALL ignora el contexto.

– 3. Ejecutar Expresión DAX

La función SUMX va a iterar en la tabla *Pedidos* completa, pero en realidad lo que se quiere buscar es que siga teniendo en cuenta el filtro de la *segmentación de datos*:

- Descuento[Categoría de Descuento] = *"Special Day"*

Pero a su vez ignore los filtros de la matriz:

- CategoríaDeProductos[Categoría] = *"Blue-Ray"*
- SKUProductos{SKU] = *"B01"*

Para el caso de la medida *% Participación* esto no sucede, porque hasta el momento solo contamos con dos posibilidades extremas para el contexto:

Variación Discreta de Contexto El contexto de filtro lo podemos trabajar en dos estados: el primera tenerlo en cuenta en su totalidad (*con todos los filtros de los diversos objetos visuales sean matrices, segmentación de datos u otros*) y la otra ignorar el contexto de filtro por completo

En otras palabras, es on/off, todo o nada, dos estados discretos 0 o 1. Por lo anterior decimos que el contexto es discreto porque solo toma dos estados.

La premisa aquí presentada es parcialmente cierta, ya que tener estados intermedios del contexto sí que es posible, es más, deriva en algo muy importante: la modificación del contexto de filtro.

La variación discreta de contexto se presenta para una y cada una de las funciones que existen en el lenguaje DAX, es decir, o la función tiene en cuenta el contexto (On) o la función no tiene el contexto (off). Como hemos dichos, dos estados discretos 1 y 0. 1 para decir que si lo tiene en cuenta (*por aquello de que el 1 es booleano significa verdadero*) y 0 para decir que no lo tiene en cuenta (*por aquello de que el 0 en booleano es falso*)

– Ejemplos:

- FILTER: lo tiene en cuenta

- ALL: No lo tiene en cuenta

- SUMX: Lo tiene en cuenta

Sin embargo, y esto es clave: *en el lenguaje DAX existe una función y solo una función* que permite estados intermedios, es otras palabras, *que puede tener en cuenta ciertos filtros e ignorar otros e incluso agregar nuevos*, esto *se conoce como la actualización o modificación del contexto de filtro.*

Nota La única función que puede modificar, actualizar el contexto de filtro es la función CALCULATE (Y su secuaz CALCULATETABLE).

Primera Profundización en el Contexto de Filtro

Antes de continuar con la función CALCULATE es obligatorio entender que significa actualizar el contexto de filtro para ello hay que indagar un poco más acerca de los contextos.

Repasemos la definición de contexto que tenemos hasta ahora:

Contexto de Filtro

El contexto son los pedacitos de tablas visibles en el modelo de datos que verá la expresión DAX del cálculo personalizado* después de la propagación de filtros.

*Cálculo Personalizado: Medidas, Columna Calculada y Tabla Calculada

Debemos ser tajantes: La definición de contexto de filtro actual es bastante ingenua, si bien es una aproximación para la parte introductoria de DAX con una validez propia no deja de ser una aproximación burda de lo que es el contexto.

Para investigar un poco más acerca del contexto es necesario aterrizar un concepto.

Listas (Filtros) en el Ambiente de Contextos

–¿Qué es un filtro?

Un filtro es un conjunto activo de valores y cada filtro se aplica a una única columna en el modelo de datos actual.

En este punto vamos a utilizar las tablas simplificadas del **Capítulo 16: Propagación de Filtros al Desnudo**, en particular, el resultado después de toda la propagación.

 Nota Si has llegado hasta aquí sin interiorizar el capítulo 16 o te los has saltado, es recomendable hacer una pausa activa y estudiarlo con lujo de detalle antes de continuar.

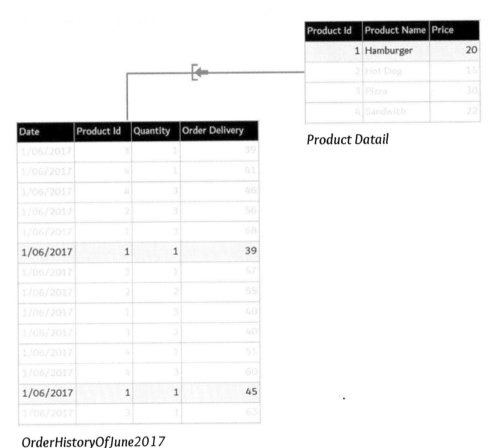

Product Datail

OrderHistoryOfJune2017

Figura 17. 4 – Tablas para Estudio Simplificado (No Es Disproductos)

El filtro o lista de valores activos para la columna *Product Name* de la tabla Product Datail sería: *Hamburger*, mientras que para la columna OrderHistoryOfJune2017 serían: 39 y 49.

He aquí la las listas de cada una de las columnas:

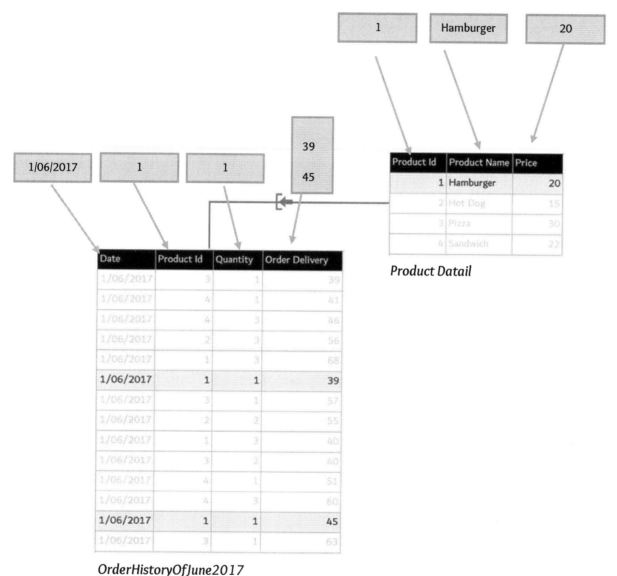

OrderHistoryOfJune2017

Product Datail

Figura 17. 5 - Listas

Nótese que se habla del conjunto activo de valores, esto quiere decir, que son los elementos únicos visibles, por lo tanto, hablamos de filtros en el contexto de filtro después del paso dos (aplicar y propagar) en los tres pasos primordiales en contextos y DAX.

Significado de Modificar el Contexto de Filtro

Entendiendo que un filtro es la lista de valores activos podemos revelar que significa modificar el contexto de filtro.

Modificar Contexto de Filtro

Para modificar o actualizar el contexto de filtro debemos proveer una lista de nuevos valores para una o varias columnas filtradas (después del paso dos) en el modelo de datos.

Gráficamente el significado de modificar el contexto de filtro.

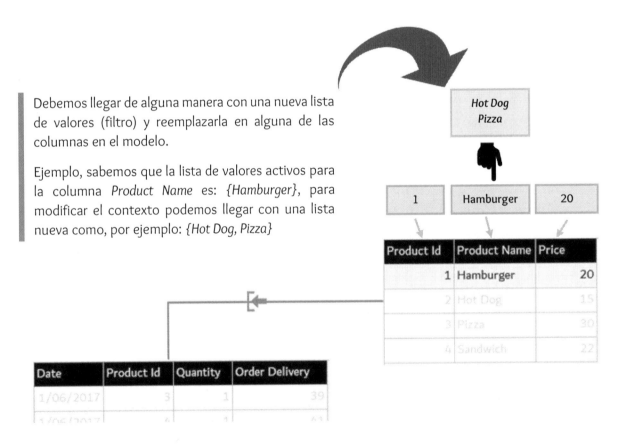

Debemos llegar de alguna manera con una nueva lista de valores (filtro) y reemplazarla en alguna de las columnas en el modelo.

Ejemplo, sabemos que la lista de valores activos para la columna *Product Name* es: *{Hamburger}*, para modificar el contexto podemos llegar con una lista nueva como, por ejemplo: *{Hot Dog, Pizza}*

Figura 17. 6 – Representación Gráfica de Nueva Lista en Contexto de Filtro

Hasta el momento no sabemos cómo generar esas nuevas listas, pero sí que conocemos el significado de modificar el contexto de filtro.

Contexto de Filtro una Definición más Aproximada

Ya que conocemos lo qué es un filtro, podemos dar una definición más próxima al contexto de filtro; la definición que presentamos ahora sigue siendo una aproximación, más cercana pero aproximada en todo caso, a pesar de ello, ya con esto podemos estudiar una gran cantidad de funciones y aspectos del lenguaje DAX bastante robustas.

Contexto de Filtro

El Contexto de Filtro es un conjunto de tablas, cada columna de las diversas tablas lista todos los valores los cuales el motor interno de DAX considera visible en el modelo de datos actual, cada uno de los filtros operan en conjunto (Conjunción lógica -Y-) y forman el contexto de filtro.

Nota No es objeto de este libro estudiar DAX y contextos y sus temáticas relacionadas. Sin embargo, nosotros los autores brindamos el ***Curso en Vídeo: Máster en DAX y Power Pivot*** donde puedes profundizar en estos temas.

El ABC de la Función CALCULATE

La crema y nata de las funciones es CALCULATE por el simple hecho de que es la única función que puede modificar el contexto de filtro, esto ya lo hemos mencionando y hemos dicho que su secuaz CALCULATETABLE también puede modificar el contexto de filtro. En realidad, CALCULATE y CALCULATETABLE crean un nuevo contexto de filtro y luego evalúa su expresión en el nuevo contexto.

Sintaxis de la Función CALCULATE

= CALCULATE (<Expresión Escalar>; [<Lista 1>]; [<Lista 2>]; [<Lista 3>]; ...)

- **Expresión:** Una expresión de tipo escalar a ser evaluada en el contexto modificado, puede ser algo tan sencillo como: SUM o expresiones más complejas como de iteración con sufijo X o incluso funciones anidadas. Ejemplos:
  - SUM (Pedidos[Ingresos])
  - AVERAGEX (Pedidos; Pedidos[Costo Empaque]+Pedidos[Costo del Producto])
  - ROUNDUP (SUM (Pedidos[Ingresos]))
- **Lista 1:** Una lista de valores exacta en forma de expresión tabular que se desea ver en el nuevo contexto.

> **Nota** Nótese que del segundo argumento en adelante de la función CALUCLATE recibe la lista de nuevos valores para modificar el contexto de filtro.

El número de argumentos de la función CALCULATE es indefinidos, a saber, podemos proporcionamos n lista de valores en sus argumentos, esto se hace a partir del segundo argumento. ***Del segundo argumento de adelante se les conoce como Argumentos de Filtro.***

> **Nota** Vease que el único argumento obligatorio de la función CALCULATE es el primero, aunque pueda parecer que la función CALCULATE sin argumentos de filtros carezca de sentido, la verdad es que CALCULATE con solo su primer argumento ejecuta una operación llamada transición de contexto (*Por fuera del alcance de tema del presente libro*).

Procedimiento Interno de la Función CALCULATE

El funcionamiento interno de la función CALCULATE es crítico para sacarle máximo provecho y entender todas las fórmulas que andan rodando por la web, para ello, lo primero es tener claro que el procedimiento interno se ejecuta respetando los tres pasos primordiales en contexto, dicho de otro modo, si la expresión DAX tiene una o más funciones CALCULATE, estas se van a ejecutar igualmente en el paso tres: ejecutar expresión DAX.

– Procedimiento:

- Toma el contexto de filtro actual *(el producido por los pasos 1 y 2 de los tres pasos primordiales)* y hace una copia en un nuevo contexto de filtro

- Evalúa cada argumento de filtro *(del segundo en adelante)* y genera para cada argumento una lista de valores válidos para la columna especifica que reemplazará o alterará la lista actual

- Si dos o más argumentos de filtros afectan a la misma columna, estas se combinan en una conjunción lógica (La intersección u operación Y). Ejemplos:
  - Si una lista arroja: {"Argentina"} y otra arroja: {"Colombia"} entonces la intersección de las dos es vacía, ya que ninguno de los dos conjuntos comparte elementos.
  - Si una lista arroja: {"B01"; "B02"; "CBO1"; "L07"; "L02"} y otra lista arroja {"D01"; "L07"; "B02"} la lista final válida sería: {"L07"; "B02"}. ***Estos casos son supremamente extraños.***

- Si una columna tiene un filtro, el nuevo filtro *(la nueva lista de valores válidos generados por argumento de CALCULATE)* lo reemplaza, sino lo tiene lo aplica

- Una vez el contexto es evaluado la función CALCULATE ejecuta la expresión DAX en el nuevo contexto (***Nótese que el primer argumento de CALCULATE es el último en*** *ejecutarse, por eso se ejecuta en el contexto modificado).* Al final se reinicia al contexto original.

¡Advertencia! En este capítulo utilizamos los corchetes {} para representar la lista de elementos de una columna producida por una expresión tabular, por ejemplo, si indicamos: {"Chile"; "Perú"; "Uruguay"} estamos señalando que una expresión tabular DAX arroja como resultados los elementos: "Chile", "Perú" y "Uruguay" del campo País.

Se debe tener presente y no confundir que esta notación no tiene nada que ver con la notación para crear listas en el lenguaje M.

Las listas en el lenguaje M siguen una notación del estilo {1,2,3,4,5} y representan una secuencia ordenada de valores primitivos o estructurados y cada valor se separa por coma (,)

Las listas en este capítulo representan el conjunto de los valores activos de una columna, esta columna es expresión tabular que sólo devuelve una columna como resultado. Por cuestiones pedagógicas representamos estas listas también con {} pero separadas por punto y como (;)

Pata mayor detalle acerca de las listas en preparación de datos y el lenguaje M puedes referirte al *Capítulo 8: Introducción al Lenguaje M*.

La Máscara para Condición Booleana

Volemos a Disproductos.

Creemos una matriz con el campo *País* de la tabla *Pedidos* en el área de filas y la *medida Ingresos Totales* en el área de valores.

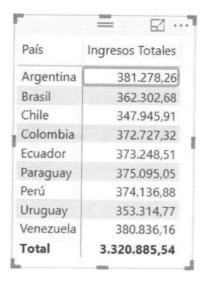

Figura 17. 7 – Matriz con País y Medida Ingresos Totales

La misión que queremos cumplir ahora es crear una medida que nos devuelva los ingresos totales pero que siempre tenga en cuenta el SKU *L07*, en otras palabras, independientemente de la configuración de la matriz que la medida calcule los ingresos para el SKU = *L07*.

Vamos a llevar el paso a paso para conseguir la meta analizando la casilla correspondiente a Argentina. Los tres pasos primordiales en DAX con la medida *Ingresos Totales*.

– 1. Identificar Filtros

- Pedidos[País] = "Argentina"

– 2. Aplicar Filtros y Propagar

El único filtro que se aplica es del país, por lo tanto, la tabla *Pedidos* únicamente queda visible para aquellos registros donde el país es Argentina.

– 3. Ejecutar Expresión DAX Filtros: =SUM (Pedidos[Ingresos])

Como ya intuimos la medida *Ingresos Totales* no cumple con el requerimiento de que sea únicamente para los SKU = L07, por lo tanto, debemos añadir ese filtro de alguna manera sin que provenga de una matriz, segmentación de datos o cualquier otro objeto visual.

Como con las funciones ALL, FILTER y demás es todo o nada, o se tiene consideración el contexto o no, entonces no vale la pena hacer uso de ellas. Lo que vemos es que al contexto actual debemos añadirle un filtro adicional (SKU = L07) sabremos que nuestra búsqueda se debe enfocar con la función CALCULATE que es la única que puede modificar el contexto de filtro.

=CALCULATE (SUM (Pedidos[Ingresos]) ; _____)

Lo que queremos conseguir en el argumento subrayado es una lista que retorne: L07 para el SKU y así afecta a la columna en el contexto actual. Recordemos que la lista exacta se debe generar como una expresión Tabular.

Una posible expresión:

```
=
FILTER ( Pedidos ; Pedidos[SKU] = "L07" )
```

La fórmula anterior no brinda el resultado deseado por el simple hecho de que está arrojando una tabla completa *(Como veremos más adelante proporcionar una tabla en los argumentos de filtros también es válido, pero de momento estamos enfocados en la lista)*. Lo que se desea de la expresión tabular es una tabla con una única columna y que en ella únicamente tenga el elemento L07 de la columna SKU, para que eso suceda podemos iterar en la columna SKU y la manera de conseguirlo es con la función ALL (*Recordemos que ALL en su segunda faceta devuelve la lista de valores únicos ignorado el contexto*)

– ALL (*Pedidos[SKU]*) *devolvería:*

SKU
CB01
CC01
L01
CC02
L02
B06
L03
L07
L05
C10
L06
L04
B04
B01
B02
B05
C13
C12
C14
C11
B03

Figura 17.8 – ALL (Pedidos[SKU])

Una única columna era un primer paso para generar la lista, ahora podemos utilizar la fórmula ALL (Pedidos[SKU]) en el primer argumento de la función FILTER para iterar y extraer el SKU L07.

```
=
FILTER (
    ALL ( Pedidos[SKU] ) ;
    Pedidos[SKU] = "L07"
)
```

Figura 17. 9 - Lista de Valores Válidos

Ya tenemos los elementos para crear la expresión DAX encomendada, nombremos a esta medida como: *IngresosL07*.

```
=
CALCULATE (
    [Ingresos Totales];
    FILTER ( ALL ( Pedidos[SKU] ); Pedidos[SKU] = "L07" )
)
```

El resultado en la matriz:

País	Ingresos Totales	Ingresos L07
Argentina	381.278,26	11.897,46
Brasil	362.302,68	12.516,96
Chile	347.945,91	10.700,14
Colombia	372.727,32	10.448,17
Ecuador	373.248,51	11.522,35
Paraguay	375.095,05	9.408,09
Perú	374.136,88	13.704,81
Uruguay	353.314,77	12.189,21
Venezuela	380.836,16	10.925,58
Total	**3.320.885,54**	**103.312,77**

Figura 17. 10 – Matriz y Medida Ingresos L07

Sigamos los tres pasos primordiales en DAX para la casilla correspondiente al país Argentina y la medida *Ingresos L07*.

– 1. Identificar Filtros

▪ Pedidos[País] = "Argentina"

– 2. Aplicar Filtros y Propagar

El único filtro que se aplica es el de país, por lo tanto, la tabla *Pedidos* sólo queda visible para aquellas filas donde el país es igual a Argentina.

– 3. Ejecutar Expresión DAX Filtros

CALCULATE ([Ingresos Totales]; FILTER (ALL (Pedidos[SKU]); Pedidos[SKU] = "L07"))

Procedimiento Interno de CALCULATE

✓ *Copia Contexto*: Pedidos con filtro de país Argentina
✓ *Evalúa cada argumento de filtro y genera lista:*
  ○ ‹Lista1› ⇒ FILTER (ALL (Pedidos[SKU]); Pedidos[SKU] = "L07") ⇒ {"L07"}
✓ Filtros existentes
  ○ Pedidos[País] = *"Argentina"*
✓ Nuevo Filtro
  ○ Pedidos[SKU] = *"L07"*
✓ Contexto de filtro actualizado
  ○ Pedidos[País] = *"Argentina"*
  ○ Pedidos[SKU] = *"L07"*

El nuevo contexto de filtro es la tabla Pedidos actualizada donde tendrá en cuenta únicamente aquellas filas para el país Argentina y el SKU L07

✓ *Ejecutar Expresión DAX (Primer argumento de CALCULATE) en el nuevo contexto de filtro:*

   Pedidos con filtro de país Argentina: [Ingresos Totales] => SUM (Pedidos[Ingresos})

✓ *Reiniciar Contexto al Original*

Puede parecer una explicación compleja a una tarea sencilla, por lo que simplemente era agregar otro filtro a una columna, sin embargo, los argumentos de filtro de CALCULATE en conjunción con otras funciones nos van a permitir modificar el contexto de filtro para hacer tareas de mucha más complejidad. No obstante, el escenario anterior, es decir, agregar un filtro a una columna es una tarea tan común que Microsoft se dio cuenta de ello desde el principio por lo que creo un atajo mediante una máscara para una utilización más rápida y acortada.

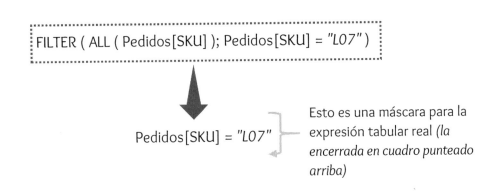

FILTER (ALL (Pedidos[SKU]); Pedidos[SKU] = "L07")

Pedidos[SKU] = "L07"

Esto es una máscara para la expresión tabular real *(la encerrada en cuadro punteado arriba)*

Este resumen, esta máscara para añadir un filtro adicional a una expresión DAX sin necesidad de pensar en la expresión tabular que arroje los valores exactos para cambiar el filtro existente se le ha denominado como: Condición booleana.

¡Advertencia! Internamente la condición booleana se transforma en la expresión tabular. Muchas personas aprenden CALCULATE con la condición booleana e ignorando por completo la explicación por lista de, por eso al ver algo de estilo: CALCULTAE ([Medida], VALUES(Pedidos[Tipo Compra])) se pierden.

Con la condición booleana clara, solicitudes del estilo: *una medida que devuelve el promedio de ingresos para la categoría de descuento igual a Non* es sencilla:

```
=
CALCULATE (
    AVERAGE ( Pedidos[Ingresos] ) ;
    Pedidos[Categoría de Descuento]="Non"
    )
```

Ahora bien, como sabemos que los argumentos de filtro funcionan como un Y lógico podemos responder solicitudes también del tipo: *La mediana de ingresos para la categoría de descuento Non y el SKU igual a CB01.*

```
=
CALCULATE(
    MEDIAN ( Pedidos[Ingresos] ) ;
    Pedidos[Categoría de Descuento]="Non" ;
    Pedidos[SKU]="CB01"
    )
```

No podemos repetir la advertencia lo suficiente: las condiciones booleanas son un atajo para no tener que redactar toda la expresión tabular que proporcione la lista de elementos válidos y nuevos para el contexto de filtro, en efecto, si necesitamos una medida en la cual se deba aplicar un elemento A de una columna o un elemento B de otra columna ya no podremos utilizar la máscara de condición booleana *(Aquí debemos puntualizar dos opciones, más adelante lo hacemos, de momento vamos a tomar el caso de un elemento A o B de una misma columna).*

– Ejemplo:

Crear una medida que al agregar a la matriz de la figura 17.10 devuelva los ingresos para el SKU L02 o L07.

Nuestro amigo y lector debería poder deducir porque la siguiente expresión no es correcta:

```
=
CALCULATE (
        SUM ( Pedidos[Ingresos] ) ;
        Pedidos[SKU]="L02";
        Pedidos[SKU]="L07"
)
```

Si repasamos el tercer paso del procedimiento interno de CALCULATE encontraremos que: si dos o más argumentos de filtros afectan la misma columna, estas se combinan en la intersección de los dos conjuntos.

Con lo anterior tendríamos:

Pedidos[SKU] = *"L02"* => FILTER (ALL (Pedidos[SKU]); Pedidos[SKU] = *"L02"*) => {"L02"}

Pedidos[SKU] = *"L07"* => FILTER (ALL (Pedidos[SKU]); Pedidos[SKU] = *"L07"*) => {"L07"}

Como están en argumentos de filtros diferentes en la función CALCULATE entonces toma los dos conjuntos y hace la intersección, así: {"L02"} ∩ {"L07"} = {∅} por lo anterior no habría ningún elemento en común devolviendo una lista vacía, esto quiere decir que para el campo SKU no habría ningún elemento retornando una tabla vacía para el contexto de filtro.

Nuestro objetivo sería encontrar una expresión tabular que retorne una lista con los siguientes elementos: {"L02"; "L07"}, para conseguirlo no es nada complicado con lo que ya sabemos:

```
=
FILTER (
    ALL ( Pedidos[SKU] ) ;
    Pedidos[SKU] = "L02" || Pedidos[SKU] = "L07"
)
```

Otra alternativa se puede presentar con la función OR

```
=
FILTER (
    ALL ( Pedidos[SKU] ) ;
    OR ( Pedidos[SKU] = "L02"; Pedidos[SKU] = "L07" )
)
```

E incluso tenemos otra vertiente adicional gracias al operador IN, de hecho, vale la pena detenernos unos segundos a estudiar este operador.

El Operador IN

El operador IN simplifica la comprobación de varios O lógicos, o desde otra perspectiva, chequea si uno dos o más elementos están en una lista proporcionada al operador IN.

Nota El operador IN está disponible desde la versión de noviembre del 2016 de Power BI y desde la actualización de Excel del mes de febrero del 2017, para SSAS estará disponible en futuras versiones sin duda.

La mejor manera de comprender el operador IN es con ejemplos, tomemos lo siguientes OR anidados.

```
OR ( Pedidos[SKU] = "L01" ;

    OR ( Pedidos[SKU] = "L02" ;

        OR ( Pedidos[SKU] = "L03"; Pedidos[SKU] = "L04" )

        )

    )
```

Lo podemos resumir:

```
Pedidos[SKU] IN { "L01" ; "L02"; "L03"; "L04" }
```

– Operador IN con múltiples columnas:

Otra gran ventaja subyace en que el operador IN no sólo puede hacer comprobaciones de listas en una misma columna, sino que también puede hacer comprobaciones de múltiples columnas, cada una con su respectiva lista, entenderlo es mucho más sencillo con un ejemplo que describirlo en palabras, así que vamos a ello:

```
( Pedidos[SKU] ; Pedidos[País] )
    IN {
    ( "L01"; "Colombia" );
    ( "L02"; "Brasil" )
    }
```

Condiciones Booleanas con Disyunción Lógica

Conociendo el operador IN podemos presentar la alternativa tres:

```
=
FILTER (
    ALL ( Pedidos[SKU] ) ;
    Pedidos[SKU] IN { "L02" ; "L07" )
)
```

Recordemos el planteamiento del apartado anterior: *Crear una medida que al agregar a la matriz de la figura 17.10 devuelva los ingresos para el SKU igual a L02 o L07.*

Presentamos 3 alternativas:

- Con el operador de disyunción lógica (| |)
- Con la función OR
- Con el operador IN

Con todos los elementos que tenemos hasta este punto, ya podemos presentar la solución a la medida con cualquiera de las tres vertientes de disyunción lógica:

```
=
CALCULATE (
    [Ingresos Totales];
    FILTER ( ALL ( Pedidos[SKU] ); Pedidos[SKU] IN {"L02"; "L07"} )
)
```

Aquí debemos puntualizar algo bien importante e involucrar la condición booleana o el atajo o máscara como nos gusta llamarlo:

- Si necesitamos una medida en la cual se deba aplicar un elemento A de una columna o un elemento B una misma columna *podemos utilizar la condición booleana.*
- Si necesitamos una medida en la cual se deba aplicar un elemento A de una columna o un elemento B otra columna *debemos escribir la expresión tabular explícita*

Lo anterior nos dejar ver que la expresión DAX a la hora del té la podíamos escribir de manera simplificada así:

```
=
CALCULATE (
    [Ingresos Totales];
    Pedidos[SKU] = "L02" || Pedidos[SKU] = "L07"
)
```

Pero si nos piden: *Una medida que devuelva los ingresos para SKU igual a L02 o el tipo de compra igual a Devolución*, sabremos que inexorablemente debemos escribir la expresión tabular para el argumento de filtro de la función CALCULATE de forma explícita.

De hecho, si intentamos la forma booleana para columnas distintas. Así:

```
=
CALCULATE (
SUM ( Pedidos[Ingresos] ) ;
Pedidos[SKU]="L02" || Pedidos[Tipo Compra]="Devolución"
)
```

La interfaz nos devolverá un error inevitable, que dice de la siguiente manera:

 La expresión contiene varias columnas, pero en una expresión True/False que se usa como expresión de filtro de tabla solo puede utilizarse una columna.

Por lo tanto, no hay otra opción cuando es un O lógico con columnas diferentes que escribir la expresión tabular completica y 100% explícita. ***En este caso toca iterar en la tabla Pedidos completa dado que si dejamos sólo una columna devolverá un error.***

```
=
CALCULATE (
    [Ingresos Totales];
    FILTER ( Pedidos ;
        Pedidos[SKU]="L02" || Pedidos[Tipo Compra]="Devolución"
        )
    )
```

Casos de Condiciones Booleanas para CALCULATE

Hagamos un sumario de los casos de condiciones booleanas.

* Si necesitamos aplicar un único filtro a una columna específica, ejemplo, que únicamente se tenga en cuenta el país Colombia, entonces podemos utilizar la condición booleana:

    o Pedidos[País]= "Colombia"

* Si necesitamos un O lógico podemos utilizarlo en un mismo argumento de CALCULATE de la siguiente manera:

    o Pedidos[País]= "Colombia" || Pedidos[País]= "Chile"

    o Pedidos[País]= "Colombia" || Pedidos[País]= "Chile" || Pedidos[País]= "Brasil"

* Si necesitamos un O lógico pero aplicado a diferentes columnas no hay condición booleana que valga, ya es necesario escribir la expresión tabular de manera explícita.

Las 3 Posibles Condiciones de CALCULATE

Hemos visto la sintaxis de la función CALCULATE de la siguiente manera:

= CALCULATE (<Expresión Escalar>; [<Lista 1>]; [<Lista 2>]; [<Lista 3>]; ...)

Pero en realidad esa es una de las 3 condiciones posibles para los argumentos de filtros, las condiciones son:

* [<Condición Booleana>]
* [<Lista>]
* [<Tabla>]

Es de nuestro conocimiento que:

[**<Lista>**]: Una lista de valores exacta en forma de expresión tabular que se desea ver en el nuevo contexto

[**<Condición Booleana>**]: Es un atajo o máscara para una lista que va a generar un filtro una columna especifica.

Condición en Forma de Tabla

En los argumentos de filtros de la función CALCULATE también podemos decirle la tabla tal cual como queremos que quede.

Este es el caso de la expresión:

```
=
CALCULATE (
    [Ingresos Totales];
    FILTER ( Pedidos ;
        Pedidos[SKU]="L02" || Pedidos[Tipo Compra]="Devolución"
    )
)
```

Observemos que el argumento de filtro no devuelve una sola columna sino la tabla *Pedidos* completa restringida para *L02* y *Devolución* más la restricción del contexto de fila original. **Ojo:** *con las restricciones del contexto de filtro original*, esto quiere decir que si la tabla *Pedidos* viene con una restricción de país lo va a tener en cuenta, para aclararlo, si tomamos la casilla resaltada en la figura 17.10 (únicamente la casilla) sabremos que el contexto de filtro tendría una restricción de país con el elemento Argentina, pues bien esa restricción será tenida en cuenta en la medida anterior, dado que si observamos el primer argumento de FILTER no hay ninguna función para ignorar el contexto, por lo tanto, lo tiene en consideración.

Con la condición de tabla clara solicitudes del estilo: *Crear una medida que devuelva los ingresos de alta rentabilidad*, estos es la suma de los ingresos, pero solamente si los ingresos de la transacción fueron estrictamente mayores al doble del costo total.

```
=
CALCULATE( [Ingresos Totales];
        FILTER ( Pedidos ;
        Pedidos[Ingresos]>
        2* ( Pedidos[Costo de Envio] +
                Pedidos[Costo del Producto] +
                Pedidos[Costo Empaque]
                )
            )
        )
```

> **Nota** También es perfectamente válido dividir por dos las columnas Pedidos[Ingresos] y dejar la suma de los costos, lo vital de la medida es observar cómo estamos devolviendo la tabla *Pedidos* completa en el argumento de filtro de la función CALCULATE.

Solución % Participación

Ya tenemos las herramientas necesarias para crear la medida que devuelva el *% Participación* de la figura 17.3 correctamente:

```
=
DIVIDE (
    [Ingresos Totales];
    CALCULATE (
        [Ingresos Totales];
        ALL ( CategoriaDeProductos );
        ALL ( SKUProductos )
    )
)
```

Nótese que los argumentos de filtros devuelven tablas, en el caso del primer argumento de filtro retorna la tabla *CategoriaDeProductos* "completica" dado que está encerrado en un ALL, lo mismo sucederá para la tabla *SKUProductos*, como se encuentra dentro de la función ALL quitará todos los filtros asociados a la tabla retornándola completa.

ALL (CategoriaDeProductos) => Toda la tabla CategoriaDeProductos sin ningún filtro

ALL (SKUProductos) => Toda la tabla SKUProductos

Por propagación de filtros la tabla *Pedidos* tendrá en cuenta todos los SKU y todas las categorías de productos, sin embargo, mantendrá el filtro de categoría de descuento.

La ilustración de la figura a continuación presenta el resultado en la matriz y la expresión DAX en la barra de fórmulas.

```
% Participación =
DIVIDE (
        [Ingresos Totales]; CALCULATE([Ingresos Totales]; ALL(CategoriaDeProductos);ALL(SKUProductos)))
```

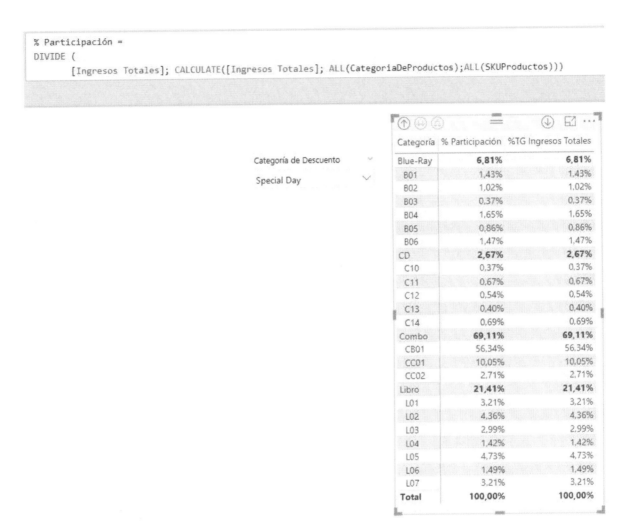

Figura 17. 11 – Medida % Participación Corregida

CAPÍTULO 18

Indicadores y Métricas de Razones y Proporciones

Después de completar este capítulo tú sabrás:

- Medidas de Participación
- Función ALLSELECTED
- Porcentaje del total general

Con un dominio y comprensión del lenguaje DAX avanzado; todas sus fórmulas, contextos, funcionamiento interno, etc. Podemos crear cualquier tipo de aplicación para el área del conocimiento que nos desempeñemos, llámese: financiera, contable, inventarios, servicio al cliente, ingeniería, producción, calidad, estudio del trabajo, etc.

A lo que queremos llegar es como su nombre lo indica, DAX es un lenguaje para el análisis de datos, con lo que prácticamente podemos crear cualquier cosa que nos imaginemos con el conocimiento adecuado, sin embargo, para llegar a ello debemos pasar por el ABC y entre eso se encuentra las aplicaciones más sencillas y ampliamente extendidas, en otras palabras, todo lo que tiene que ver participación, razones o porcentajes

En ese capítulo estudiaremos las medidas de participación para dejarlas lo más flexible posible, desde el porcentaje del total general pasando por la medida correspondiente al porcentaje del total de columnas y el porcentaje del total de filas.

% Participación Dinámica

La medida de porcentaje de participación estudiada hasta este punto aún no cumple con todo el dinamismo necesario, de hecho, si agregamos una segmentación de datos en la cual agregamos la columna *SKU* de la tabla *SKUProductos* a su campo y seleccionamos los elementos: B01, B02, C02, CB01, L04, L05 y L06 obtendremos el resultado de la matriz presentada en la figura siguiente:

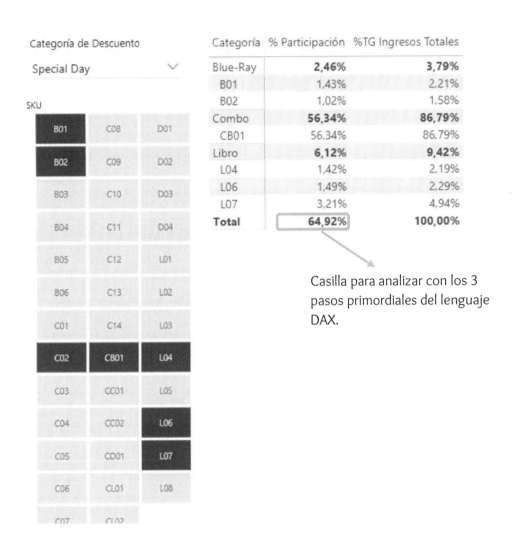

Casilla para analizar con los 3 pasos primordiales del lenguaje DAX.

Figura 17. 12 – Matriz con SKU en área de filas y en segmentación de datos

Pero al mirar el total de archivos nos encontraremos a que la medida nuevamente a fallado por el simple hecho de que no da 100%.

– 1. Identificar Filtros

* SKUProductos[SKU] = { "B01"; "B02"; "C02"; "CB01"; "L04"; "L05"; "L06"; "L07" }
* Descuentos[Categoría de Descuento] = "Special Day"

– 2. Aplicar Filtros y Propagar

Se aplican los elementos del campo SKU de la tabla SKUProductos y el filtro de Special Day de la tabla Descuento, por propagación de filtros la tabla *Pedidos* sólo queda visible para aquellas filas donde los SKU son { "B01"; "B02"; "C02"; "CB01"; "L04"; "L05"; "L06"; "L07" } y el descuento es Special Day.

– 3. Ejecutar Expresión DAX Filtros

```
= DIVIDE (
    [Ingresos Totales];
    CALCULATE (
        [Ingresos Totales];
        ALL ( CategoriaDeProductos );
        ALL ( SKUProductos )
    )
```

Para el numerador [Ingresos Totales]

[Ingresos Totales] = SUM (Pedidos[Ingresos]) = Ingresos totales pero sólo para los SKU: "B01"; "B02"; "C02"; "CB01"; "L04"; "L05"; "L06"; "L07" y el descuento igual a Special Day.

Para el denominador, Procedimiento Interno de CALCULATE

✓ *Copia Contexto: Pedidos* con filtros de SKU: "B01", "B02", "C02", "CB01", "L04", "L05", "L06", "L07" y Categoría de descuento "Special Day"

✓ *Evalúa cada argumento de filtro y genera lista o tabla completa:*

  o `<Tabla1>` => ALL (CategoriaDeProductos) => Devuelve toda la tabla a la normalidad

  o `<Tabla2>` => ALL (SKUProductos) => Devuelve toda la tabla a la normalidad

  o Se debe destacar que propagación de filtros la tabla Pedidos también vuelve a la normalidad, en este caso, quita los de *SKU* y *Categoría De Descuento*

✓ Contexto de filtro actualizado

  o Ningún filtro aplicado a la tabla *Pedidos*

El nuevo contexto de filtro es la tabla Pedidos actualizada donde no tendrá filtros para *SKU* ni para *Categoría de Descuento*.

✓ *Ejecutar Expresión DAX (Primer argumento de CALCULATE) en el nuevo contexto de filtro:* Pedidos sin filtros: *[Ingresos Totales]* => SUM (Pedidos[Ingresos})

✓ *Reiniciar Contexto al Original*

El problema radica entonces en que el denominador está removiendo todos los filtros del *SKU*, cuando en realidad lo que se quiere es que tenga en cuenta aquellos elementos que han sido seleccionados en la *segmentación de datos* originalmente.

– Cómo solucionamos este inconveniente

Función ALLSELECTED

La función ALLSELECTED es extremadamente útil cuando queremos ejecutar cálculos utilizando selecciones de objetos visuales de segmentación de datos y objetos visuales diferentes a la matriz.

La función ALLSELECTED retorna únicamente los valores que son visibles en el contexto de filtro original, es decir, del contexto de la *matriz*, dicho de otro modo: la función ALLSELECTED ignora los filtros del área de filas y columnas de la *matriz* y tiene en cuenta los que se utilizan para calcular el total general.

– ALLSELECTED tiene tres sabores de argumentos

Columna: Retorna los elementos originales seleccionados, ejemplos: ALLSELECTED (Pedido[SKU])devuelve los SKU originalmente seleccionados.

Tabla: Ejecuta ALLSELECTED en todas las columnas de la tabla, retornando todas las filas originalmente seleccionadas, ejemplo: ALLSELECTED (Pedidos)

Sin argumentos: También se puede utilizar la función ALLSELECTED sin argumentos de la siguiente manera: ALLSELECTED()es decir sin ningún parámetro. Lo que hace esta forma es que realiza el ALLSELECTED en todas las tablas en el modelo de datos, haciendo posible ejecutar el total general de una matriz sin filtros en filas y columnas. Una solución a la medida de % Participación podría ser:

```
=
DIVIDE (
    [Ingresos Totales];
    CALCULATE (
        [Ingresos Totales];
        ALL ( CategoriaDeProductos );
        ALLSELECTED ( SKUProductos )
    )
)
```

Pero la medida más flexible de todas se escribe como sigue:

```
=
DIVIDE (
    [Ingresos Totales];
    CALCULATE (
        [Ingresos Totales];
        ALLSELECTED ( )
    )
)
```

Ya podemos apreciar la matriz con los resultados adecuados:

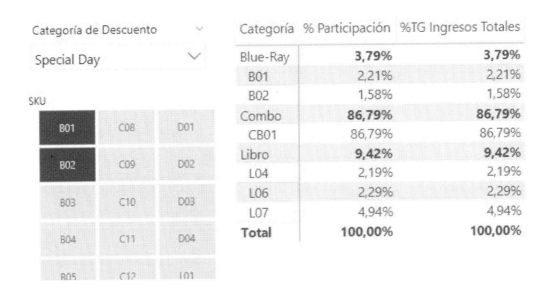

Figura 18. 1- Medida Corregida

Nota

Toma la expresión:

VAR Med = [Medida para el Cálculo de Participación]
RETURN
DIVIDE (Med ; CALCULATE (Med ; ALLSELECTED())

Como dada para crear cualquier medida que necesites de participación de cálculo de porcentaje del total general.

Total de Fila o Columnas

El porcentaje respecto al total general es un cálculo tan común y de una utilidad gigantesca, a pesar de ello, también tenemos otras variaciones de igual impacto, una de ellas es el porcentaje respecto al total de columnas, por ejemplo, si tenemos una matriz con el campo *SKU* de la tabla *SKUProductos* en el área filas y el campo *País* de la tabla *Pedidos* en el área de columnas, así como la ilustrada en la siguiente figura:

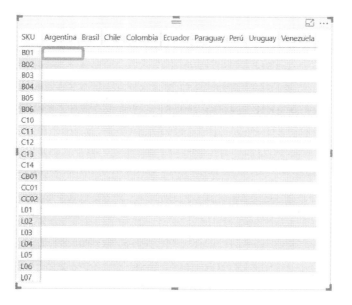

Figura 18. 2 – Matriz Inicial

El objetivo es presentar cada casilla como un porcentaje respecto al total del país o columna en consideración. Si pensamos por un momento en términos de la casilla que esta resaltada en la figura anterior sabemos que lo se quiere alcanzar es dividir la medida [Ingresos Totales] sobre el total siempre y cuando sea únicamente para el país argentina, el numerador es sencillo

[Ingresos Totales] = SUM (Pedidos[Ingresos})

El denominador por otra parte conocemos de antemano que debe tener una estructura algo así:

CALCULATE ([Ingresos Totales] ; _____)

Lo que queremos conseguir en el argumento subrayado es una lista que retorne: "Argentina" para el caso particular de la casilla que estamos tomando como punto de referencia de la figura anterior, sin embargo, no podemos perder de vista que el país variará dependiendo de la casilla en la que nos encontremos ubicados en la matriz.

En este caso nos basta con crear una lista, para ello podríamos pensar en: ALL (Pedidos[País]) pero cabe recordar que ALL ignora el contexto de filtro por lo que dicha expresión devolvería el lista de todos los países, no es una opción. Si rememoramos una nota del capítulo 15 cuando discutíamos las dos caras de la función ALL recordaremos que hablamos de la función VALUES, la función VALUES es una función que retorna la lista de valores únicos teniendo en cuenta el contexto:

VALUES (Pedidos[País])

Esta fórmula para casilla que estamos tomando de base (Figura 18.2) devolvería lo que necesitamos: {"Argentina"}. Por lo tanto, la medida para el porcentaje del total de columnas sería como sigue:

```
=
DIVIDE (
    [Ingresos Totales];
    CALCULATE (
        [Ingresos Totales];
        ALLSELECTED () ;
        VALUES ( Pedidos[País] )
    )
)
```

La *matriz*:

SKU	Argentina	Brasil	Chile	Colombia	Ecuador	Paraguay	Perú	Uruguay	Venezuela	Total
B01	1,24%	1,52%	1,31%	1,34%	1,05%	1,06%	1,74%	1,59%	1,49%	**1,37%**
B02	0,85%	0,70%	0,64%	0,81%	0,75%	0,61%	0,99%	0,71%	1,08%	**0,80%**
B03	0,74%	0,69%	1,23%	1,38%	0,94%	0,83%	0,88%	0,68%	0,88%	**0,91%**
B04	1,00%	0,60%	0,86%	0,73%	0,78%	1,50%	1,34%	0,73%	0,60%	**0,91%**
B05	0,85%	0,61%	0,51%	0,77%	0,74%	0,93%	0,67%	0,79%	0,64%	**0,72%**
B06	1,15%	1,36%	1,40%	1,35%	1,29%	1,41%	1,35%	1,62%	1,17%	**1,34%**
C10	0,47%	0,64%	0,62%	0,51%	0,45%	0,79%	0,58%	0,48%	0,69%	**0,58%**
C11	0,88%	0,92%	0,76%	0,82%	0,85%	0,71%	0,66%	1,16%	1,03%	**0,86%**
C12	0,38%	0,52%	0,21%	0,41%	0,41%	0,50%	0,47%	0,50%	0,33%	**0,41%**
C13	0,52%	0,50%	0,62%	0,53%	0,54%	0,41%	0,55%	0,44%	0,57%	**0,52%**
C14	0,49%	0,83%	0,41%	0,44%	0,58%	0,50%	0,64%	0,74%	0,47%	**0,56%**
CB01	57,66%	56,30%	55,24%	56,99%	56,81%	56,81%	56,52%	55,98%	58,57%	**56,79%**
CC01	9,39%	9,44%	10,51%	9,48%	9,85%	9,63%	8,85%	9,13%	8,87%	**9,45%**
CC02	3,18%	3,43%	3,78%	2,95%	3,49%	3,31%	3,34%	3,14%	3,11%	**3,30%**
L01	3,19%	3,47%	3,36%	3,38%	3,10%	3,03%	3,24%	2,98%	3,10%	**3,20%**
L02	5,32%	5,16%	5,53%	5,19%	4,73%	5,52%	4,87%	5,05%	5,19%	**5,17%**
L03	2,33%	2,21%	2,53%	2,38%	2,63%	2,43%	2,07%	2,66%	2,17%	**2,38%**
L04	1,46%	1,46%	1,68%	1,63%	1,50%	1,86%	1,38%	2,09%	1,54%	**1,62%**
L05	3,76%	4,49%	4,20%	4,23%	4,70%	4,26%	4,77%	4,40%	4,08%	**4,32%**
L06	2,02%	1,69%	1,52%	1,87%	1,73%	1,40%	1,41%	1,69%	1,56%	**1,66%**
L07	3,12%	3,45%	3,08%	2,80%	3,09%	2,51%	3,66%	3,45%	2,87%	**3,11%**
Total	**100,00%**	**100,00%**	**100,00%**	**100,00%**	**100,00%**	**100,00%**	**100,00%**	**100,00%**	**100,00%**	**100,00%**

Figura 18. 3 – Porcentaje del Total de Columnas

Si en su lugar se desea el porcentaje respecto al total de fila, la solución es similar, pero en lugar de indicar el campo *País* de la tabla *Pedidos* en la función VALUES debemos indicar el campo *SKU* de la tabla *SKUProductos*, así:

```
=
DIVIDE (
    [Ingresos Totales];
    CALCULATE (
        [Ingresos Totales];
        ALLSELECTED () ;
        VALUES ( SKUProductos[SKU] )
    )
```

Nota Estas medidas se pueden realizar de manera implícita utilizando las características de interfaz de Power BI, no obstante, aparte de ser unas buenas medidas de estudio debemos recordar que la minimización de medidas implícitas es una de las mejores prácticas en la construcción de un modelo de datos.

CAPÍTULO 19

Indicadores y Métricas de Inteligencia de Tiempo

Después de completar este capítulo tú sabrás:

- Construcción de Tablas de Calendario
- Qué es una Medida y su importancia
- Qué es una Columna Calculada y su importancia
- Qué es una Tabla Calculada y su importancia
- Variables en el lenguaje DAX

Las aplicaciones y cálculos que involucran fechas y distorsiones en el tiempo son parte del que hacer *"matutino"* de las personas que trabajan con datos, por esto en este capítulo queremos construir y analizar de forma generosa las más utilizadas y destilar su esencia, pero para que se una crónica en toda regla primero debemos desnudar cada parte de la temática de tablas de calendario, estas flanquean las funciones de inteligencia de tiempo o *time Intelligence (por el termino en inglés)* a quienes se les atañe toda la facilidad. En ese capítulo encontraras las expresiones DAX para cálculos de: PY, PM, PQ, PYTD, PMTD, PQTD, MAT y muchas más.

Tablas de Calendario

Antes de dar una definición de qué es una tabla de calendario es necesario repasar los conceptos de: Tablas de búsqueda y una tabla transaccional. Puedes repasar estos conceptos en el capítulo 12, aquí te dejamos unas definiciones alternas para consolidar estos conceptos importantes.

Tabla de Búsqueda

*Una **tabla de búsqueda** es aquella que contiene campos que son utilizados para restringir y agrupar registros en **tablas transaccionales**.*

Sí, sé que eso se leyó como si se tratará del lenguaje alíen del film arrival (Complejo y rozando los límites de lo incomprensible)

¿Está familiarizado con BUSCARV? - Mejor que mejor

*Porque una tabla de búsqueda sería aquella que ponemos en el argumento **matriz_buscar_en** mientras que la tabla donde estamos creando **la función BUSCARV** sería la tabla transaccional.*

Para ponerlo en términos coloquiales para lo que necesitamos:

Una Tabla de Búsqueda: Es una tabla en la cual por lo menos uno de sus campos tiene elementos que no se repiten (cada ítem o elementos es único identificando de forma univoca cada registro de la tabla).

Qué es una Tabla de Calendario

Tabla de Calendario

Una tabla de calendario es un tipo especial de tabla de búsqueda que tiene como finalidad poder categorizar elementos en el campo fecha en diversos grupos de acuerdo con parámetros en esa fecha.

Desglosemos la definición por partes para tratar de dejarlo lo más claro posible.

- *Una tabla de calendario es un tipo especial de tabla de búsqueda:* Nos dice que es una tabla de búsqueda, esto quiere decir que debe existir una **columna (campo)** cuyos elementos no se repiten (valores únicos)

Esta columna en la tabla de calendario es una que contiene todas las fechas de manera consecutiva entre dos fechas extremas

– **Ejemplo:** si la tabla de calendario va de *1/1/2016* al *31/12/2016*, entonces una y cada una de las fechas entre esta dos últimas debe estar una única vez.

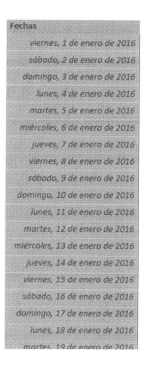

Figura 19. 1 – Columna con Fechas sin Repetir

Nótese como van apareciendo de manera consecutiva y una única vez las diversas fechas sin excepción *(la imagen anterior muestra un fragmento de la columna, la tabla original llega hasta el 31/12/2016)*

Nota A esa columna que contiene las fechas consecutivas de manera única generalmente se le denomina: Fecha o Fechas (*En inglés la llaman también Date o DateKey*). La definición dice: «*Categorizar elementos por el campo fecha*» Ese campo es precisamente el campo con elementos únicos (No repetidos)

También la definición indica que es: «especial». Ello es así porque está pensado para el trabajo con fechas y habilita un conjunto de funciones especiales llamadas **time Intelligence o de inteligencia de tiempo.**

La definición continua con:

- *Tiene como finalidad poder categorizar elementos en el campo fecha en diversos grupos de acuerdo con parámetros en esa fecha:* Quiere decir que toma características comunes en el campo fecha y asigna una categoría que posteriormente podemos usar en el reporte de tabla dinámica para ver un resumen de los datos.

— **Ejemplo:** De la fecha (*columna con fecha consecutiva*) podemos extraer a que mes pertenece esa fecha

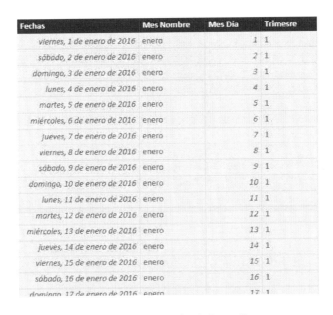

Fechas	Mes Nombre	Mes Día	Trimesre
viernes, 1 de enero de 2016	enero	1	1
sábado, 2 de enero de 2016	enero	2	1
domingo, 3 de enero de 2016	enero	3	1
lunes, 4 de enero de 2016	enero	4	1
martes, 5 de enero de 2016	enero	5	1
miércoles, 6 de enero de 2016	enero	6	1
jueves, 7 de enero de 2016	enero	7	1
viernes, 8 de enero de 2016	enero	8	1
sábado, 9 de enero de 2016	enero	9	1
domingo, 10 de enero de 2016	enero	10	1
lunes, 11 de enero de 2016	enero	11	1
martes, 12 de enero de 2016	enero	12	1
miércoles, 13 de enero de 2016	enero	13	1
jueves, 14 de enero de 2016	enero	14	1
viernes, 15 de enero de 2016	enero	15	1
sábado, 16 de enero de 2016	enero	16	1
domingo, 17 de enero de 2016	enero	17	1

Figura 19. 2 – Tabla de Calendario con Mes

De la tabla y las columnas creadas se aprecia claramente que el campo **Mes Nombre** les ha asignado a todas las fechas del primer mes del año la etiqueta *enero*, para el *segundo* mes *febrero* y así sucesivamente.

Como intuimos directamente dicha columna *(Mes Nombre)* la podemos utilizar posteriormente en un reporte de tabla dinámica para ver los resúmenes de los datos en los distintos meses.

Otro par de columnas que se ilustran en la imagen, son:

— **Mes Número:** En lugar de asignar el nombre *(enero)* asigna el número de mes *1*, y así para cada mes **(Columna especialmente útil para ordenar)**

— **Trimestre:** Otra categoría que nos permite agrupar las fechas con otra característica, en este caso a que trimestre del año pertenece

> **Nota,** Cada una de estas agrupaciones se ve en su respectiva columna en la figura 19.2.

¿Cuáles son las columnas que debe tener una tabla de calendario?

Aquí no hay una regla de oro, dado que las columnas las creas a tu medida y necesidad, pero te recomendamos como mínimo las siguientes:

Llamémoslas las **Columnas Primordiales** para tabla de calendario:

— **Fecha: Ok. Este si es obligatorio.** Es la columna con valores únicos que hemos venido discutiendo

— **Año:** Si tus datos pasan la frontera de un año, entonces es indispensable añadir esta categoría para los años

– Mes Número: Columna que indica si la fecha pertenece al primer mes del año, al segundo, tercero, etc. Mediante un número entero entre el 1 al 12

– Mes Nombre: Indica a que mes pertenece la fecha en la fila *(enero, febrero, marzo,...)*

– Trimestre: Indica a que trimestre del año pertenece la fecha actual

– Día de la Semana Nombre: Informa a cuál de los días de la semana pertenece la fecha en la fila *(Lunes, Martes, Miércoles,...)*

– Día de la Semana Número: Columna que indica si la fecha pertenece al primer día de la semana, al segundo, tercero, etc. Mediante un número entero que va del 1 al 7 **(También útil para ordenar)**

¿Son esas columnas las únicas para una tabla de calendario?

No. Creamos las columnas a nuestra necesidad, sí necesitas una columna que señale los *bimestres, cuatrimestres, semestre* lo puedes hacer o incluso agrupar períodos más extensos como en *lustros, décadas*, etc. También es válido.

En resumen, cualquier **sistema de tiempo** que necesites para segmentar tus datos en el reporte de tabla dinámica.

 Nota La clave es que dichas categorías se basan en la columna de fechas

Características y Propiedades de una Tabla de Calendario

Ya entendemos y conocemos qué es una tabla de calendario.

Igual de importante es saber esas características y propiedades que debe tener para que sea una tabla de calendario con todas las de la ley.

- Contiene una columna con nombre fecha o similar la cual contiene todas las fechas de manera consecutiva entre dos extremos (nada de saltos)

- Las fechas extremas siempre deben arrancar en su cota inferior en el primero de enero del año asociado a la menor fecha de tablas del modelo de datos, y en su cota superior en el treinta y uno de diciembre del año final en el modelo de datos.

- El mes de febrero tiene 28 días o 29 días si es bisiesto

- Los meses *enero, marzo, mayo, julio, agosto, octubre* y *diciembre* tienen 31 días; los meses restantes tienen 30 días a excepción de *febrero*

- Contiene categorías para agrupar fechas según un criterio

  o Años

  o Meses

  o Trimestres

  o Etc.

- Marcar la tabla como de calendario si quieres acceder sin ningún tipo de anomalía al paquete de funciones time Intelligence o de inteligencia de tiempo

- La tabla de calendario tiene sentido de verdad si está relacionada con por lo menos una tabla transaccional *(también llamada base o tabla matriz)*

Nota

La tabla de calendario *(estándar)*, cumple con una y cada una de las condiciones del **calendario gregoriano** o ese calendario que tenemos «*colgado en la pared*» o el del celular.

¡Importante!: *resaltar que las tablas de calendario de las cuales estamos hablando son* **tablas de calendario estándar.**

Métodos de Construcción de Tablas de Calendario

So far, so good ..

Quizá ya hayas esbozado en tu mente una o varias formas de poder crear una tabla de calendario estándar, pues comprendiendo qué es y cuáles son propiedades no es difícil poner sobre la mesa métodos para su construcción.

Listemos algunas alternativas para construir una tabla de calendario:

- Construcción en Excel con fórmulas clásicas
- Construcción en Power Pivot con fórmulas DAX
- Construcción en Power Pivot automáticamente
- Construcción en Power BI con CALENDAR y CALENDARAUTO
- Construcción con Power Query de Excel o Power BI con elementos de la interfaz
- Construcción con Power Query y lenguaje M
- Obtención desde Azure Marketplace
- Obtención desde BD SQL

Nota En el *capítulo 7: Inteligencia de Negocios con Fechas* puedes estudiar un método de construcción de tabla de calendario utilizando la interfaz del editor de Power Query.

Nota La construcción de tablas de calendario con la interfaz de celdas de Excel es bastante intuitiva si tienes conocimiento básico/intermedio de las fórmulas de Excel.

Si deseas conocer su desarrollo y ejecución de time Intelligence en Excel te recomendamos el libro: *EL ADN de Power Pivot.*

Construcción de Tabla de Calendario con CALENDAR y CALENDARAUTO

Desde la interfaz analítica podemos crear tablas de calendario gracias a el tipo de cálculo tablas calculadas.

– Construcción con la función CALENDAR

La función CALENDAR es una función del lenguaje DAX que retorna una columna con nombre "Date" que contiene un conjunto de fechas contiguas, el rango de fechas inicia desde la fecha indicada en su primer argumento hasta la fecha decretada en su segundo argumento, ambos extremos se incluyen en la columna de fechas.

Estos son los dos argumentos de la función CALENDAR

- **Start Date:** Cualquier expresión DAX que retorne un escalar de tipo fecha o de fecha que servirá de fecha inicial para la columna
- **End Date:** Cualquier expresión DAX que retorne un escalar de tipo fecha o de fecha y hora que servirá de fecha final para la columna

La utilización de la función CALENDAR estriba en identificar la menor y mayor fecha en nuestro modelo de datos. *¿Cómo identificamos estas fechas?*

> **Nota** Para identificar la fecha más pequeña en el modelo de datos, así como la mayor debemos tomar todas las columnas de fechas de las tablas transaccionales y extraerlas.

En nuestro caso tenemos únicamente la tabla *Pedidos* y ella tiene dos columnas de fechas: *Fecha de Envió* y *Fecha de Llegada,* intuitivamente sabremos que la fecha más pequeña estará en la fecha de envió y la fecha más grande en la columna fecha de llegada. Por lo que las siguientes expresiones retornan lo deseado:

- MIN (Pedidos[Fecha de Envio])
- MAX (Pedidos[Fecha de Llegada])

Las funciones señaladas son válidas, dicho sea de paso, presentan inconvenientes con la función CALENDAR, para un funcionamiento como fina pieza de relojería tenemos que recurrir a la versión de la función MIN para fechas que es la función FIRSTDATE y la versión de la función MAX para fechas que es la función LASTDATE.

- FIRSTDATE (Pedidos[Fecha de Envio])
- LASTDATE (Pedidos[Fecha de Llegada])

Cuando implementamos las soluciones anteriores bien sean en medidas o tablas calculadas encontraremos las siguientes respuestas:

Figura 19. 3 – Tarjeta de Múltiples Filas con Primera y Última Fecha

Nota, Los cálculos de la figura anterior se crearon en medidas, así

FIRSTDATE (Pedidos[Fecha de Envio]) y LASTDATE (Pedidos[Fecha de Llegada])

Ellas fueron añadidas a una tarjeta de múltiples filas. Para profundizar en este objeto visual véase el Capítulo 23: Gráficos de Seguimiento.

¡Advertencia! Utilizar la expresión DAX:

=

CALENDAR (

FIRSTDATE (Pedidos[Fecha de Envio]);

LASTDATE (Pedidos[Fecha de Llegada])

)

No es la más adecuado para crear la columna de fechas de una tabla de calendario, el motivo es que la primera fecha no siempre inicia en el 1de enero, de hecho, para nuestro escenario empieza el 14 de diciembre, la misma lógica aplica para la fecha final que termina el 20 de diciembre en lugar del 31 de diciembre

La función DATE retorna una fecha específica en un formato de fecha y hora detallando de manera explícita el año, mes y día cada uno en de sus argumentos en ese orden, esta es la sintaxis"

= DATE (<Año>;<Mes>;<Día>)

- **Año:** Un número entero que representa el año. El rango de valores numéricos que se pueden utilizar en este argumento va desde 1900 hasta el año 9999.

- **Mes:** Un número entero que representa el mes del año, donde el número 1 corresponde con enero, el 2 con febrero y así sucesivamente.

- **Día:** Un número entero que representa el día del mes, donde el 1 representa el primer día del mes, el 2 el segundo día del mes y así sucesivamente hasta el último día del mes.

La expresión DAX ideal para la tabla calculada en nuestro caso sería:

```
Calendario =
CALENDAR (
    DATE ( YEAR ( FIRSTDATE ( Pedidos[Fecha de Envio] ) ); 1; 1 );
    DATE ( YEAR ( LASTDATE ( Pedidos[Fecha de Llegada] ) ); 12; 31 )
)
```

Después de la creación de la columna es buena práctica renombrarla con el nombre de *fechas*, a continuación, generaremos las demás columnas con los sistemas de tiempo necesarios para nosotros con columnas calculadas.

Dejamos las fórmulas para las columnas más utilizadas:

- **Año:** = YEAR(Calendario[Fechas])
- **Semestre:** =IF(MONTH(Calendario[Fechas])<=6;"Semestre 1"; "Semestre 2")
- **Cuatrimestre:** = "Ctr. 1" & ROUNDUP(DIVIDE(MONTH(Calendario[Fechas]);4);0)
- **Trimestre:** = FORMAT(Calendario[Fechas];"q")
- **Mes Número:** =MONTH(Calendario[Fechas])
- **Mes Nombre:** =FORMAT(Calendario[Fechas];"mmmm")
- **DS Número:** =WEEKDAY(Calendario[Fechas];2)
- **DS Nombre:** = FORMAT(Calendario[Fechas];"dddd")
- **Día del Mes:** = DAY(Calendario[Fechas])

Un aspecto de las columnas *Mes Nombre* y *DS Nombre* son los nombres propios para sus elementos, en este caso a nosotros nos gusta que la primera letra vaya en mayúscula, ejemplo en lugar de: *enero, febrero, ..., diciembre*; preferimos: *Enero, Febrero, ..., Diciembre*

La fórmula DAX para la primera la columna Mes Nombre con el primer carácter en mayúsculas sería:

```
=
VAR MesNombre =
    FORMAT ( Calendario[Fechas]; "mmmm" )
RETURN
    CONCATENATE (
      UPPER ( MID ( MesNombre; 1; 1 ) );
      MID ( MesNombre; 2; LEN ( MesNombre ) )
    )
```

La fórmula para la columna DS Nombre sería prácticamente idéntica:

```
DS Nombre =
VAR DSNombre =
    FORMAT ( Calendario[Fechas]; "dddd" )
RETURN
    CONCATENATE (
      UPPER ( MID ( DSNombre; 1; 1 ) );
      MID ( DSNombre; 2; LEN ( DSNombre ) )
    )
```

> **Nota** Nosotros utilizamos las letras DS para abreviar las palabras Día de la Semana para que no quede un nombre tan extenso, claro está que no es camisa de fuerza.

Una particularidad que deriva al hacer uso de la columna *Fechas* de la tabla de *Calendario* radica en que al momento de digitar: *Fechas[Calendario]* se despliega una lista desplegable con diversos periodos de tiempo.

Atajos derivados de MDX.

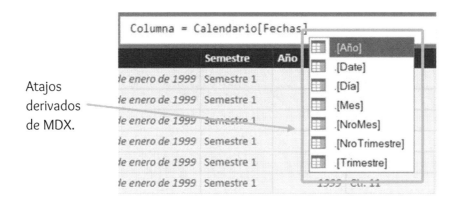

Figura 19. 4 – Lista Desplegable para Periodos de Tiempo

Podríamos estar tentados a valernos de estas vías rápidas, dicho sea de paso, no son originarias del lenguaje DAX técnicamente hablando, son en realidad atajos del lenguaje MDX.

Como intuye nuestro amigo y lector no recomendamos los atajos MDX.

¿Por qué?

Posteriormente debemos indicar por medio de la interfaz que la tabla creada es una tabla de calendario, al hacerlo nos mostrará un error en las columnas creadas con los atajos.

Con las consideraciones necesarias y 100% cristalinas:

Fechas	Semestre	Año	Cuatrimestre	Trimestre	Mes Número	Mes Nombre	DS Número	DS Nombre	Día del Mes
viernes, 1 de enero de 1999	Semestre 1	1999	Ctr. 11	1	1	Enero	5	Viernes	1
sábado, 2 de enero de 1999	Semestre 1	1999	Ctr. 11	1	1	Enero	6	Sábado	2
domingo, 3 de enero de 1999	Semestre 1	1999	Ctr. 11	1	1	Enero	7	Domingo	3
lunes, 4 de enero de 1999	Semestre 1	1999	Ctr. 11	1	1	Enero	1	Lunes	4
martes, 5 de enero de 1999	Semestre 1	1999	Ctr. 11	1	1	Enero	2	Martes	5
miércoles, 6 de enero de 1999	Semestre 1	1999	Ctr. 11	1	1	Enero	3	Miércoles	6
jueves, 7 de enero de 1999	Semestre 1	1999	Ctr. 11	1	1	Enero	4	Jueves	7
viernes, 8 de enero de 1999	Semestre 1	1999	Ctr. 11	1	1	Enero	5	Viernes	8
sábado, 9 de enero de 1999	Semestre 1	1999	Ctr. 11	1	1	Enero	6	Sábado	9
domingo, 10 de enero de 1999	Semestre 1	1999	Ctr. 11	1	1	Enero	7	Domingo	10
lunes, 11 de enero de 1999	Semestre 1	1999	Ctr. 11	1	1	Enero	1	Lunes	11
martes, 12 de enero de 1999	Semestre 1	1999	Ctr. 11	1	1	Enero	2	Martes	12

Figura 19. 5 – Tabla de Calendario Completa

– Construcción con la función CALENDARAUTO

La función CALENDARAUTO retorna una columna con nombre *"Date"* que contiene un conjunto de fechas contiguas, esta función no tiene argumentos por lo que para la menor fecha tomará la fecha más pequeña que detecte en todo el modelo y de manera similar lo hará para la mayor fecha.

La expresión para la tabla calculada sería tan sencilla como:

```
Calendario =
CALENDARAUTO ()
```

A parte de allí crear las columnas calculadas como se hizo con CALENDAR

Entonces *¿Por qué molestarse en utilizar la función CALENDAR y todas las funciones anidadas que de allí se desprende?*

¡**Advertencia!** Dependiendo de cómo internamente la función CALENDARAUTO tome las fechas de inicio y final puede en ciertas ocasiones presentar errores de referencia circular, son problemas de baja frecuencia, pero tenemos la alternativa con CALENDAR por si llega a presentar.

En Power Pivot para Excel no contamos con la función CALENDAR.

Marcar como Tabla de Calendario

Para que el modelo de datos entienda que es una tabla de calendario y la jerarquía de fechas funcionen adecuadamente con el conjunto de fórmulas de inteligencia de tiempo debemos decírselo de forma explícita.

Para indicarlo seleccionamos la tabla de *calendario*, vamos a la pestaña *Modelado* y ubicamos el grupo *Calendarios*.

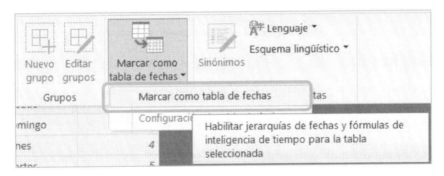

Figura 19. 6 – Grupo Calendarios

Allí desplegamos las opciones de *Marcar como tabla de fechas* y pulsamos clic en la primera opción con el mismo nombre, con esta acción se muestra el cuadro de diálogo que se ilustra en la figura a continuación:

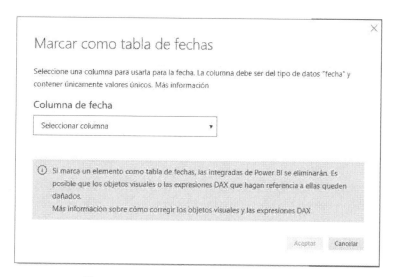

Figura 19. 7 – Marcar Como Tabla de Fechas

En la lista del cuadro de diálogo vamos a seleccionar la columna con la clave primaria, dicho de otro modo, la columna que creamos mediante el tipo de cálculo la tabla calculada y la función CALENDAR o CALEDARAUTO. En el panel de campos veremos que icono en el extremo izquierdo de la columna fecha cambia.

Figura 19. 8 - Icono en Columna de Fechas

Construcción de Tabla de Calendario con GENERATE y ROW

Una alternativa para la creación de una tabla de calendario *de un solo golpe*, nos referimos, a crear todas las columnas en el tipo de cálculo tabla sin necesidad de ulteriormente agregar columnas calculadas, es con la ayuda de la función GENERATE

– Función GENERATE

La función GENERATE evalúa el segundo argumento para cada fila en el primer argumento, retornando el producto cartesiano entre cada fila del primer argumento y la fila correspondiente generada en el segundo argumento.

 Nota La función GENEARTE es una función de iteración.

Estos son los dos argumentos de la función GENERATE

- **Table 1**: Cualquier nombre de tabla o una expresión DAX que retorne una taba como resultado.
- **Table 2**: Puede ser algo tan sencillo como un nombre de tabla o una expresión DAX de tipo tabular.

– Función ROW

La función ROW devuelve una tabla con una única columna.

ROW (<Nombre Columna 1>; <Expresión>

[<Nombre Columna 2>; <Expresión>] ...)

Si nos valemos de la función GENEARTE y ROW podemos crear todas las variables que necesitemos en el contexto de fila antes de la expresión ROW.

```
Calendario=

VAR CalendarioBase =

  CALENDAR (

    DATE ( YEAR ( FIRSTDATE ( Pedidos[Fecha de Envio] ) ); 1; 1 );

    DATE ( YEAR ( LASTDATE ( Pedidos[Fecha de Llegada] ) ); 12; 31 )

  )

RETURN

  GENERATE (

    CalendarioBase;

    VAR FechaBase = [Date]

    VAR A =

      YEAR ( FechaBase )

    VAR MesNumero =

      MONTH ( FechaBase )

    VAR MesNombre =

      FORMAT ( FechaBase; "mmmm" )

    VAR Trimestre =

      FORMAT ( FechaBase; "q" )

    RETURN

      ROW ( "Fecha"; FechaBase;

      "Año"; A;

      "Mes Nombre"; MesNombre;

      "Mes Número"; MesNumero;

      "Trimestre"; Trimestre )

  )
```

Interacción de Tabla de Calendario con las demás Tablas

Para que el modelo de datos entienda que es una tabla de calendario y la jerarquía de fechas funcionen adecuadamente con el conjunto de fórmulas de inteligencia de tiempo debemos decírselo de forma explícita.

La tabla de calendario se debe relacionar con las tablas transaccionales en el modelo de datos, sabiendo que una tabla de calendario es una tabla de búsqueda no hay mayor misterio en ese punto.

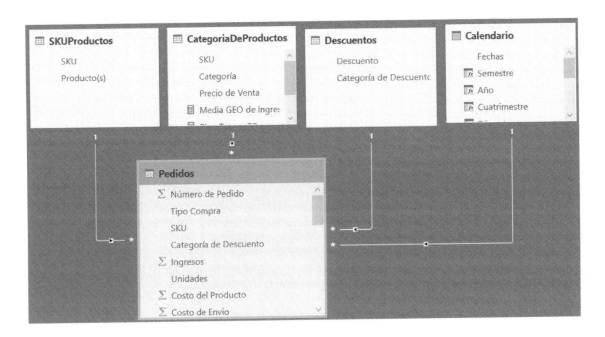

Figura 19. 9 – Tabla de Calendario con las demás tablas del modelo de datos

En última instancia una tabla de calendario es una tabla de búsqueda, con lo cual los filtros de dicha tabla se propagan a la tabla o tablas transaccionales.

 Nota En un mismo modelo de datos podemos tener más de una tabla de calendario cada uno con un propósito.

Orden Cronológico para Meses

Si creamos una matriz con el campo *Mes Nombre* de la tabla de *Calendario* y en el *área de filas* la medida *Ingresos Totales* en el *área de valores*, nos podremos percatar que los nombres de los meses siguen un orden alfabético.

Mes Nombre	Ingresos Totales
Abril	273.393,71
Agosto	280.250,78
Diciembre	260.413,38
Enero	289.763,14
Febrero	264.128,75
Julio	289.872,11
Junio	285.742,61
Marzo	280.303,60
Mayo	277.561,78
Noviembre	269.784,44
Octubre	272.258,76
Septiembre	277.412,48
Total	**3.320.885,54**

Figura 19. 10 – Orden Alfabético en Meses

Evidentemente no es el orden natural y cronológico al que estamos acostumbrados, sin embargo, su solución es muy sencilla; para lograrlo vamos a la *vista de datos*, seleccionaos la tabla de *Calendario* y luego la columna *Mes Nombre*, posteriormente vamos a la pestaña *modelado* y en el grupo *ordenar* desplegamos las opciones de *ordenar por columna*, con ello aparecerán todas las columnas en la tabla de *calendario*. Aquí seleccionamos *Mes Número* ya que asocia el número 1 a enero, el número 2 a febrero, el número 3 a marzo y así sucesivamente hasta el número 12 para el mes diciembre

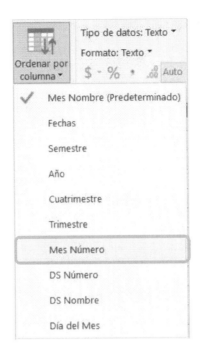

Figura 19. 11 – Ordenar Cronológicamente

 Nota El orden por columna no solo aplica para los meses, también debemos ejecutar el procedimiento para la columna *DS Nombre*. En otros aspectos tal vez necesitemos ordenar la columna por el número de habitantes u otras variables, este mismo método será el apropiado para alcanzar dicho objetivo.

La matriz ahora queda organizada

Campos Mes
Nombre ordenado
cronológicamente.

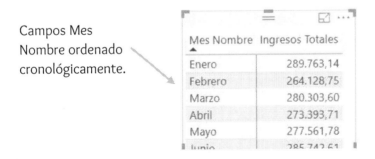

Figura 19. 12 – Matriz con Campo Mes en Orden Cronológico

Extensión de Tablas de Calendario

Hemos visto que utilizamos los campos de la tabla de calendario para segmentar en las tablas transaccionales, empero, no todas las columnas en una tabla de calendario tienen dicho fin.

En una tabla de calendario tenemos dos tipos de columnas o campos:

- Columnas de Segmentación
- Columnas Técnicas

– Columnas de Segmentación

Las más sencillas de entender son las columnas de segmentación, debido a que simplemente **son aquellos campos que utilizamos para agrupar los datos**, y añadir a algunas de las áreas de colocación a necesidad, ejemplo: Año, Mes, Trimestre, etc.

Las columnas de segmentación son visibles para el usuario, pues como se menciona hace una nimiedad dichas columnas *(campos)* son lo que arrastramos a algunas de las áreas de colocación para crear la matriz u objeto visual, en el caso de Power Pivot para Excel en una tabla dinámica.

> **Nota,** Las columnas Mes Número y DS Número también son columnas de segmentación, esto es así porque ellas también sirven para agrupar los datos demás de ser auxiliares.

– Columnas Técnicas

Las columnas técnicas pueden ser pensadas como columnas auxiliares y cuyo objetivo primo es identificar y/o manipular partes o subconjuntos de la tabla de calendario para así llevar a buen término un cálculo (que implican fechas) deseado.

Nota Las columnas técnicas también son vitales para el funcionamiento del modelo de datos.

Por ejemplo:

Para crear medidas con DAX en algunos casos es necesario crear la combinación concatenada (*Años, Semestre y Mes*) de manera única independiente de una fecha en singular

El campo *AñoSemestresMesSerie* es número que sirve para hacer cálculos internos y crear medidas más no para utilizarla en un área de colocación y ver análisis a partir de ella directamente. Un caso práctico para la columna *AñoSemestresMesSerie* es para la creación de la medida Pronóstico Media Móvil Simple (una de las múltiples alternativas).

La fórmula DAX para la columna *AñoSemestresMesSerie* es sencilla:

```
AñoSemestresMesSerie =
VALUE (
    Calendario[Año] & RIGHT ( Calendario[Semestre]; 1 )
        & Calendario[Mes Número]
)
```

Nota No confundas la función VALUES con la función VALUE, la primera es una función tabular que retorna la lista de valores únicos teniendo en cuenta el contexto de filtro, mientras que la segunda (*VALUE sin la S al final*) es una función de conversión de tipo escalar la cual toma un valor de tipo texto que representa un número y lo convierte a valor de tipo numérico.

Antes de terminar con columnas técnicas, es válido señalar que es una buena práctica ocultar dichas columnas del *panel de campos*.

¿Cómo lo hacemos?

En la vista de datos seleccionamos la columna *AñoSemestresMesSerie* de la tabla de *Calendario* y pulsamos clic derecho, en el menú desplegable que aparece ubicamos la opción ocultar en la vista de informe.

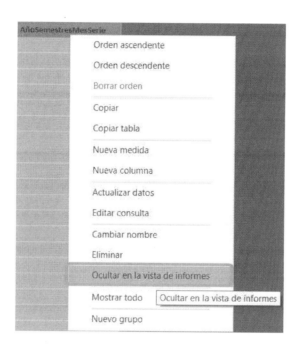

Figura 19. 13 – Ocultar en La Vista de Informe

En consecuencia, cuando estemos trabajando en la *vista de informe* de Power BI y despleguemos en el panel de campos las columnas de la tabla de calendario, el campo *AñoSemestresMesSerie* no se mostrará. Igualmente, si aplicamos el procedimiento de ocultar en la *vista de informe*, pero en *Power Pivot* para Excel, dicha columna no será visible para arrastrar y soltar en las áreas de colocación de una tabla dinámica.

Días No Laborales con Tablas de Calendario (Sábados, Domingos y Festivos)

En ciertas métricas nos demandarán presentar un cálculo que tenga en cuenta los días laborales de forma directa o indirecta. Los días no laborales son extremadamente versátiles de país a país y más aún de empresa en empresa.

¿Por qué?

Por el simple hecho de que en una compañía A los sábados pueden ser considerados días laborales, mientras que para una compañía B si se sean laborales, para complicarlo un poquito más, puede que dentro de una misma compañía para los empleados de oficina los sábados no sean días laborales, pero para otras áreas si tengan que trabajar, y si, lo queremos llevar al mayor grado de complejidad puede variar de empelado a empleado dentro de la misma empresa

¿Es posible?

Si, puesto que un empleado puede tener ciertos días incapacidad, permisos o sus días de vacaciones.

Por lo anterior no existe una fórmula estándar o una tabla estándar para días laborales, más bien un factor común que podemos extrapolar.

Columna Días Laborales

Para la construcción de una columna que nos diga si una fecha en la tabla de calendario corresponde a un día laboral necesitamos una tabla que liste todas las fechas que son festividades en nuestro país y aquellas que no son laborales por algún motivo entre semana dentro de la compañía, un ejemplo puede ser: el aniversario de la empresa.

Por ejemplo, la ilustración siguiente muestra la tabla *DíasFestivos* donde se especifican todas las festividades para el país Colombia en el año 2015.

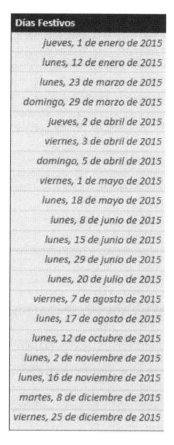

Figura 19. 14 – Tabla con Festividades

La columna *Días Festivos* de la tabla *DíasFestivos* la tenemos que relacionar con la columna *Fecha* de la tabla de *Calendario*.

 Nota En nuestro modelo de datos podemos tener varias tablas de calendario, en dicho caso recomendamos relacionarlas con todas las tablas, si bien no es la alternativa de optimización de recursos si es una buena idea para no encontrarnos con dolores de cabezas si creamos muchas medidas que utilicen esta columna en una o varias tablas de calendario.

Al relacionar las tablas observaremos que es *uno a uno.*

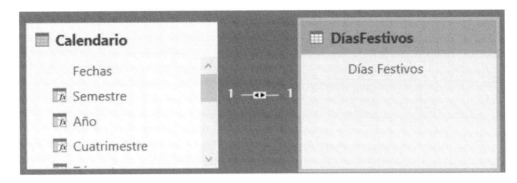

Figura 19. 15 – Relación Entre Calendario y Días Festivos

La elaboración de la columna calculada en la tabla *Calendario* la podemos ejecutar con la siguiente fórmula.

```
Día Laboral =
IF (
    OR (
        Calendario[DS Número] = 6
            || Calendario[DS Número] = 7;
        RELATED ( 'DíasFestivos'[Días Festivos] ) = Calendario[Fechas]
    );
    FALSE ();
    TRUE ()
)
```

Si no contamos con la información de días feriados una alternativa como la siguiente expresión DAX puede ser plausible.

```
Día Laboral =
IF ( Calendario[DS Número] = 6 || Calendario[DS Número] = 7;
FALSE ();
TRUE ()
 )
```

 Nota,La recomendación es contar con la tabla de días festivos.

Funciones de Inteligencia de Tiempo (Time Intelligence)

Los beneficios de las tablas de calendario incluyen la creación y segmentación en sistemas de tiempo deseados (Semanas, Meses, …, Año, … Decenios, siglos …); ordenación personalizada, manipulación de varias tablas transaccionales, perite hacer tareas hasta 100 veces más rápido, reportes más adecuados y dinámicos disminuyendo errores por factor humano, etc. Pero hay que destacar que las tablas de calendario habilitan un conjunto de funciones para manipular fechas, estas son las funciones de inteligencia de tiempo o como se conoce en ingles las funciones Time Intelligence.

Acumulados: Total a la fecha (YTD, MTD y QTD)

Para el grueso de las personas que se dedican en menor o mayor medida al análisis de datos la palabra acumulado habla por sí sola, no obstante, para no dejar cabos sueltos vamos a definir el acumulado como la agregación desde el principio de un periodo de tiempo hasta el periodo actual, ejemplo: la suma de los ingresos desde el principio del año hasta el mes actual en análisis, en concreto, tomemos la matriz de la siguiente figura:

Elabora la siguiente matriz llevando los campos: *Año*, *Mes Nombre* y *Fechas* de la tabla de Calendario al área de filas y en el área de valores arrastrar la medida *Ingresos Totales*.

En la jerarquía de fechas dejar visible *Año* y *Mes Nombre*.

Figura 19. 16 – Acumulado a Mayo Ilustrativo

Si posicionamos nuestra vista en la pequeña *"casilla"* en blanco resaltada en la imagen, el acumulado para el año sería hacer la suma de los ingresos desde enero hasta mayo, es decir, la agregación aditiva de: *enero, febrero, marzo, abril y mayo*; esto dependiendo de la casilla que estemos analizando puesto que es el acumulado desde el principio del año al mes actual.

¡Ojo! Desde el principio del año actual, en otras palabras, para la casilla en estudio dese enero del 2000.

Sigamos los tres pasos primordiales en DAX para la casilla correspondiente a mayo y entrever como sería la expresión DAX.

– *1. Identificar Filtros*

- Calendario[Año] = 2000
- Calendario[Mes Nombre] = *"Mayo"*

– *2. Aplicar Filtros y Propagar*

Los filtros son aplicados en la tabla de *Calendario*, por lo tanto, queda restringida para el año 2000 y el mes de mayo única y exclusivamente. Por propagación de filtros entre las columnas fecha de la tabla de *Calendario* y *fecha de envió* de la tabla *Pedidos*, esta última también quedará restringida sólo para aquellas fechas que correspondan a 2000 y el mes de mayo.

– *3. Ejecutar Expresión DAX*

CALCULATE ([Ingresos Totales] ; _____)

¿Entiendes el porqué del CALCULATE?

> **¡Advertencia!** Aquí asumimos que has estudiado e interiorizado el *Capítulo 17: La Crema y Nata de las Funciones, CALCULATE*. Si no lo has estudiado es urgente que tomes una pausa y te aventures a dominarlo antes de continuar, si bien puedes entender este capítulo sin ello, lo mejor es con CALCULATE en la manga.

Existen varias formas de lograr este objetivo que se nos pueden venir a la mente de *ipso facto*, una variante con la *condición de tabla* de CALCULATE y otra con la *condición de lista*, vamos a desmenuzar la opción *con una lista*.

La idea es generar una lista con todas las fechas desde el 1/1/2000 hasta el 31/5/2000. El asunto sería ¿Cómo?, la verdad es que tenemos una función de inteligencia de tiempo que ejecuta esa tarea precisamente.

– Función DATESYTD

La función DATESYTD retorna una columna que contiene las fechas individuales (día a día) desde el principio del año hasta la última fecha en el contexto de filtro actual.

Estos son los dos argumentos de la función DATESYTD:

- **Dates:** Columna de fechas de la tabla de *Calendario*
- **Year End Date:** Si nuestro final de año no es el 31 de diciembre, en este argumento podemos indicar cuál es mediante una cadena de caracteres.

 Nota El 99% de las funciones de inteligencia de tiempo cuenta con un factor común en sus argumentos: el argumento de Fechas, este será siempre la columna de fechas de la tabla de calendario ya que todas ellas aplican el contexto de filtro mediante este campo.

Gráficamente que queremos conseguir:

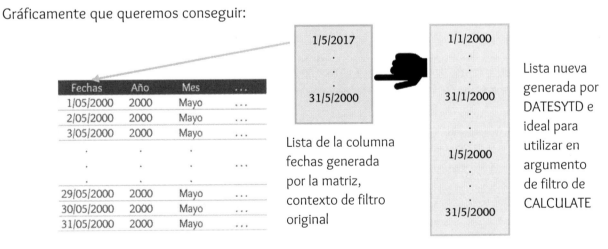

Figura 19. 17 – Esquema de reemplazo de listas con DATESYTD

Con lo anterior claro ya podemos crear la medida del acumulado desde el principio del año hasta la fecha actual.

```
YTD Ingresos =

CALCULATE ( [Ingresos Totales] ;

        DATESYTD ( Calendario[Fechas] )

        )
```

 Nota Utilizamos las siglas en inglés YTD por *Year To Date* que lo podemos traducir aproximadamente como fechas desde el principio del año a la fecha.

Arrastremos la medida *YTD Ingresos* a la matriz de la figura 19.26 y obtendremos:

Año	Ingresos Totales	YTD Ingresos
1999	**8.685,83**	**8.685,83**
Diciembre	8.685,83	8.685,83
2000	**180.680,24**	**180.680,24**
Enero	13.508,96	13.508,96
Febrero	17.592,04	31.101,00
Marzo	18.328,51	49.429,52
Abril	14.726,52	64.156,03
Mayo	13.507,17	77.663,20
Junio	17.466,96	95.130,16
Julio	15.729,11	110.859,27
Agosto	15.056,15	125.915,42

Figura 19. 18 – Matriz con Medida YTD Ingresos

La casilla resaltada representa la suma de los valores: 13.508,96 + 17.592.04 + 18.328,51 + 14.726,52 + 13.507,17.

Hay que enmarcar que la medida corresponde al *acumulado desde el principio del año hasta la fecha actual* y no el *acumulado desde el principio del año hasta el mes actual,* esto lo que quiere decir es que si llevamos la jerarquía de la matriz hasta nivel de días encontraremos que los valores son diferentes.

YTD acumula desde la primera fecha del año y siempre desde la primera fecha del año hasta la fecha actual.

Año	Ingresos Totales	YTD Ingresos
2000	**180.680,24**	**180.680,24**
Enero	**13.508,96**	**13.508,96**
sábado, 1 de enero de 2000	176,17	176,17
domingo, 2 de enero de 2000	379,85	556,02
lunes, 3 de enero de 2000	301,36	857,38
martes, 4 de enero de 2000	373,65	1.231,03
miércoles, 5 de enero de 2000	91,72	1.322,75
jueves, 6 de enero de 2000	230,00	1.552,75
viernes, 7 de enero de 2000	212,92	1.765,67
sábado, 8 de enero de 2000	100,59	1.866,26
domingo, 9 de enero de 2000	381,81	2.248,07
lunes, 10 de enero de 2000	547,46	2.795,53
martes, 11 de enero de 2000	322,40	3.117,94
miércoles, 12 de enero de 2000	1.706,70	4.824,63
jueves, 13 de enero de 2000	807,69	5.632,32
viernes, 14 de enero de 2000	526,91	6.159,23
sábado, 15 de enero de 2000	930,74	7.089,97
domingo, 16 de enero de 2000	335,21	7.425,19
lunes, 17 de enero de 2000	804,39	8.229,58
martes, 18 de enero de 2000	736,09	8.965,66
miércoles, 19 de enero de 2000	566,18	9.531,84
jueves, 20 de enero de 2000	718,62	10.250,46
viernes, 21 de enero de 2000	468,15	10.718,60
sábado, 22 de enero de 2000	273,92	10.992,52
domingo, 23 de enero de 2000		10.992,52
Total	**3.320.885,54**	

Figura 19. 19 – YTD Ingresos a Nivel de Días

– *El Segundo Argumento de DATESYTD*

El segundo argumento de DATESYTD es opcional y es una cadena de caracteres que indica el final del año. El valor por defecto es 31 de diciembre.

Por ejemplo, podemos crear una medida que realiza el acumulado de los ingresos para el año fiscal, esto es que el principio del año se empieza a contar desde 30 de junio, he aquí la expresión DAX.

```
YTD Ingresos Fiscal =
CALCULATE ( [Ingresos Totales] ;
        DATESYTD ( Calendario[Fechas] ; "06/30" )
)
```

También podemos utilizar esta otra versión:

```
YTD Ingresos Fiscal =
CALCULATE ( [Ingresos Totales] ;
        DATESYTD ( Calendario[Fechas] ; "30/06" )
)
```

Dependiendo de la configuración regional podemos tener el formato MM/DD o DD/MMM. Anteriormente el DAX Engine quería que se especificará como la configuración local o arrojaría un error, sin embargo, la versión actual de Power BI acepta cualquiera de las dos maneras independiente de la configuración regional.

La implementación del segundo argumento de DATESYTD es habitual para el año fiscal, el cual coincide con la fecha final del mes, por lo tanto, no hay ningún inconveniente; a pesar de ello, si llegamos a necesitar una final de año en los 12 primeros días del mes nos encontraremos con casos ambiguos, nos explicamos, "04/07": Corresponde a 4 de julio o 7 de abril.

Una manera de evitar este desliz es utilizando el formato YYYY-MM-DD, la porción del formato YYYY será ignorada por la función DATESYTD y TOTALYTD que veremos más adelante, sin embargo, será completamente claro que lo siguiente al año será el mes y luego el día.

```
YTD Ingresos Fiscal =
CALCULATE ( [Ingresos Totales] ;
        DATESYTD ( Calendario[Fechas] ; "2018-06-30" )
    )
```

Recordemos, no es que el final del año vaya a ser siempre el 30 de junio del 2018 porque el año será ignorado, así el final del año será el 30 de junio del año dependiendo del contexto.

 ¡Advertencia! En Power Pivot para Excel 2016, 2013 y 2010 se debe respetar el formato de la configuración local.

– Total Acumulado desde el Principio del Trimestre Hasta la Fecha (QTD)

La primera variante de acumulado se presenta si queremos desde el principio del trimestre hasta la fecha actual.

Para el QTD llevemos el campo *Trimestre* de la tabla de *Calendario* y mostremos los niveles de jerarquía: *Años, Trimestre* y *Mes Nombre*.

Año	Ingresos Totales	YTD Ingresos
1999	**8.685,83**	**8.685,83**
Tr. 4	**8.685,83**	**8.685,83**
Diciembre	8.685,83	8.685,83
2000	**180.680,24**	**180.680,24**
Tr. 1	**49.429,52**	**49.429,52**
Enero	13.508,96	13.508,96
Febrero	17.592,04	31.101,00
Marzo	18.328,51	49.429,52
Tr. 2	**45.700,64**	**95.130,16**
Abril	14.726,52	64.156,03
Mayo	13.507,17	77.663,20
Total	**3.320.885,54**	

Figura 19. 20 – Matriz para QTD

Como se observa en la matriz ya no es el agregado desde el primer mes del año, en su lugar es desde el primer mes del trimestre.

En suma, la función DATESQTD hace la tarea de la lista de fechas desde el principio del trimestre hasta la fecha actual para ser utilizada en CALCULATE.

```
QTD Ingresos =
CALCULATE ( [Ingresos Totales] ;
        DATESQTD ( Calendario[Fechas] )
)
```

La función QTD sólo tiene un argumento y nada más, no existen argumentos opcionales ni de ninguna otra clase.

Figura 19. 21 – Matriz con Medida QTD Ingresos

– Total Acumulado desde el Principio del Mes Hasta la Fecha (MTD)

La segunda variante de acumulado se presenta si queremos desde el principio del mes hasta la fecha actual. Para el MTD es obligatorio desplegar toda la jerarquía si queremos observar los efectos de la medida MTD Ingresos *¿Por qué?* porque como el acumulado es desde el principio del mes su efecto se ve a nivel de días.

```
MTD Ingresos =
CALCULATE ( [Ingresos Totales] ;
        DATESMTD ( Calendario[Fechas] )
)
```

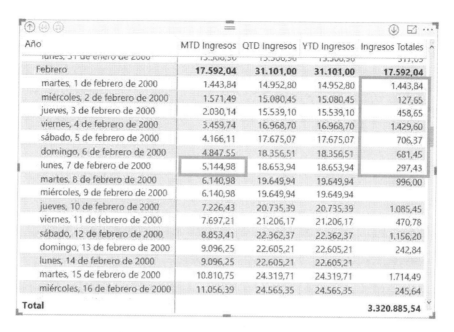

Figura 19. 22 - Matriz con la Medida MTD Ingresos

Acumulados con: TOTALYTD, TOTALQTD y TOTALMTD

Para los acumulados contamos con tres atajos, así:

Acumulado YTD

- CALCULATE ([Ingresos Totales] ; DATESYTD (Calendario[Fechas])) →

- TOTALYTD ([Ingresos Totales] ; Calendario[Fechas])

La función TOTALYTD tiene un tercer argumento opcional para señalar el final del año, ejemplo con el año fiscal

- CALCULATE ([Ingresos Totales] ; DATESYTD (Calendario[Fechas]; "06/30")) →

- TOTALYTD ([Ingresos Totales] ; Calendario[Fechas])

Acumulado QTD

- CALCULATE ([Ingresos Totales] ; DATESQTD (Calendario[Fechas])) →

- TOTALQTD ([Ingresos Totales] ; Calendario[Fechas])

Acumulado MTD

- CALCULATE ([Ingresos Totales] ; DATESMTD (Calendario[Fechas])) →

- TOTALMTD ([Ingresos Totales] ; Calendario[Fechas])

Acumulado: Histórico a la Fecha (HTD)

Es posible que queramos el acumulado, pero desde la primera fecha de la tabla de datos, TOTALYTD no funciona porque toma la fecha desde el principio del año, nosotros queremos el acumulado histórico.

Figura 19. 23 – Objetivo del Acumulado Histórico

Te dejamos la expresión DAX:

```
HTD Ingresos =
CALCULATE (
    [Ingresos Totales];
    FILTER (
        ALL ( Calendario[Fechas] );
        Calendario[Fechas] <= MAX ( Calendario[Fechas] )
    )
)
```

El resultado lo podemos contrastar en la matriz:

Año	Ingresos Totales	HTD Ingresos
1999	8.685,83	8.685,83
2000	180.680,24	189.366,07
2001	166.860,36	356.226,43
2002	184.876,83	541.103,26
2003	177.061,95	718.165,21
2004	168.059,37	886.224,58
2005	187.906,44	1.074.131,01
2006	198.797,54	1.272.928,55
2007	170.712,79	1.443.641,34
2008	175.936,37	1.619.577,71
2009	198.222,01	1.817.799,71
2010	240.873,82	2.058.673,53
2011	216.088,04	2.274.761,57
2012	229.644,13	2.504.405,71
2013	232.463,65	2.736.869,36
2014	256.692,19	2.993.561,55
2015	327.323,99	3.320.885,54
2016		3.320.885,54
2017		3.320.885,54
2018		3.320.885,54
Total	3.320.885,54	3.320.885,54

Figura 19. 24 – Medida HTD Ingresos

Comparación de Períodos (PY, PQ y PM)

En análisis de datos hacer comparaciones entre periodos de tiempo es pan de cada día, por ejemplo, cuando nos demandan comparar los ingresos del año actual con los ingresos del año pasado, el provecho de este tipo de expresiones para seguimiento y comparaciones de tendencias las hace vitales en nuestro arsenal. Las funciones de inteligencia de tiempo no son ajenas a esto y por ello contamos con las funciones para lograrlo.

Mismos Ingresos del Año Pasado:

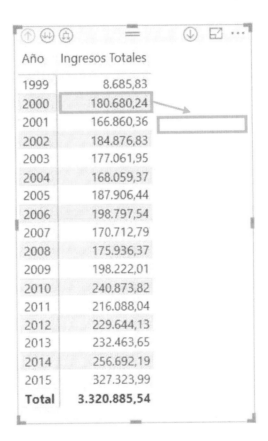

Figura 19. 25 – Matriz Ejemplo de PY Ingresos

Si enfocamos el análisis en la *"casilla"* en blanco resaltada en la imagen previa, la operación sería traer los ingresos del año 2000.

Como no podía ser diferente, sigamos los tres pasos primordiales en DAX para la casilla correspondiente al año 2001:

– 1. Identificar Filtros

- Calendario[Año] = 2001

– 2. Aplicar Filtros y Propagar

Los filtros son aplicados en la tabla de calendario, por lo tanto, queda restringida para el año 2001. Por propagación de filtros entre las columnas *fecha* de la tabla de *Calendario* y *fecha de envió* de la tabla *Pedidos*, esta última también quedará restringida sólo para aquellas fechas que correspondan al año 2001.

– 3. Ejecutar Expresión DAX Filtros

CALCULATE ([Ingresos Totales] ; _____)

Gráficamente necesitamos el siguiente reemplazo de lista

La función que genera esta lista es: SAMEPERIODLASTYEAR

Sintaxis: SAMEPERIODLASTYER (<Columna de Fechas>)

Con lo anterior, la expresión DAX es sencilla:

```
PY Ingresos =

CALCULATE ( [Ingresos Totales];

          SAMEPERIODLASTYEAR ( Calendario[Fechas] )

          )
```

En la matriz se reflejará claramente el efecto.

Año	Ingresos Totales	PY Ingresos
1999	8.685,83	
2000	180.680,24	8.685,83
2001	166.860,36	180.680,24
2002	184.876,83	166.860,36
2003	177.061,95	184.876,83
2004	168.059,37	177.061,95
2005	187.906,44	168.059,37
2006	198.797,54	187.906,44
2007	170.712,79	198.797,54
2008	175.936,37	170.712,79
2009	198.222,01	175.936,37
2010	240.873,82	198.222,01
2011	216.088,04	240.873,82
2012	229.644,13	216.088,04
2013	232.463,65	229.644,13
2014	256.692,19	232.463,65
2015	327.323,99	256.692,19
2016		327.323,99
Total	3.320.885,54	3.320.885,54

Figura 19. 26 – Matriz con Medida PY Ingresos

Nosotros utilizamos las siglas PY por Previous Year (año anterior)

Mismos Ingresos del Trimestre Pasado y Mismos Ingresos del Mes Pasado

Desafortunadamente en el lenguaje DAX no contamos con las funciones:

- SAMEPERIODLASTQUARTER
- SAMEPERIODLASTMONTH

La buena noticia es que contamos con una función que nos brindará la posibilidad de hacer los desfases no solo para trimestre y meses, sino también para días e incluso movernos adelante o atrás un número de intervalos deseados, esta función es DATEADD.

La función DATEADD retorna una tabla que contiene una columna de fechas desfasada adelante o atrás en el tiempo en un número específico de intervalos según el contexto de filtro actual.

= DATEADD (<Fechas>;<Número de Intervalos>; <Intervalos>)

- **Fechas:** Una columna que contiene fechas, normalmente, la columna de fechas de la tabla de calendario.
- **Número de Intervalos:** Un numero entero que representa el desfase en el tiempo, los valores negativos significan retroceder en el tiempo y los positivos por su parte hacia adelante en el tiempo.
- **Intervalo:** Este argumento indica en que escala de tiempo se desea realizar el desfase: años, meses, trimestres o días.

Así emulamos la medida *PY Ingresos* con DATEADD:

```
PY Ingresos =
CALCULATE ( [Ingresos Totales];  DATEADD ( Calendario[Fechas] ; -1; YEAR ) )
```

Así creamos la medida de los mismos ingresos del trimestre pasado o *PQ Ingresos:*

```
PQ Ingresos =

CALCULATE ( [Ingresos Totales];

        DATEADD ( Calendario[Fechas] ; -1; QUARTER

    )
```

Así creamos la medida de los mismos ingresos del mes pasado o *PM Ingresos:*

```
PM Ingresos =

CALCULATE ( [Ingresos Totales];

        DATEADD ( Calendario[Fechas] ; -1; MONTH

    )
```

Presentamos las medidas en la siguiente matriz.

Año	Ingresos Totales	PY Ingresos	PQ Ingresos	PM Ingresos
2001	**166.860,36**	**180.680,24**	**172.189,31**	**166.796,08**
Tr. 1	**42.316,61**	**49.429,52**	**43.557,78**	**40.541,27**
Enero	14.558,15	13.508,96	14.678,72	14.016,11
Febrero	11.967,01	17.592,04	14.862,94	14.558,15
Marzo	15.791,46	18.328,51	14.016,11	11.967,01
Tr. 2	**44.759,01**	**45.700,64**	**42.316,61**	**43.450,04**
Abril	14.528,67	14.726,52	14.558,15	15.791,46
Mayo	13.129,91	13.507,17	11.967,01	14.528,67
Junio	17.100,43	17.466,96	15.791,46	13.129,91
Tr. 3	**41.555,91**	**41.992,30**	**44.759,01**	**44.667,36**
Julio	14.712,75	15.729,11	14.528,67	17.100,43
Agosto	12.854,18	15.056,15	13.129,91	14.712,75
Septiembre	13.988,98	11.207,04	17.100,43	12.854,18

Figura 19. 27 – Medidas PY, PQ y PM Ingresos con DATEADD

Pero la versatilidad de la función DATEADD también radica en el número entero, por ejemplo, si ponemos el número -2 devolvería los ingresos de dos años atrás, si por otro lado ponemos 4 traería los ingresos de 4 años adelante.

Total del Año Pasado

Otra situación frecuente es retornar el total del año pasado, especialmente útil para comparar con el acumulado hasta la fecha (YTD), esto para hacer un seguimiento si se ha cumplido el objetivo en contraste con el año anterior o no.

La función time Intelligence para hacer referencia al total de un periodo pasado o futuro si llega ser necesario es: PARALLELPERIOD.

= PARALLELPERIOD (<Fechas>;<Número de Intervalos>; <Intervalos>)

- **Fechas:** Una columna que contiene fechas, normalmente, la columna de fechas de la tabla de *Calendario*.
- **Número de Intervalos:** Un numero entero que representa el desfase en el tiempo, los valores negativos significan retroceder en el tiempo y los positivos por su parte hacia adelante en el tiempo.
- **Intervalo:** Este argumento indica en que escala de tiempo se desea realizar el desfase: años, meses, trimestres o días.

> **Nota** La diferencia entre DATEADD y PARALLELPERIOD se encuentra en el tercer argumento, el intervalo, pues mientras que DATEADD devuelve el periodo desfasado, PARALLELPERIOD retorna la lista desde el principio del año pasado hasta el final del año pasado.

La creación de la medida *PY Total Ingresos* se muestra a continuación:

```
PY Total Ingresos =

CALCULATE( [Ingresos Totales];

            PARALLELPERIOD ( Calendario[Fechas]; -1 ; YEAR )

        )
```

En una matriz con el campo Año y mes Nombre se verá claramente el efecto

Año	Ingresos Totales	PY Total Ingresos
2000	180.680,24	8.685,83
Enero	13.508,96	8.685,83
Febrero	17.592,04	8.685,83
Marzo	18.328,51	8.685,83
Abril	14.726,52	8.685,83
Mayo	13.507,17	8.685,83
Junio	17.466,96	8.685,83
Julio	15.729,11	8.685,83
Agosto	15.056,15	8.685,83
Septiembre	11.207,04	8.685,83
Octubre	14.678,72	8.685,83
Noviembre	14.862,94	8.685,83
Diciembre	14.016,11	8.685,83
2001	166.860,36	180.680,24
Enero	14.558,15	180.680,24
Febrero	11.967,01	180.680,24
Marzo	15.791,46	180.680,24
Abril	14.529,67	180.680,24
Total	3.320.885,54	3.320.885,54

Figura 19. 28 – Medida PY Total Ingresos

Véase que los valores se repiten a nivel de meses puesto que siempre se está haciendo referencia al total del año pasado.

Con *PY Total Ingresos* y *YTD Ingresos* ya podemos elaborar la métrica para detectar si al acumulado a la fecha del año ha alcanzado el total del año pasado.

> YTD/PYTot Ingresos % =
>
> DIVIDE ([Ingresos Totales] - [PY Ingresos] ; [PY Ingresos])

Obsérvese la matriz:

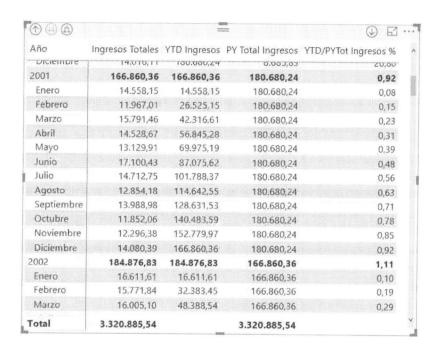

Figura 19. 29 – Medida YTD/PY Tot Ingresos %

Mismo Acumulado del Año Pasado: PY YTD

¿Cómo crear una medida que realice el acumulado de los mismos en estudio en el contexto actual, pero para el año anterior?

Para crea la medida necesitamos un mix entre las funciones SAMEPERIODLASTYEAR y DATESYTD.

```
PY YTD Ingresos =

CALCULATE (

    [Ingresos Totales];

    SAMEPERIODLASTYEAR ( DATESYTD ( Calendario[Fechas] ) )

)
```

Visualicemos la medida en la matriz:

Figura 19. 30 – Matriz con Medida PY YTD Ingresos

 Nota Presentar la medida *PY YTD Ingresos* en gráficos de velocímetro y termómetro puede ser una buena combinación, véase capítulo 27.

Diferencias en Periodos

Una operación común consiste en calcular la diferencia entre los ingresos actuales y los ingresos del año anterior, en esta métrica se puede presentar como un valor absoluto o como un porcentaje.

Si tenemos las medidas Ingresos Totales y PY Ingresos su creación es bastante sencilla:

> YOY Ingresos = [Ingresos Totales] - [PY Ingresos]

Una manera de mostrar la métrica de YOY Ingresos es como un porcentaje, para conseguirlo lo único que debemos hacer dividir la medida YOY Ingresos sobre PY Ingresos

> YOY Ingresos % =
>
> DIVIDE ([Ingresos Totales] - [PY Ingresos] ; [PY Ingresos])

Podemos apreciar el resultado en la siguiente matriz.

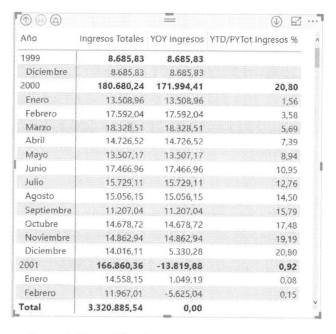

Año	Ingresos Totales	YOY Ingresos	YTD/PYTot Ingresos %
1999	8.685,83	8.685,83	
Diciembre	8.685,83	8.685,83	
2000	180.680,24	171.994,41	20,80
Enero	13.508,96	13.508,96	1,56
Febrero	17.592,04	17.592,04	3,58
Marzo	18.328,51	18.328,51	5,69
Abril	14.726,52	14.726,52	7,39
Mayo	13.507,17	13.507,17	8,94
Junio	17.466,96	17.466,96	10,95
Julio	15.729,11	15.729,11	12,76
Agosto	15.056,15	15.056,15	14,50
Septiembre	11.207,04	11.207,04	15,79
Octubre	14.678,72	14.678,72	17,48
Noviembre	14.862,94	14.862,94	19,19
Diciembre	14.016,11	5.330,28	20,80
2001	166.860,36	-13.819,88	0,92
Enero	14.558,15	1.049,19	0,08
Febrero	11.967,01	-5.625,04	0,15
Total	3.320.885,54	0,00	

Figura 19. 31 – Medidas YOY Ingresos y YTD/PY Tot Ingresos

Cálculo del Total Anual Móvil

Una petición que pasa a menudo es el total anual móvil, su característica para remover cambios estacionales y su fácil cálculo la convierten en una métrica obligatoria en manejo de fechas. El total anual móvil siempre considera los 12 meses anteriores.

Ejemplo: El total anual para el mes de mayo del 2008 sería la suma de los ingresos desde abril del 2007 hasta marzo 2008.

La expresión DAX sería:

```
MAT Ingresos =
CALCULATE (
    [Ingresos Totales];
    DATESINPERIOD ( Calendario[Fechas];
                LASTDATE ( Calendario[Fechas] );
                -1;
                YEAR
        )
    )
```

Para comprenderla debemos desglosar la función DATESINPERIOD.

La función DATESINPERIOD retorna una columna de fechas que empieza en la fecha indicada en el segundo argumento y continua un número especifico de intervalos.

= DATESINPERIOD (<Fechas>;<Fecha Inicial>; <Número de Intervalos> ; <Intervalos>)

- **Fechas:** Una columna que contiene fechas, normalmente, la columna de fechas de la tabla de calendario.

- **Fecha Inicial:** Una expresión para fecha

- **Número de Intervalos:** Un numero entero que representa el número de intervalos para añadir o substraer a la fecha inicial

- **Intervalo:** Este argumento indica en que escala de tiempo se desea realizar el desfase: años, meses, trimestres o días.

Parte III: Visualización de Datos y Objetos Visuales (Power BI)

En la presente sección haremos un recorrido por las diferentes categorías de gráficos en Power BI, objetos Visuales personalizados y configuración de Reporte, todo con el principal objetivo de transmitir de manera efectiva, la información encontrada a través del Lenguaje DAX.

EN ESTA PARTE

Capítulo 20
Introducción a Objetos Visuales de Power BI

Capítulo 21
Gráficos de Comparación

Capítulo 22
Gráficos de Tendencia

Capítulo 23
Gráficos de Seguimiento

Capítulo 24
Gráficos Geográficos

Capítulo 25
Gráficos de Segmentación

Capítulo 26
Matriz y Tabla

Capítulo 27
Gráficos Personalizados

Capítulo 28
Diseño Apropiado de Gráficos

Capítulo 29
Configuración de Reporte

CAPÍTULO 20

Introducción a Objetos Visuales de Power BI

Después de completar este capítulo tú sabrás:

- Cómo crear un objeto visual en Power BI
- Evolución Matriz a Gráfico
- Tipos de Visualizaciones

Es muy probable que tu primera aproximación a la visualización de datos haya sido utilizando los diferentes tipos de gráficos en Excel, como lo habrás notado, a pesar de ser muy útiles tienen ciertas limitaciones: obtener un diseño óptimo no es una tarea fácil, para hacer que trabajen en sincronía dos o más visualizaciones debemos recurrir a otras funcionalidades, el catálogo de gráficos es limitado, construir un gráfico que no se encuentra por defecto puede convertirse en un trabajo titánico. Por esta razón, queremos invitarte a realizar un viaje a través del universo de las visualizaciones en Power BI, un universo en el que no hay restricciones y en el cual podemos representar los datos de casi cualquier manera.

Cómo Crear un Objeto Visual en Power BI

La visualización de datos en Power BI es la tercera etapa del proceso de Inteligencia de Negocios, recuerda que luego de extraer, transformar y cargar los datos, es necesario crear las medidas e indicadores que nos van a facilitar el entendimiento del escenario, aunque para realizar un análisis más profundo debemos recurrir a los gráficos ya que son una potente herramienta para obtener conclusiones rápidamente. Por esta razón, iniciemos puntualizando qué es un gráfico.

¿Qué es un Gráfico?

Podemos definir un gráfico, como un medio de comunicación que nos permite transmitir datos numéricos visualmente; su utilidad y potencia radica en la posibilidad que nos brindan para obtener conclusiones, identificar patrones y/o relaciones.

Panel de Visualizaciones

En el caso particular de Power BI contamos con un catálogo de visualizaciones bastante amplio, en total son veintisiete gráficos nativos que tenemos a nuestra disposición listos para ser utilizados, aunque es muy probable que este número continúe en aumento, todos ellos se encuentran agrupados en la interfaz de Power BI, exactamente en el Panel de Visualizaciones, aquí elegimos cualquiera de los gráficos para agregar al lienzo y donde podemos modificar su estructura, aspecto e incluso analizar con opciones adicionales únicas para algunos objetos visuales.

Figura 20. 1 – Panel de Visualizaciones

El *Panel de Visualizaciones* de Power BI está compuesto por:

1. **Visualizaciones:** Aquí encontramos todos los gráficos por defecto que se encuentran en Power BI

2. **Pestaña Campos:** En esta área del panel de visualizaciones arrastramos y configuramos los campos en las distintas áreas de colocación para darle vida al objeto visual elegido

3. **Pestaña Formato:** En la pestaña formato se encuentran todas las opciones para realizar cambios cosméticos a los elementos que componen el gráfico, es decir, todo lo relacionado al diseño del objeto visual

4. **Secciones:** Dependiendo de la pestaña elegida, cambia la sección mostrada en el panel de visualizaciones

Nota Al seleccionar algunas visualizaciones, existe la posibilidad de que aparezca una tercera pestaña denominada Analytics con opciones adicionales y particulares para analizar datos.

Luego de conocer la estructura y partes del *Panel de Visualizaciones* de Power BI, es momento de iniciar con la construcción de un gráfico.

Creando Objetos Visuales en Power BI

Una de las grandes bondades de Power BI es la facilidad en el momento de crear cualquier tipo de visualización, para darle vida a un objeto visual debemos:

1. Elegir en el Panel de Visualizaciones el gráfico que deseamos agregar, dando clic sobre el icono correspondiente

2. Arrastrar columnas de las tablas y/o medidas a las diferentes áreas de colocación

Tipo de visualización
Matriz

Áreas de Colocación

Figura 20. 2 – Configuración y Creación de un Objeto Visual

Como puedes ver en la Figura 20.2 hemos elegido el tipo de visualización *Matriz*, después arrastramos los campos *País* al área de filas, *Tipo de Compra* al área de columnas e *Ingresos* al área de valores, cabe aclarar que todos estos campos pertenecen a la tabla Pedidos; en consecuencia, obtenemos la siguiente visualización:

País	Devolución	Normal	Total
Argentina	68.828,74	312.449,51	381.278,26
Brasil	66.337,41	295.965,27	362.302,68
Chile	69.447,64	278.498,27	347.945,91
Colombia	54.030,13	318.697,19	372.727,32
Ecuador	63.271,56	309.976,95	373.248,51
Paraguay	65.199,02	309.896,03	375.095,05
Perú	59.586,54	314.550,34	374.136,88
Uruguay	64.995,11	288.319,66	353.314,77
Venezuela	70.221,18	310.614,98	380.836,16
Total	581.917,33	2.738.968,20	3.320.885,54

Figura 20. 3 – Objeto Visual de Tipo Matriz

Como ya te lo mencionamos, para crear la matriz únicamente utilizamos campos de la tabla Pedidos, pero dado el caso, también es posible combinar campos y medidas e incluso utilizar sólo medidas para establecer una visualización. En la Figura 20.4 se encuentra definida la matriz previa, pero en lugar de arrastrar el campo Ingresos al área de valores, vamos a llevar la medida Ingresos Totales, obteniendo así los mismos resultados:

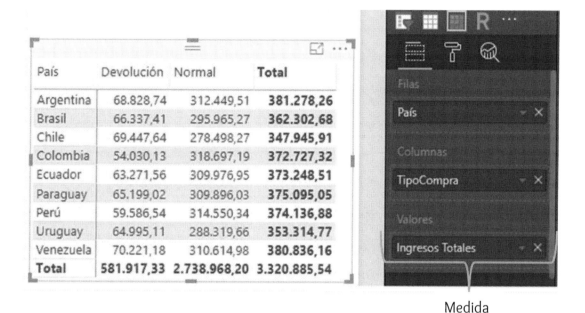

Medida

Figura 20. 4 – Matriz con Medidas y Campos

Evolución Matriz a Gráfico

Cambiar el Tipo de Visualización

La flexibilidad de Power BI con respecto a los gráficos no se evidencia únicamente en la etapa de creación, por ejemplo, si quisieras cambiar la Matriz creada en la Figura 20.4 por otro tipo de visualización, solo debes emplear dos clics:

1. Seleccionar el objeto visual que queremos modificar, dando clic izquierdo sobre su área

2. En el panel de visualizaciones elegimos el nuevo tipo de gráfico, para este caso en particular, el *Gráfico de Barras Apiladas*

Figura 20. 5 - Cambiar Tipo de Gráfico

Evolución Matriz a Gráfico

Cuando iniciamos nuestro viaje por el mundo de las visualizaciones es muy común que al principio sea un poco complicado configurar cualquier tipo de gráfico debido a que las áreas de colocación cambian según el tipo de objeto visual, por eso es una buena práctica iniciar la creación de un gráfico a partir de una Matriz y después **"evolucionarla"** a la visualización deseada. Para ello vamos a construir una matriz y luego cambiamos el tipo de gráfico.

1. **Crear Matriz:** Elegir la visualización de tipo *Matriz* y arrastrar el campo *País* al área de filas y la medida *Ingresos Totales* al área de valores

Figura 20. 6 – Creación de Una Matriz

2. **Evolución a Otra Visualización:** Seleccionamos la *Matriz* dando clic sobre su área y después cambiamos el tipo de visualización por un *Gráfico de Columnas Apiladas*

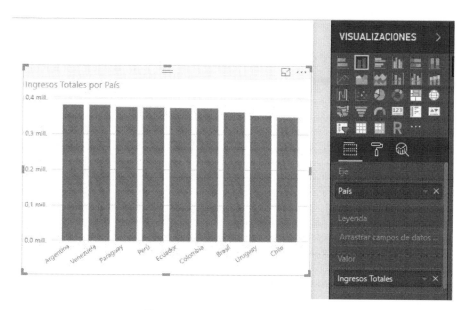

Figura 20. 7- Evolución Matriz a Gráfico

Nota Si la visualización resultante no cumple con la estructura deseada, podemos mover los campos entre las diferentes áreas de colocación para obtener el gráfico esperado

Ahora que sabes cómo crear y modificar una visualización, es momento de hablar de los tipos de gráficos en Power BI ...

Tipos de Objetos Visuales en Power BI

Aunque los objetos visuales de Power BI Desktop se encuentran todos juntos en el panel de visualizaciones, nosotros podemos clasificarlos en diferentes categorías de acuerdo con su función, todo con el único objetivo de establecer ciertos lineamientos para elegir el tipo de gráfico apropiado para cada situación. A continuación, te listamos las diferentes categorías, las cuales estaremos revisando en profundidad en los próximos capítulos:

- Gráficos de Comparación
- Gráficos de Tendencia
- Gráficos de Seguimiento
- Gráficos Geográficos
- Gráficos de Segmentación

Cada una de estas categorías tiene una misión en particular y en algunos casos un gráfico puede transmitir mejor la información que otro, por eso es importante clasificarlos y entender para que trabajo están diseñados.

CAPÍTULO 21

Gráficos de Comparación

Al finalizar el presente capítulo tú sabrás:

- Para qué sirven los Gráficos de Comparación
- Cuáles son los gráficos de Comparación
- Particularidades de Cada Gráfico

Una de las tareas más comunes en el análisis y visualización de datos, es la comparación entre categorías, periodos de tiempo e incluso variables, ya que nos permite contrastar resultados para entender lo que está sucediendo en un escenario en particular, en el presente capítulo conoceremos todas las consideraciones para emplear los gráficos de comparación de una manera óptima.

Objetivo de los Gráficos de Comparación

Esta categoría de gráficos nos permite hacer comparaciones de valores numéricos que se encuentran agrupados por categorías, periodos de tiempo o dado el caso en diferentes variables, ya sean dependientes o independientes, aunque esto es solo la punta del iceberg porque también es posible: identificar relaciones existentes, reconocer patrones, hacer rankings, e incluso mostrar los valores como porcentaje del total.

¿Cuáles son los gráficos de Comparación?

Los gráficos de comparación los podemos dividir en tres subcategorías; Columnas y Barras, Distribución y Flujo de datos.

Columnas y Barras

- Gráfico de Barras Apiladas
- Gráfico de Columnas Apiladas
- Gráfico de Barras Agrupadas
- Gráfico de Columnas Agrupadas
- Gráfico de Columnas Apiladas y de Líneas
- Gráfico de Columnas Agrupadas y de Líneas

Distribución

- Gráfico de Barras 100% Apiladas
- Gráfico de Columnas 100% Apiladas
- Gráfico Circular
- Gráfico de Anillos
- Treemap

Flujo de Datos

- Gráfico de la Barra de Herramientas
- Gráfico de Cascada
- Embudo

Subcategoría I: Columnas y Barras

Gráfico de Barras Apiladas

Este tipo de gráfico representa los datos como una barra y su tamaño depende exclusivamente del valor o magnitud de cada punto.

Aplicación

- Comparación de categorías y datos a través del tiempo
- Mostrar Rankings
- Identificar Relaciones
- Encontrar Patrones

Creación

1. Dar clic sobre el icono que corresponde al Gráfico de Barras Apiladas

Figura 21. 1 – Icono Gráfico de Barras Apiladas

2. Configurar los campos que deseamos analizar sobre las diferentes áreas de colocación

---

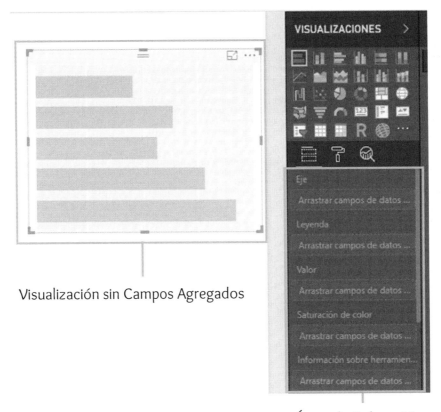

Visualización sin Campos Agregados

Áreas de Colocación

Figura 21. 2 – Visualización sin Campos agregados

Para este gráfico, vamos a llevar el Campo *País* de la Tabla Pedidos al **Eje** y la medida *Ingresos Totales* a **Valor**

Figura 21. 3 - Gráfico de Barras Apiladas

> **Nota** Algunas áreas de colocación son comunes a varios gráficos, por ejemplo, Saturación de Color e Información sobre herramienta.

Como puedes ver en la Figura 21.3, para crear este gráfico en su forma más simple basta con llevar un Campo al eje y una medida a Valores, aunque esto no es una camisa de fuerza, también puedes emplear únicamente columnas de una Tabla.

> **Nota** Si arrastramos campos de una tabla directamente al Lienzo, sin haber elegido ninguna visualización se crea automáticamente un gráfico.

Configuración Adicional

3. Podemos utilizar las otras áreas de colocación para añadir más información en el gráfico

En este caso, vamos a llevar la Medida *Costos Totales* a *Saturación de Color*.

Figura 21. 4 – Saturación de Color

Al agregar la medida a Saturación de Color podemos ver que el gráfico ahora nos muestra dos variables asociadas al país, la primera es *Ingresos Totales* y está relacionada con el tamaño de la barra, es decir, que entre más grande sea obtuvimos mayores ingresos, La segunda medida *Costos Totales* se encuentra vinculada con el color de las barras, entre más oscuro, nos indica que obtuvimos mayores Costos y entre más claro, muestra que se tienen menores costos.

Tooltip

Puedes verificar los datos acercando el cursor sobre alguna de las barras del gráfico, automáticamente aparecerá el Tooltip, básicamente es una *"Cajita de Información"* que nos muestra las variables relacionadas a dicho punto en el gráfico.

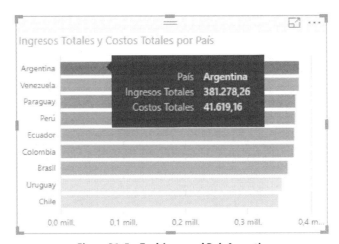

Figura 21. 5 – Tooltip para el País Argentina

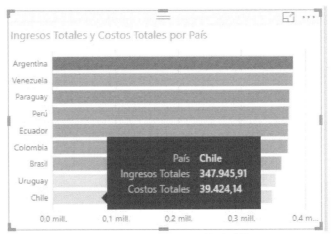

Figura 21. 6 – Tooltip para el País Chile

Para editar la paleta de color, vamos a la pestaña Formato, opción Colores de Datos, y allí cambiamos los colores a degradar en la visualización.

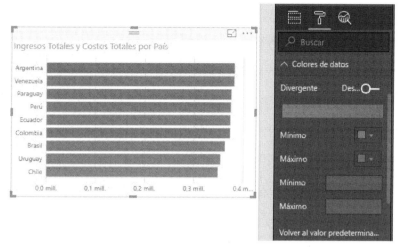

Figura 21. 7 – Edición de la Paleta de Color

Información sobre Herramientas

El Tooltip es un elemento bien interesante porque permite explorar el detalle de cada variable que contiene un punto del gráfico, y de ser necesario, podemos agregar información adicional, de tal manera que no se vea en el gráfico, sino que únicamente aparezca en el Tooltip al acercar el cursor sobre un punto del gráfico. En ese orden de ideas, vamos a llevar el campo *Costo del Producto* de la tabla *Pedidos* a *Información sobre herramienta*.

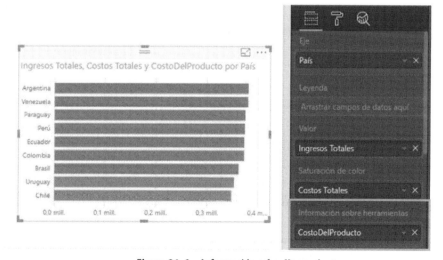

Figura 21. 8 – Información sobre Herramientas

A simple vista parece que no obtuvimos ningún resultado significativo, pero al acercar el cursor sobre un valor del gráfico la historia es diferente.

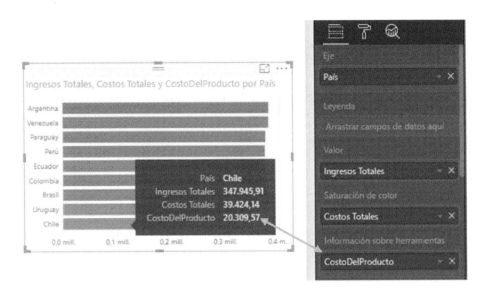

Figura 21. 9 – Información sobre Herramientas en el Tooltip

En la Figura 21.9 puedes ver que ahora si aparece la información relacionada a los Costos del Producto, pero solo se muestra en el Tooltip y no en el gráfico como tal, de igual modo, podemos agregar más campos o medidas para que se muestre únicamente en nuestra "Cajita de Información".

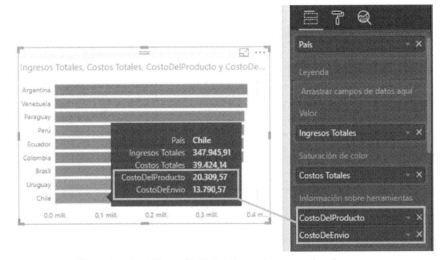

Figura 21. 10 – Información Sobre Herramientas con Dos Campos

Diseño y Personalización

4. En la Pestaña Formato puedes modificar todo lo relacionado con el aspecto del gráfico

Eje Y

Si vas a la pestaña formato y eliges la opción **Eje Y**, encontrarás una serie de características asociadas a este elemento del gráfico, por ejemplo, el tamaño de las barras o la fuente de las etiquetas del eje.

Figura 21. 11 – Eje Y

Si aumentamos el Ancho de categoría mínimo de 20 a 50, las barras del gráfico crecerán.

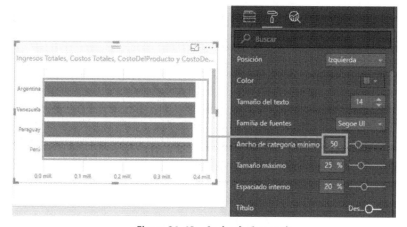

Figura 21. 12 – Ancho de Categoría

Después, vamos a cambiar el Tamaño del texto por 25, obteniendo así una fuente más grande.

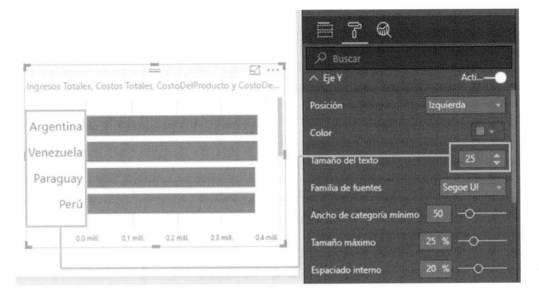

Figura 21. 13 – Tamaño del Texto

Eje x

Al desplegar las opciones del Eje X, podrás manipular la escala del gráfico; las unidades a mostrar, posiciones decimales, etc.

Figura 21. 14 – Eje X

Veamos cómo cambia el gráfico si definimos la escala iniciando en 0 y finalizando en 500000. También, debes especificar las unidades a mostrar en cifras de miles.

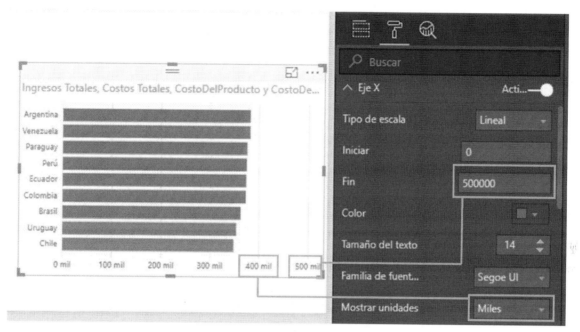

Figura 21. 15 – Cambio de Unidades y Escala

Colores de Datos

Al dar clic sobre esta opción, se despliega un menú en el cual podemos establecer la paleta de colores del gráfico.

Figura 21. 16 – Colores de Datos, Saturación de Color

En este caso, el menú de Colores de Datos muestra las opciones para cambiar la Saturación de Color, pero si quitamos el campo *Costos Totales* de esta área de colocación, se modifican las opciones, permitiéndonos ajustar el color de todas las barras o de un punto en particular.

Figura 21. 17 – Colores de Datos sin agregar campos a Saturación de Color

Para cambiar los colores de todas las barras, vamos a Color predeterminado y allí elegimos el que sea de nuestra preferencia.

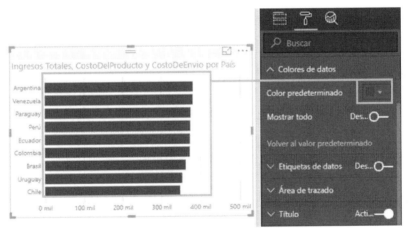

Figura 21. 18 – Color Predeterminado

Para cambiar el color de una barra en particular, activamos la opción Mostrar todo, en consecuencia, aparece la lista de todos los puntos del gráfico con el color asociado.

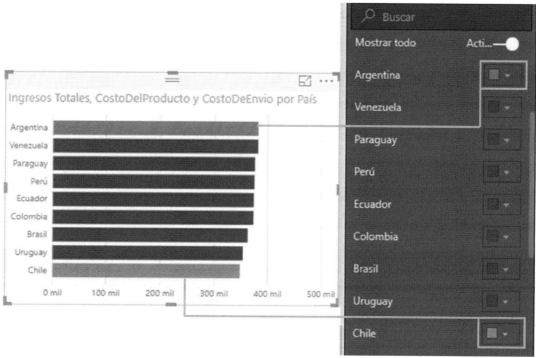

Figura 21. 19 – Resaltar Valor en el Gráfico

Pestaña **Analytics**

5. En algunas visualizaciones, al dar clic sobre la Pestaña Analytics encontrarás opciones adicionales para analizar o agregar elementos al gráfico

Para el Gráfico de Barras Apiladas contamos con la **Línea Constante.**

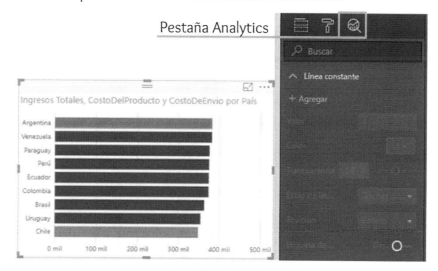

Figura 21. 20 – Pestaña Analytics

Para añadirla vamos a dar clic en Agregar luego de desplegar la opción *Línea Constante* en la pestaña *Analytics*. Allí establecemos el Color de la Línea y el valor en el que será dibujada.

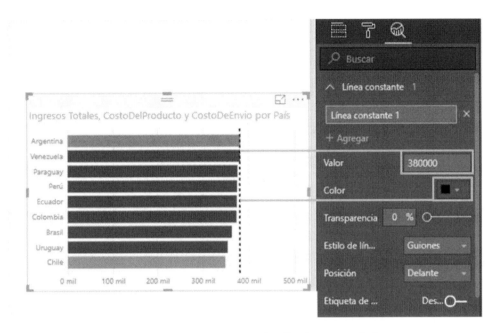

Figura 21. 21 – Línea Constante en el Gráfico de Barras Apiladas

Gráfico de Columnas Apiladas

Muestra los valores como Columnas y la dimensión de cada una depende del valor de cada punto, y podríamos decir que es una variación del gráfico de barras, pero rotadas 90°.

Aplicación

- Comparación de categorías y datos a través del tiempo
- Mostrar Rankings
- Identificar Relaciones
- Encontrar Patrones

Creación

1. Elegir el icono del Gráfico de Columnas Apiladas en el panel de visualizaciones

Gráfico de
Columnas Apiladas

Figura 21. 22 – Icono Gráfico de Columnas Apiladas

2. Configurar los campos en las distintas áreas de colocación

En este caso, agregamos el campo *País* al **Eje** y la medida *Ingresos Totales* a **Valor** para obtener el siguiente gráfico:

Figura 21. 23 – Gráfico de Columnas Apiladas

> **Nota** Otra manera de construir visualizaciones es clonar un gráfico y luego modificar su aspecto. Primero seleccionamos un objeto que ha sido creado previamente, luego presionamos la combinación de teclas **Ctrl + c** para copiar, después, quitamos la selección dando clic sobre el lienzo y finalmente pegamos el objeto dando **Ctrl + v.**

Pestaña Analytics

3. El *Gráfico de Columnas Apiladas* al igual que el *Gráfico de Barras Apiladas*, nos brinda la posibilidad de agregar una línea constante, en ese orden de ideas, agregamos una línea constante en el valor de 390000.

Figura 21. 24 – Línea Constante en el Gráfico de Columnas Apiladas

Gráfico de Barras Agrupadas

Bosqueja los datos como una barra, el tamaño de cada barra esta dado por la magnitud del punto y si agregamos un campo a **Leyenda**, agrupa los valores para facilitar el análisis.

Aplicación

- Comparación de categorías y datos a través del tiempo
- Mostrar Rankings
- Identificar Relaciones
- Encontrar Patrones

Creación

1. Seleccionar el icono correspondiente al Gráfico de Barras Agrupadas

Gráfico de Barras Agrupadas

Figura 21. 25 - Icono Gráfico de Barras Agrupadas

2. Establecer los Campos en las áreas de colocación del gráfico

Por ejemplo, arrastra el campo *País* al Eje y la medida *Ingresos Totales* a Valor.

Figura 21. 26 – Gráfico de Barras Agrupadas

Configuración Adicional

3. Si llevamos un campo a **Leyenda** se agrupan las categorías, facilitando la comparación

En este momento, que te parece si hacemos una pausa para hacernos la siguiente pregunta: *¿Cuál es la diferencia entre el Gráfico de Barras Apiladas y el Grafico de Barras Agrupadas?* Para resolver este interrogante llevemos el campo *Categoría de Descuento* a Leyenda.

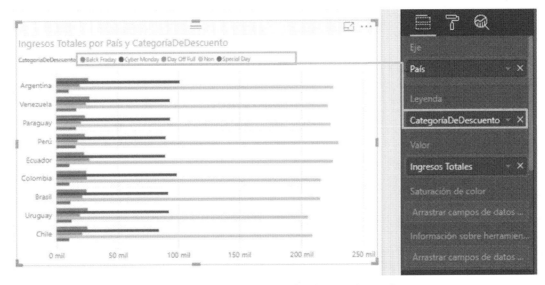

Figura 21. 27 – Leyenda en el Gráfico de Barras Agrupadas

Al llevar este campo a Leyenda del Gráfico de Barras Agrupadas, se discriminan los ingresos dependiendo de la categoría de Descuento, es decir que ahora vemos los ingresos por país y por el descuento aplicado en barras diferentes. Pero qué pasa si por un momento volvemos a nuestro *Gráfico de Barras Apiladas* y hacemos lo mismo, llevar *Categoría de Descuento* a Leyenda.

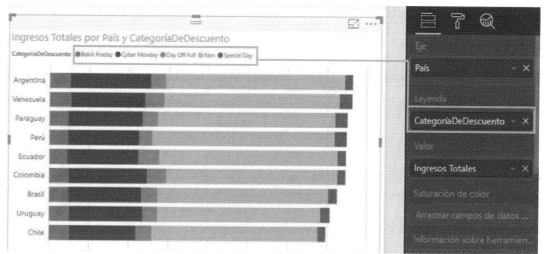

Figura 21. 28 - Leyenda en el Gráfico de Barras Apiladas

En el Gráfico de Barras Apiladas obtenemos un resultado diferente, las categorías NO se discriminan, por el contrario, se muestran como parte del total del País.

Pestaña Analytics

1. El Gráfico de Barras Agrupadas tiene más *"Superpoderes"* que el de Barras Apiladas:

    ■ Línea Constante

    ■ Línea Mínima

    ■ Línea Máxima

    ■ Línea Promedio

    ■ Línea Mediana

    ■ Línea de Percentil

Primero vamos a desplegar la opción de *Línea Mínima y* damos clic en *Agregar* para visualizarla en el gráfico, la línea queda exactamente en el valor más bajo de la gráfica.

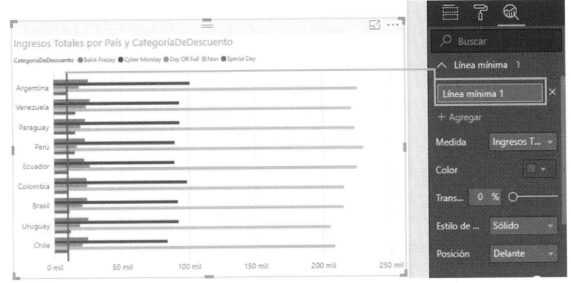

Figura 21. 29 – Línea Mínima

Luego abrimos la opción *Línea Máxima* y la añadimos.

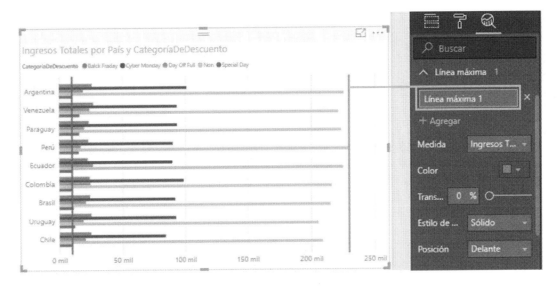

Figura 21. 30 - Línea Máxima

Como consecuencia, la línea aparece en el valor más alto de toda la gráfica.

Después añadimos la *Línea Promedio*, desplegando el menú y dando clic en *Agregar*.

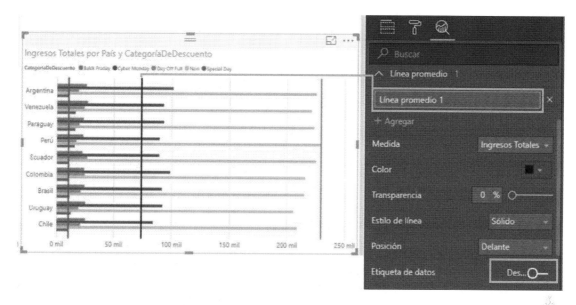

Figura 21. 31- Línea Promedio

Si habilitamos la opción *Etiqueta de datos*, el gráfico muestra el valor asociado a la *Línea Promedio*

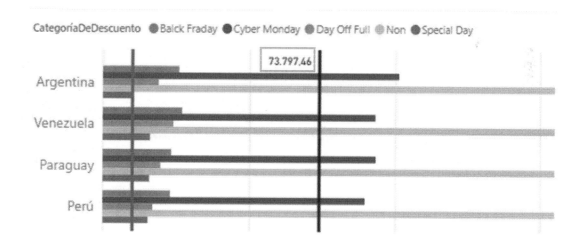

Figura 21. 32 – Etiqueta en la Línea Promedio

Para finalizar, insertamos la *Línea Mediana*.

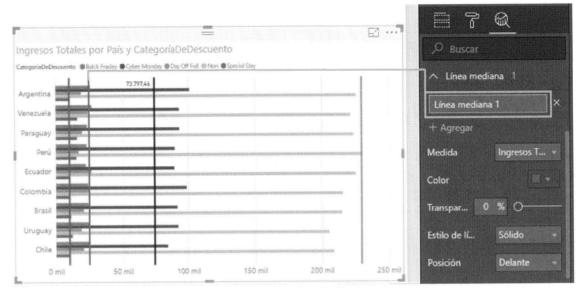

Figura 21. 33 - Línea Mediana

Nota Al agregar una *Línea de Percentil* es posible variar el porcentaje.

Gráfico de Columnas Agrupadas

Es una variación del *Gráfico de Barras Agrupadas*, lo único que cambia es la orientación del gráfico.

Aplicación

- Comparación de categorías y datos a través del tiempo
- Mostrar Rankings
- Identificar Relaciones
- Encontrar Patrones

Creación

1. Dar clic en el icono del Gráfico de Columnas Agrupadas

Gráfico de Columnas Agrupadas

Figura 21. 34 - Icono Gráfico de Columnas Agrupadas

2. Configurar campos y/o medidas en las áreas de Colocación

La medida *Ingresos Totales* a Valor, *País* al Eje y *Categoría de Descuento* a Leyenda.

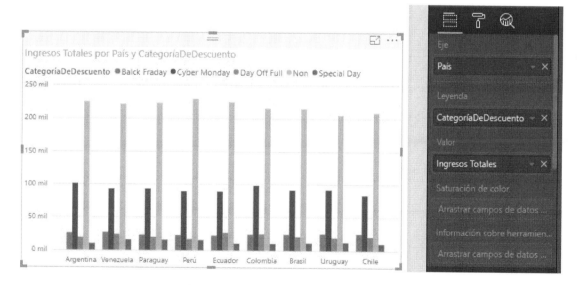

Figura 21. 35 - Gráfico de Columnas Agrupadas

Pestaña Analytics

3. En la pestaña Analytics, tiene las mismas opciones que el *Gráfico de Barras Agrupadas*

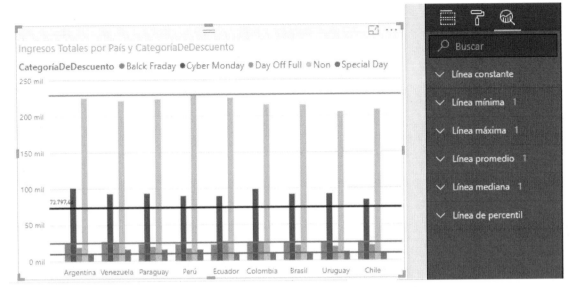

Figura 21. 36 - Analytics en el Gráfico de Columnas Agrupadas

Gráfico de Columnas Apiladas y de Líneas

Permite comparar dos variables que pueden tener o no la misma escala y estar relacionada entre sí. Una variable la bosqueja como **Columnas Apiladas** y la otra es dibujada como una Línea que atraviesa el grafico.·

Aplicación

- Comparar variables de Escalas diferentes
- Identificar Relaciones

Creación

1. Escoger el *Gráfico de Columnas Apiladas y de Líneas* en el *Panel de Visualizaciones*

Figura 21. 37- Icono Gráfico de Columnas Apiladas y de Líneas

2. Configurar los Campos en las áreas de colocación

Inicialmente, vas a llevar el campo *País* a *Eje Compartido*, la medida *Ingresos Totales* a *Valores de Columnas* y la medida *Costos Totales* a *Valores de Líneas*.

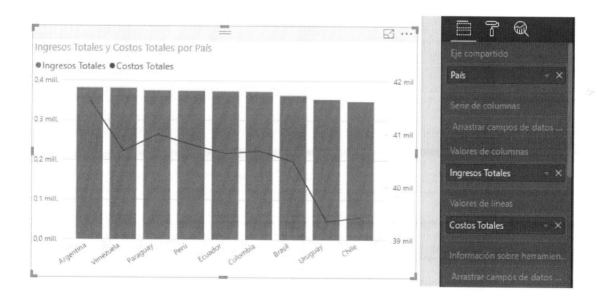

Figura 21. 38 - Gráfico de Columnas Apiladas y de Líneas

En el gráfico se evidencia la diferencia en las escalas de ambos ejes, los ingresos están en cifras de millón, y el costo en cifras de miles, también, podemos ver que se obtuvieron ganancias, pues los ingresos (Columnas) sobrepasan los costos (Línea), sin embargo, ¿qué pasa si llevamos el campo Categoría de Descuento a Serie de Columnas?

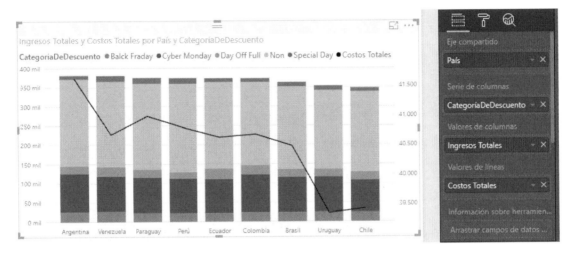

Figura 21. 39- Serie de Columnas

Al agregar el campo a Serie de Columnas, se muestran dichas categorías apiladas como parte del total por país.

¡Advertencia! Aunque ya te lo mencionamos, hay ciertos gráficos que no cuentan con opciones en la pestaña Analytics y el Gráfico de Columnas Apiladas y de Líneas es uno de ellos.

Gráfico de Columnas Agrupadas y de Líneas

Es una variación del *Gráfico de Columnas Apiladas y de Líneas*, pero en lugar de *"amontonar"* las categorías en una sola columna, las separa mostrándolas en columnas independientes pero agrupadas.

Aplicación

- Comparar variables de Escalas diferentes
- Identificar Relaciones

Creación

1. Seleccionar el icono correspondiente al gráfico

Gráfico de Columnas Agrupadas y de Líneas

Figura 21. 40 - Icono Gráfico de Columnas Agrupadas y de Líneas

2. Configurar las áreas de colocación

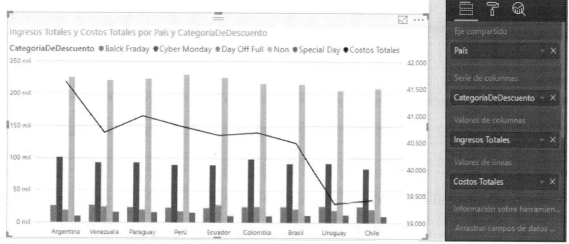

Figura 21. 41 – Gráfico de Columnas Agrupadas y de Líneas

En la figura anterior puedes ver la estructura de la visualización en la cual llevamos el campo *País* al *Eje Compartido*, *Categoría de Descuento* a *Serie de Columnas*, la medida *Ingresos Totales* a *Valores de Columnas* y la medida *Costos Totales* a *Valores de Líneas*; como consecuencia, puedes comparar las variables Ingresos y Costos, porque cada una está relacionada con un eje y a diferencia del *Gráfico de Columnas Apiladas y de Líneas*, discrimina cada Categoría agrupándola por país.

 ¡Advertencia! El *Gráfico de Columnas Agrupadas y de Líneas* no tiene ninguna opción en la pestaña Analytics.

Subcategoría II: Distribución

Gráfico de Barras 100% Apiladas y Gráfico de Columnas 100% Apiladas

Ambos gráficos muestran los valores como porcentaje del total general, es decir que revelan cuanto aporto cada categoría al total, pero dado como un porcentaje. La diferencia entre ambos únicamente es la orientación de los puntos en el gráfico.

Aplicación

- Comparación de Categorías
- Porcentaje del Total General

Creación

1. Dar clic izquierdo sobre el icono que corresponde *al Gráfico de Barras 100% Apiladas* o *Gráfico de Columnas 100% Apiladas*

Gráfico de Barras
100% Apiladas

Figura 21. 42 - Icono Gráfico de Barras 100% Apiladas

Gráfico de Columnas
100% Apiladas

Figura 21. 43 - Icono Gráfico de Columnas 100% Apiladas

2. Configurar los campos en las áreas de colocación de la visualización

Primero, vamos a crear el *Gráfico de Barras 100% Apiladas*, en ese orden de ideas, movemos los campos *País* al *Eje*, *Categoría de Descuento* a *Leyenda* y la medida *Ingresos Totales* a *Valor*

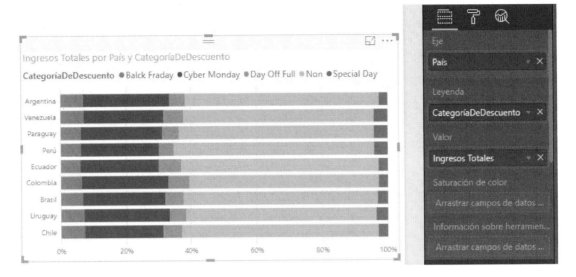

Figura 21. 44 - Gráfico de Barras 100% Apiladas

En la figura se evidencia que el ancho de todas las barras es igual porque el gráfico convierte los valores a porcentajes, es decir, cada país representa el 100% y las secciones que se dibujan, muestran el porcentaje que cada Categoría de Descuento está aportando al total por país. Si acercamos el cursor sobre alguna sección nos muestra la información asociada a dicho porcentaje

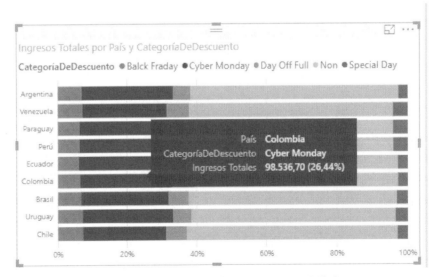

Figura 21. 45 - Tooltip en el Gráfico de Barras 100% Apiladas

Pestaña Analytics

1. Para los gráficos 100% apilados solo contamos con una *"Habilidad Especial"* y consiste en agregar una Línea Constante

En la pestaña Analytics abrimos la única opción que aparece, damos clic en agregar y luego establecemos el valor en el que será trazada la línea constante, por ejemplo, 0,8.

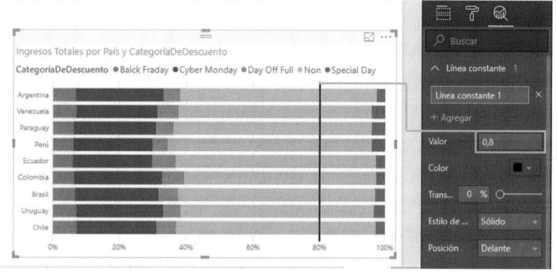

Figura 21. 46 - Línea Constante en el Gráfico de Barras 100% Apiladas

¡**Advertencia!** Al agregar la Línea Constante debes tener en cuenta que estamos trabajando con porcentajes, por ello, es recomendable agregar la línea empleando valores entre 0 y 1, porque al escribir un número entero se altera la visualización.

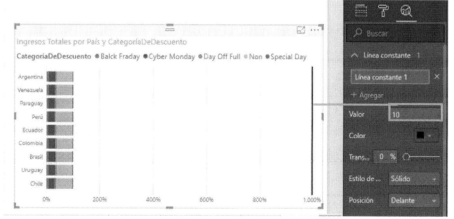

Figura 21. 47- Línea Constante con Número Entero

Gráfico de Columnas 100% Apiladas

Para crearlo, vas a clonar el *Gráfico de Barras 100% Apiladas* y luego cambias el tipo de visualización por el Gráfico de Columnas 100% Apiladas.

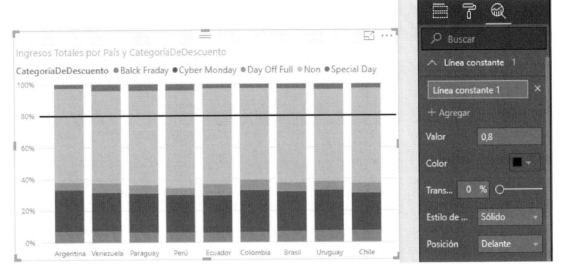

Figura 21. 48 - Gráfico de Columnas 100% Apiladas

Gráfico Circular

Esta visualización tiene como objetivo mostrar las partes de un total de manera circular y es muy útil cuando se quiere enseñar **aproximadamente** los aportes de varios ítems hacia un total, es decir, que lo podemos utilizar en una situación que no requiera mucho detalle.

Aplicación

- Comparación Aproximada de Categorías
- Porcentaje del Total General

Creación

1. Elegir el Gráfico Circular en el Panel de Visualizaciones

Gráfico Circular

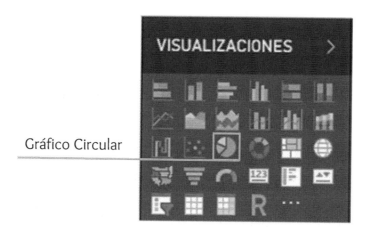

Figura 21. 49 - Icono Gráfico Circular

2. Configurar los Campos en las áreas de colocación correspondientes al Gráfico Circular

Para crear este objeto visual, arrastra el campo *Categoría de Descuento* a *Leyenda* y la medida *Ingresos Totales* a *Valores*.

Figura 21. 50 - Gráfico Circular

> **Nota** Es recomendable utilizar este gráfico para comparar pocos elementos, en caso contrario puede que su lectura se dificulte.

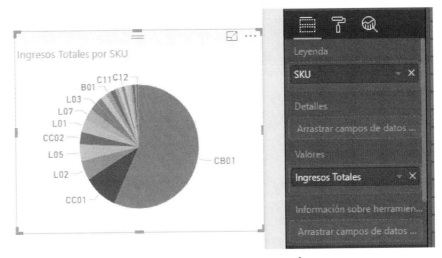

Figura 21. 51 - Gráfico Circular con Muchos Ítems

Configuración Adicional

3. El área de colocación *Detalles,* permite subdividir cada sección del gráfico

En ese orden de ideas, llevamos el campo *Tipo de Compra* a *Detalles.*

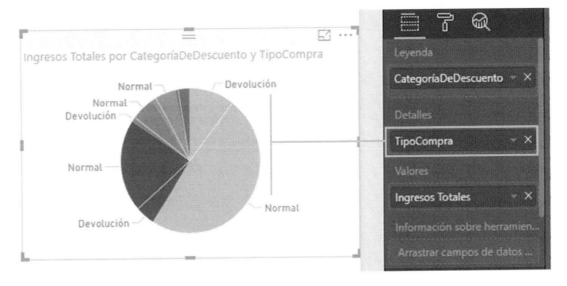

Figura 21. 52 - Área de Colocación Detalles

Por esta razón, se subdivide con esa pequeña línea blanca cada una de las áreas del gráfico en secciones más pequeñas, dadas por el Tipo de Compra.

Diseño y Personalización

4. Para facilitar la lectura por parte del usuario final, en la pestaña *Formato*, podemos habilitar la opción Leyenda

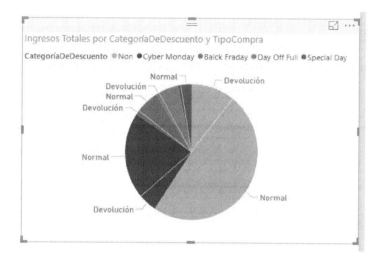

Figura 21. 53 – Leyenda en el Gráfico Circular

¡Advertencia! El Gráfico Circular no tiene ninguna opción en la pestaña Analytics.

Gráfico de Anillos

Este tipo de visualización es una variación del gráfico circular, la única diferencia es que tiene un orifico en el centro de la circunferencia como una *"Dona"*.

Aplicación

- Comparación Aproximada de Categorías
- Porcentaje del Total General

Creación

1. Dar clic en el icono del *Gráfico de Anillo*

Gráfico de Anillos

Figura 21. 54 - Icono Gráfico de Anillos

2. Configurar los Campos y medidas en las distintas áreas de colocación

Los campos *Categoría de Descuento* a *Leyenda*, *Tipo de Compra* a *Detalle* y la medida *Ingresos Totales* a *Valores*.

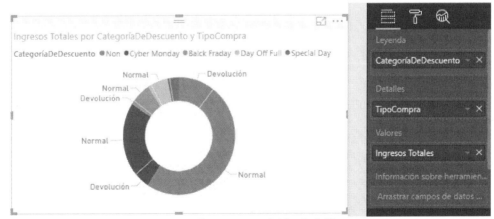

Figura 21. 55 – Gráfico de Anillos

¡Advertencia! El Gráfico de Anillos no tiene opciones en la pestaña Analytics.

Treemap

El *Treemap* muestra en áreas cuadradas cuanto aportó cada valor al total general, es decir que nos enseña las proporciones de un ítem, agregando una jerarquía según el tamaño de los datos.

Aplicación

- Comparación Aproximada de Categorías
- Porcentaje del Total General
- Jerarquías

Creación

1. Seleccionar el *Treemap* en el panel de visualizaciones

Figura 21. 56 - Icono Treemap

2. Agregar Campos y/o medidas en las distintas áreas de colocación

Para este ejemplo repetimos la configuración del *Gráfico Circular* que creamos previamente, es decir, el campo *Categoría de Descuento* a *Grupo* y la medida *Ingresos Totales* a *Valores*.

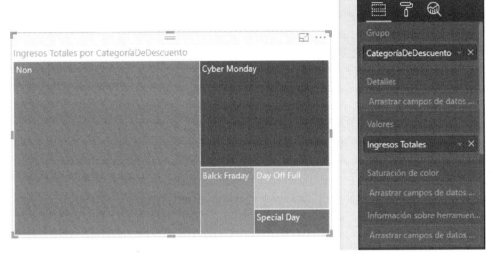

Figura 21. 57 - Treemap

Si agregamos un campo a *Detalle*, subdivide las áreas cuadradas, al igual que los gráficos de anillo y circular.

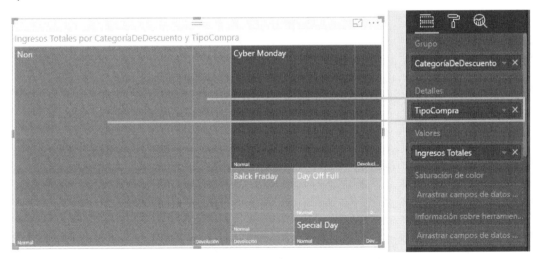

Figura 21. 58 - Campo Detalle en el Treemap

 ¡Advertencia! El *Treemap* no tiene opciones en la pestaña Analytics.

Subcategoría III: Flujo de Datos

Gráfico de la Barra de Herramientas

El Gráfico de la Barra de herramientas es realmente poderoso porque permite hacer comparación entre categorías y lo más interesante, analizar flujos de datos, todo de una sola vista.

Aplicación

- Comparación de Categorías y datos a través del tiempo
- Análisis de Flujos de Datos
- Parte del Total

Creación

1. Seleccionar el *Gráfico de la Barra de Herramientas* en el *Panel de Visualizaciones*

Figura 21. 59 –Icono Gráfico de la Barra de Herramientas

2. Definir medidas y campos en las Áreas de Colocación de la visualización

Inicialmente, movemos el campo *Año* de la Tabla de *Calendario* al *Eje* y la Medida *Ingresos Totales* a *Valor*, con lo cual obtenemos el siguiente resultado:

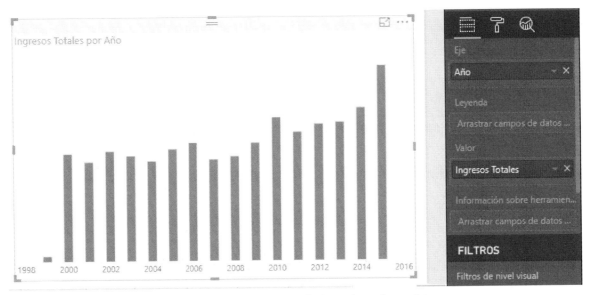

Figura 21. 60 - Gráfico de la Barra de Herramientas Incompleto

Con una medida y un campo, la visualización tiene un aspecto similar al *Gráfico de Columnas*, aunque, al arrastrar el campo *Categoría de Descuento* al área de colocación *Leyenda*, cambia drásticamente el diseño.

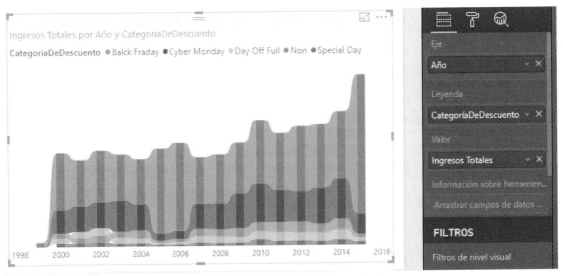

Figura 21. 61- Gráfico de la Barra de Herramientas

Al agregar dicho campo a *Leyenda*, obtenemos el *Gráfico de la Barra de Herramientas* listo para analizar los datos a través del tiempo, como puedes ver, se muestra el total por año, ingresos por categoría y el cambio a través del tiempo.

Partes del Gráfico

Para entender la composición del gráfico, imagina que hicimos "Zoom" sobre una sección.

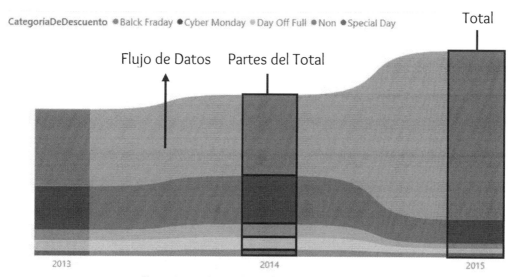

Figura 21. 62 - Partes del Gráfico de la Barra de Herramientas

- Total: Muestra el acumulado para ese punto en el gráfico

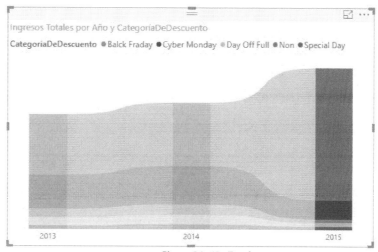

Figura 21. 63 - Total

- Partes del Total: Divide e indica las categorías que componen ese punto y cuanto aportan al total

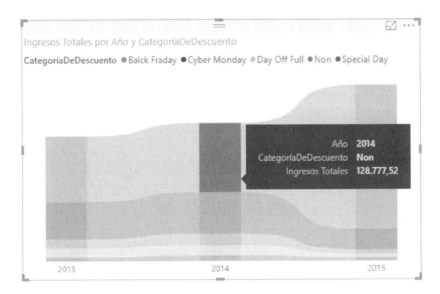

Figura 21. 64 - Partes del Total

- Flujo de Datos: Al acercar el cursor muestra el cambio que tuvo una categoría en el gráfico

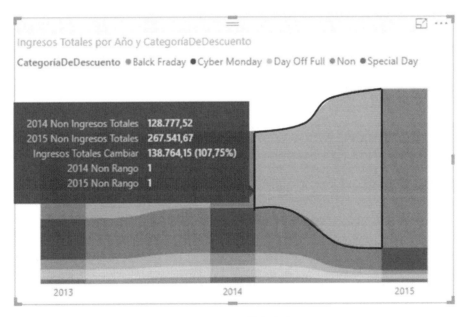

Figura 21. 65 - Flujo de Datos

Nota Para hacer el "Zoom" en el gráfico, debes filtrar ciertos puntos en el *Panel de Filtros*, no te preocupes si no sabes cómo, este tema será tratado en el Capítulo 29.

Diseño y Personalización

3. En la pestaña *Formato*, se encuentra la opción *Barras de Herramientas*, aquí puedes modificar las características del gráfico

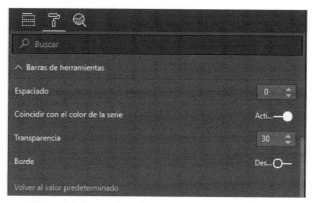

Figura 21. 66 - Configuración Barra de Herramientas

Si aumentemos el tamaño del Espaciado cambiándolo, por ejemplo, de 0 a 10, se abre una brecha entre cada una de las categorías.

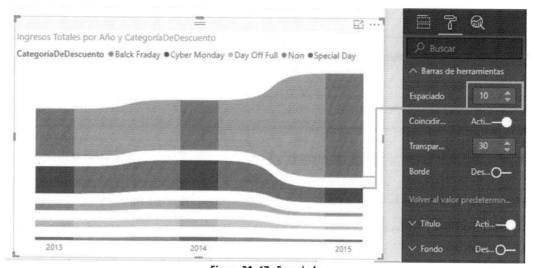

Figura 21. 67 - Espaciado

Si desactivamos la opción *Coincidir con el Color de la Serie*, el color del flujo de datos cambia, estableciendo el mismo para todas las categorías.

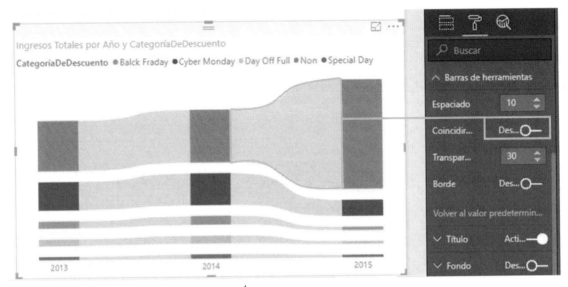

Figura 21. 68 - Coincidir con el Color de la Serie

La opción *Transparencia* está relacionada con la claridad que tiene los colores del flujo de datos, independiente si coincide o no con el color de la serie, en consecuencia, si aumentamos el valor pues los colores se verán más transparentes.

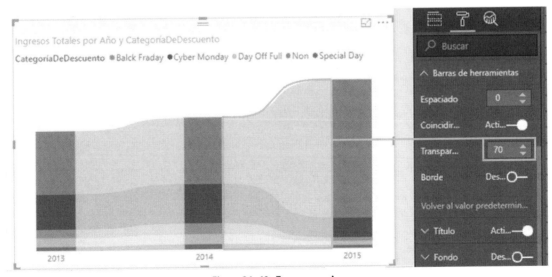

Figura 21. 69 - Transparencia

¡**Advertencia!** El *Gráfico de la Barra de Herramientas* no tiene opciones en la pestaña Analytics.

Gráfico de Cascada

La visualización identifica cuanto aportó cada punto de la serie al total general, además, diferencia los valores negativos y positivos asignando con un código de color, e ilustra la transición de una variable, es decir el flujo de datos.

Aplicación

- Comparación de Categorías y datos a través del tiempo
- Análisis de Flujos de Datos
- Parte del Total

Creación

1. Dar clic sobre el icono del *Gráfico de Cascada* en el *Panel de Visualizaciones*

Gráfico de Cascada

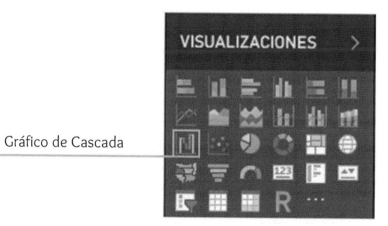

Figura 21. 70 - Icono Gráfico de Cascada

2. Adicionar campos y medidas al área de colocación

Para este escenario, arrastramos el campo *Año* de la Tabla de *Calendario* a *Categoría* e *Ingresos Totales* al *Eje Y*.

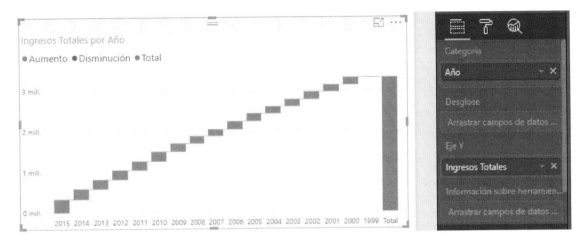

Figura 21. 71 - Gráfico de Cascada

En la figura anterior, puedes ver que el gráfico ordena de mayor a menor los aportes que hizo cada año con respecto al total, resaltándolos en verde porque tienen una cifra positiva, si existiera un valor negativo estaría en rojo, haciendo referencia a datos que son negativos y por ende representan una disminución para el Total.

 Nota Si arrastras un campo al área de colocación *Desglose*, se muestra los aportes para los puntos ya existentes.

Diseño y Personalización

3. En la pestaña *Formato* existe una opción denominada *Tendencia de las Opiniones*, que nos permite cambiar el color de los puntos en el gráfico

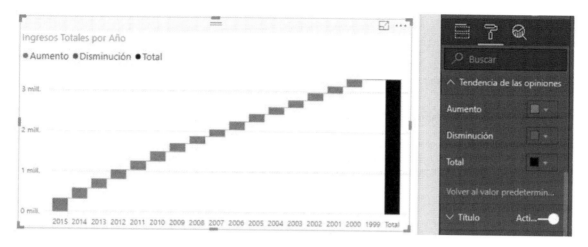

Figura 21. 72 - Colores Gráfico de Cascada

Pestaña Analytics

4. En el *Gráfico de Cascada* es posible insertar una *Línea Constante*

En la pestaña *Analytics* abrimos las opciones de *Línea Constante*, el valor para crearla será de 500,000 y además habilitamos la *Etiqueta* para que el número aparezca en la visualización.

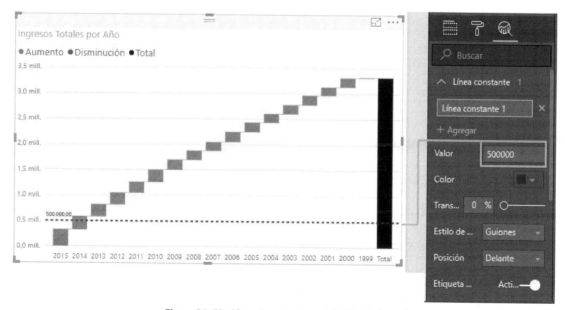

Figura 21. 73 - Línea Constante en el Gráfico de Cascada

Embudo

Esta visualización permite observar el flujo decreciente de los valores graficados, las barras se encuentran centradas y el tamaño de cada una depende del dato asociado.

Aplicación

- Comparación
- Análisis de Flujos de Datos

Creación

1. Elegir el icono correspondiente al Embudo

Embudo

Figura 21.74 - Icono Embudo

2. Configurar áreas de Colocación

Para ver la evolución de los ingresos a través de los años, movemos el campo *Año* de la tabla de *Calendario* a *Grupo*, e *Ingresos Totales* a *Valores*.

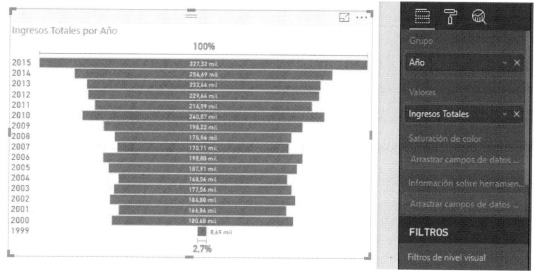

Figura 21. 75 - Embudo

El Embudo contrasta todos los valores con respecto al más grande, que es tomado como el 100%, por eso al momento de acercar el cursor sobre una barra del gráfico, el Tooltip enseña en porcentaje a cuanto corresponde ese punto con respecto al primer valor (más grande) y al inmediatamente anterior.

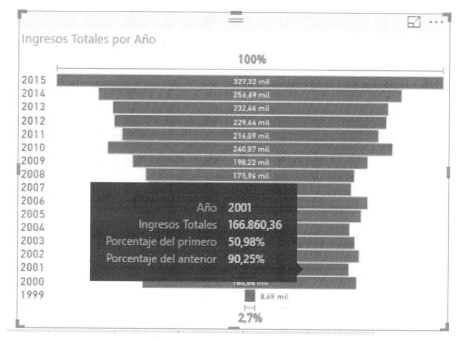

Figura 21. 76 - Tooltip en el Embudo

Diseño y Personalización

3. En la pestaña *Formato* se encuentra la opción *Colores de Datos*, allí podemos modificar el color de todas las barras o incluso resaltar un valor

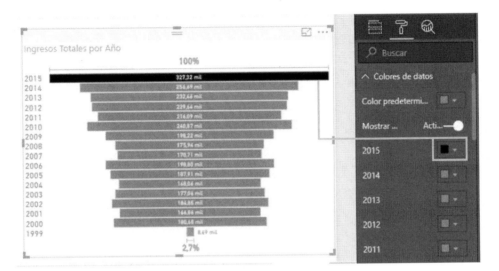

Figura 21. 77 - Colores de Datos en el Gráfico de Embudo

CAPÍTULO 22

Gráficos de Tendencia

Cuando termines el presente capítulo tú aprenderás:

- Para qué sirven los Gráficos de Tendencia
- Cuáles son los Gráficos de Tendencia
- Características particulares de cada visualización

Las visualizaciones de Power BI Desktop están diseñadas para ayudarnos a entender la realidad, y una de las consideraciones que siempre debemos tener en cuenta para ser más precisos, es el tiempo. Por eso contamos con una categoría de gráficos que nos permite ver desde diferentes perspectivas que pasa con un valor a través del tiempo, identificar valores atípicos e incluso reconocer si existe o no relación entre dos o más variables, en ese orden de ideas, te damos la bienvenida a los Gráficos de Tendencia.

Objetivo de los Gráficos de Tendencia

Las visualizaciones que componen esta categoría tienen la misión de ayudarnos a: Analizar Series de Tiempo, identificar tendencias, encontrar fluctuaciones (Valores Atípicos) y establecer si existe o no correlación en los datos.

¿Cuáles son los Gráficos de Tendencia?

- Gráfico de Línea
- Gráfico de Área
- Gráfico de Áreas Apiladas
- Gráfico de Dispersión

Gráficos de Tendencia

Gráfico de Líneas

Esta visualización representa los valores como una línea que cruza por los puntos de la serie y permite identificar la tendencia de los datos.

Aplicación

- Cambios a través del tiempo
- Tendencia
- Fluctuaciones
- Previsión

Creación

1. Insertar la visualización, dando clic sobre el icono del Gráfico de Líneas que se encuentra en el Panel de Visualizaciones de Power BI Desktop

Gráfico de Líneas

Figura 22. 1 - Icono Gráfico de Líneas

2. Establecer Campos y Medidas en las áreas de colocación del Gráfico

Para este caso, arrastra el Campo *Año* de la Tabla de *Calendario* al *Eje* y la medida *Ingresos Totales* al área de *Valores*.

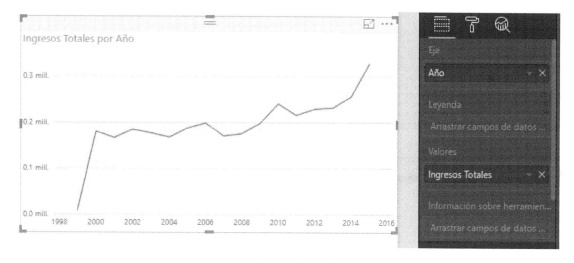

Figura 22. 2 - Gráfico de Líneas

En la visualización se ve claramente que los ingresos tienen una tendencia creciente al transcurrir los distintos años.

Configuración Adicional

3. Si quieres mostrar diferentes categorías en el gráfico, puedes llevar un campo al área de colocación *Leyenda*

Para empezar, lleva la columna *Tipo de Compra* a *Leyenda*.

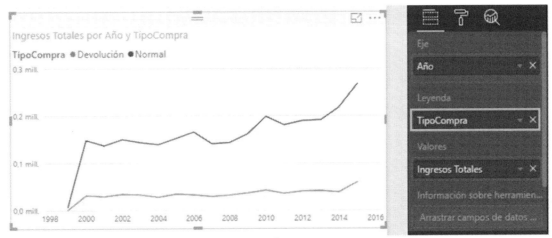

Figura 22. 3 - Campo en el Área de Colocación Leyenda

Como resultado, obtenemos en la visualización dos líneas, una representa los ingresos para el tipo de compra *Normal* y la otra para *Devolución*. Aunque debes tener cierta precaución al utilizar la Leyenda porque si el campo cuenta con muchos ítems, la visualización perderá claridad y será muy difícil comparar los datos.

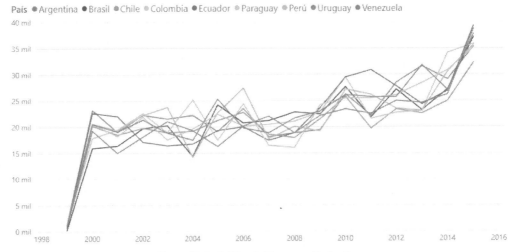

Figura 22. 4 - Gráfico de Líneas con Varios Items

Pestaña Analytics

4. Para el *Gráfico de Líneas* contamos con una gran variedad de *"Superpoderes"* para facilitar el análisis de los datos: *Línea de Tendencia, Línea Constante, Línea Mínima, Línea Máxima, Línea Promedio, Línea Mediana, Línea de Percentil y Previsión*

Figura 22. 5 - Pestaña Analytics para el Gráfico de Líneas

Línea de Tendencia

Para ver la dirección que toman los datos, puedes crear la *Línea de Tendencia* dando clic en la opción correspondiente en la pestaña *Analytics* y después en *Agregar*.

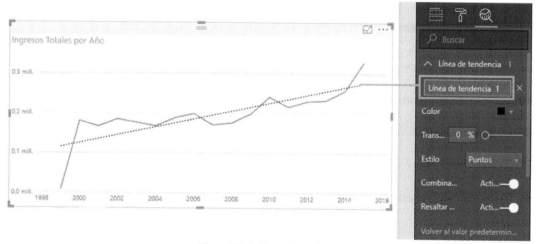

Figura 22. 6 - Línea de Tendencia

Previsión

Para pronosticar que ocurrirá con un proceso o situación en el futuro, puedes hacer una predicción en el *Gráfico de Líneas*, por ello, en la pestaña *Analytics* abrimos la opción *Previsión* y damos clic en *Agregar*.

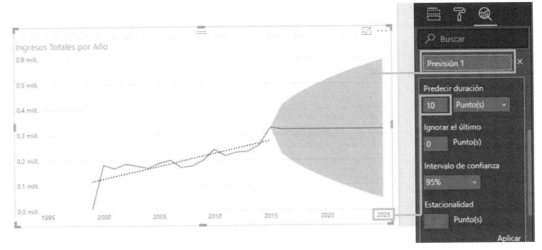

Figura 22. 7 - Previsión

Automáticamente aparece un área sombreada correspondiente a la previsión que recién creamos, al acercar el cursor sobre el área, aparece en el Tooltip la predicción, así como el límite inferior y superior que se ha establecido para ese punto.

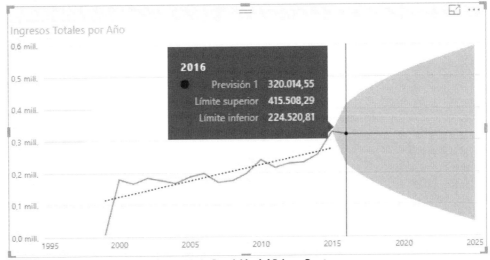

Figura 22. 8 - Previsión del Primer Punto

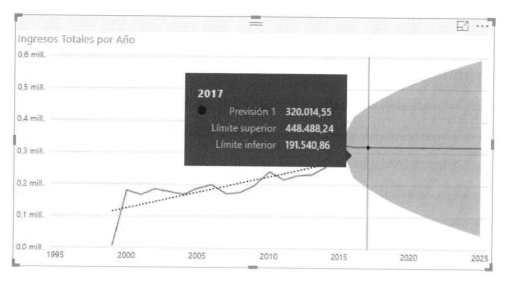

Figura 22. 9 - Previsión del Segundo Punto

Para hacer más precisa la previsión, podemos modificarla, por esta razón, vamos a cambiar el número de periodos a predecir por uno y el intervalo de confianza lo aumentamos al 99%, para finalizar damos clic en *Aplicar*.

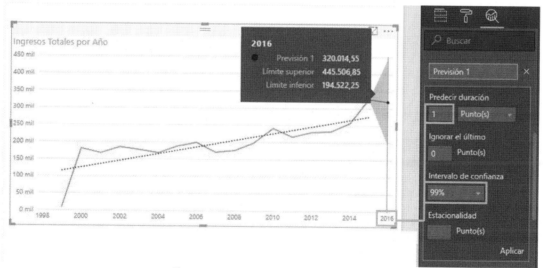

Figura 22. 10 - Previsión del Segundo Punto

Si es necesario puedes excluir un punto de la visualización, quitándolo en el *Panel de Filtros*, tema que será tratado en el capítulo 29.

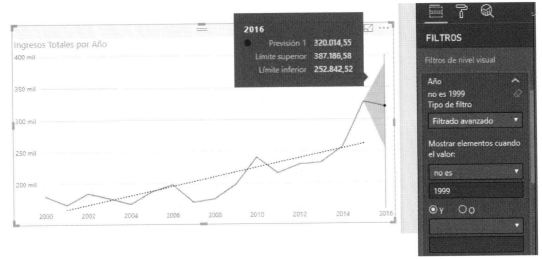

Figura 22. 11 - Previsión sin el Año 1999

Al excluir el punto referente al año 1999 del gráfico, se ha reajustado el pronóstico, pues dicho valor era mucho menor a los demás y esto hacía que la previsión fuera menos precisa.

 ¡Advertencia! Solo podemos hacer Previsiones si agregamos campos numéricos al *Eje* del Gráfico.

Gráfico de Áreas

El *Gráfico de Áreas*, esboza una línea que une los puntos de la serie y resalta el área que está por debajo de los datos.

Aplicación

* Cambios a través del tiempo

- Tendencia
- Fluctuaciones

Creación

1. Dar clic en el icono del *Gráfico de Áreas* para insertarlo en el *Lienzo*

Gráfico de Áreas

Figura 22. 12 - Icono Gráfico de Áreas

2. Definir campos y medidas en las áreas de colocación

Por ejemplo, lleva el campo *Año* al *Eje* del gráfico y la medida *Ingresos Totales* a *Valores*.

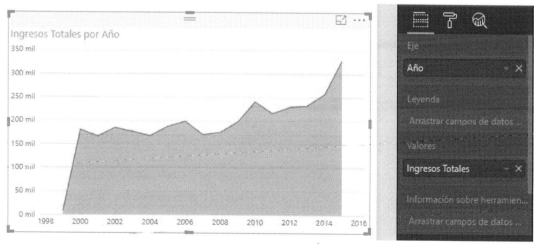

Figura 22. 13 - Gráfico de Áreas

Configuración Adicional

3. Para ver distintas categorías en la visualización, debemos utilizar el área de colocación *Leyenda*

Puedes agregar el campo *Tipo de Compra* a *Leyenda* para observar dicho cambio en la visualización.

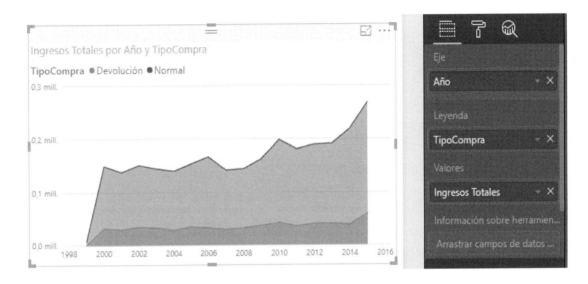

Figura 22. 14 - Gráfico de Áreas con Dos Categorías

Pestaña Analytics

4. En la Pestaña *Analytics* de este gráfico contamos con opciones ya conocidas para optimizar el análisis: *Línea de Tendencia, Línea Constante, Línea Mínima, Línea Máxima, Línea Promedio, Línea Mediana* y *Línea de Percentil*

Para ver su aplicación, vamos a añadir *la Línea de Tendencia, Línea Promedio, Línea Mínima* y *Línea Máxima ...*

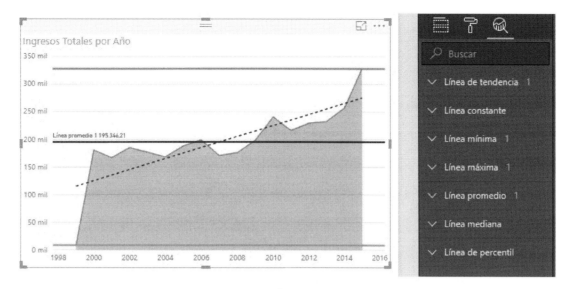

Figura 22. 15 - Gráfico de Áreas y la Pestaña Analytics

Gráfico de Áreas Apiladas

Esta visualización es una variación del *Gráfico de Áreas*, aunque su diseño cambia drásticamente si llevamos un campo al Área de Colocación *Leyenda*, en ese caso, apila o *"amontona"* las categorías una sobre otra.

Aplicación

- Cambios a través del tiempo
- Tendencia
- Fluctuaciones

Creación

1. Seleccionar el icono del *Gráfico de Áreas Apiladas* para insertarlo en la página

Gráfico de Áreas Apiladas

Figura 22. 16 - Icono Gráfico de Áreas Apiladas

2. Definir la configuración de la visualización moviendo campos y medidas en las áreas de colocación

Nuevamente, el campo *Año* al *Eje* del gráfico, *Tipo de Compra* a *Leyenda* y la medida *Ingresos Totales* a *Valores*.

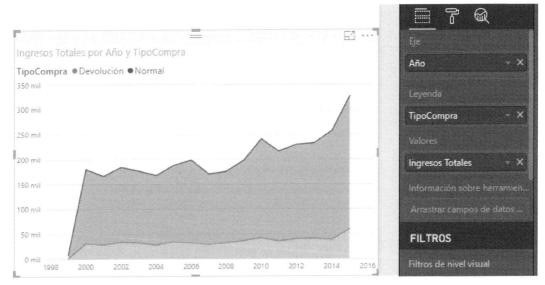

Figura 22. 17 - Gráfico de Áreas Apiladas

En la figura anterior puedes ver que el área de una línea empieza en el límite donde termina la otra, es decir, que están apiladas, a diferencia del *Gráfico de Áreas*, donde un área se ve

Detrás de la otra, lo que nos indica que inician en el mismo valor.

Pestaña Analytics

3. Dado el caso, puedes agregar una *Línea Constante* en la visualización

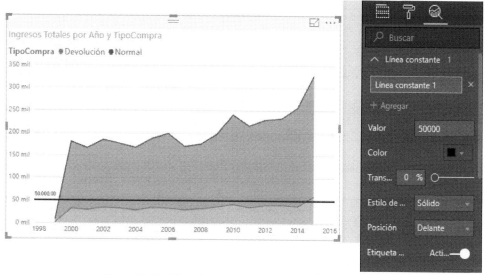

Figura 22. 18 – Línea Constante en el Gráfico de Áreas Apiladas

Gráfico de Dispersión

El *Gráfico de Dispersión* dibuja los datos como puntos o burbujas dependiendo del número de variables agregadas, y permite identificar si existe correlación entre los datos.

Aplicación

- Encontrar Patrones
- Identificar Correlación en los datos
- Fluctuaciones
- Tendencias

Creación

1. Dar clic en el icono del gráfico

Gráfico de
Dispersión

Figura 22. 19 - Icono Gráfico de Dispersión

2. Establecer la estructura del gráfico, agregando campos en las áreas de colocación

Primero, movemos el campo *SKU* a *Detalles*, la medida *Ingresos Totales* al *Eje X* pues será la variable independiente y *Costos Totales* al *Eje Y*.

Figura 22. 20 - Gráfico de Dispersión

Cada punto en el gráfico representa un producto, por esta razón, podemos asociar cada uno con los Costos e Ingresos que obtuvo. Si agregamos un Campo a *Leyenda,* los puntos serán agrupados de acuerdo con las categorías que tiene la columna.

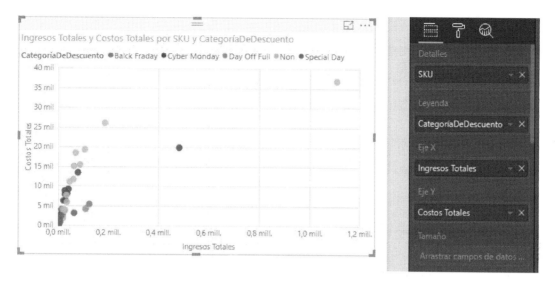

Figura 22. 21 – Puntos en el Gráfico agrupados por Categorias

Para analizar una tercera variable en el Gráfico de Dispersión, podemos llevar un campo o medida al área de colocación *Tamaño.* Hagamos el experimento situando allí la Columna *Unidades.*

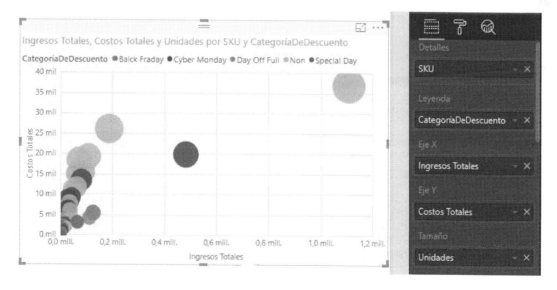

Figura 22. 22 – Tercera Variable en el Gráfico de Dispersión

Ahora el diámetro de cada circunferencia está asociado a las Unidades vendidas.

Configuración Adicional

3. Podemos **Animar** el Gráfico de Dispersión utilizando el Área de Colocación *Eje de Reproducción*

Figura 22. 23 – Eje de Reproducción

Por consiguiente, vas a situar el campo Año de la Tabla de *Calendario* en el *Eje de Reproducción* y automáticamente aparece una barra de estado, con ella, podemos manejar la animación del Gráfico.

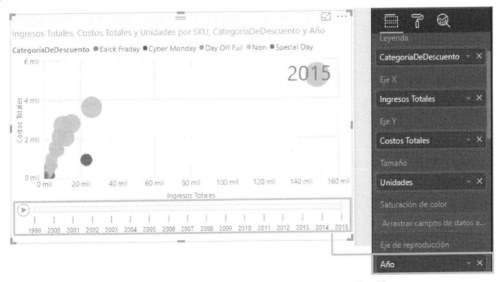

Figura 22. 24 – Barra de Estado del Eje de Reproducción

Para iniciar la animación llevamos el indicador al Inicio y luego damos clic en el botón de Reproducir.

Figura 22. 25 – Indicador y Botón de Reproducción

En consecuencia, el gráfico empezará a reproducir el cambio de los datos a través del tiempo, año a año.

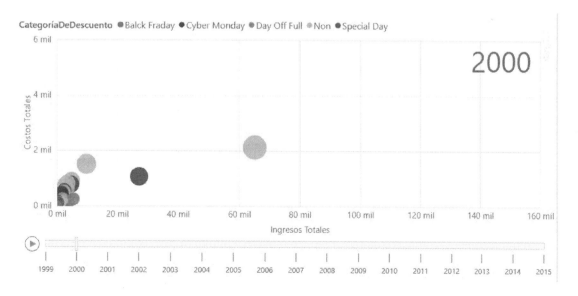

Figura 22. 26 – Gráfico en el Año 2000

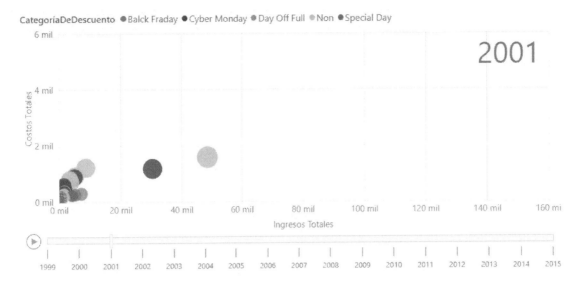

Figura 22. 27 – Gráfico en el Año 2001

La reproducción del gráfico finaliza cuando se acaban los datos, para volver a animar debes mover el indicador al valor desde donde quieres que empiece a reproducir.

Figura 22. 28 – Gráfico en el Año 2015

Si damos clic sobre un punto del gráfico, se muestra la trayectoria que siguió para llegar al estado actual.

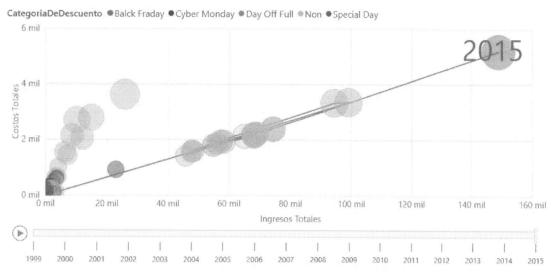

Figura 22. 29 – Trayectoria de un Punto en el Gráfico

Pestaña Analytics

4. Para esta visualización, contamos con una gran variedad de *"Superpoderes"*: *Línea Constante del eje x, Línea constante del eje y, Línea Mínima, Línea Máxima, Línea Promedio, Línea Mediana, Línea de Percentil, Sombreado de Simetría y Línea de Relación*

Figura 22. 30 – Pestaña Analytics en el Gráfico de Dispersión

Sombreado de Simetría

Dependiendo de las variables agregadas en los Ejes, nos ayuda a identificar cuál tiene más peso sobre cada punto. En consecuencia, vamos a la pestaña *Analytics,* desplegamos la opción *Sombreado de Simetría* y clic en *Agregar.*

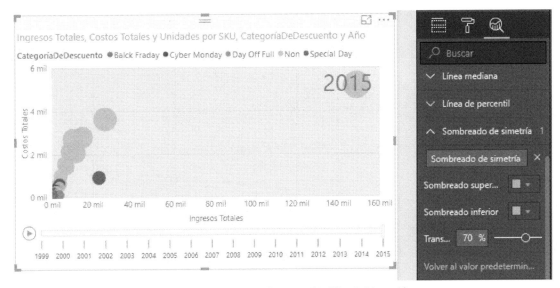

Figura 22. 31 – Pestaña Analytics en el Gráfico de Dispersión

Como puedes ver, se han resaltado dos áreas en el gráfico, cada una está asociada a una variable y depende del porcentaje que tiene cada una sobre el área total del gráfico. Por ejemplo, un punto que se encuentra en el área azul, indica que los ingresos fueron mayores a los costos , en cambio, un punto que se encuentre en el área amarilla, nos señala que los costos fueron mayores que los ingresos.

Línea de Relación

Nos ayuda a entender la relación que tienen las variables en el gráfico y está dada por la línea que mejor se ajuste a los datos, dibujada a partir de la nube de puntos. En ese caso vamos a dar clic en *Agregar* para esbozarla en la visualización.

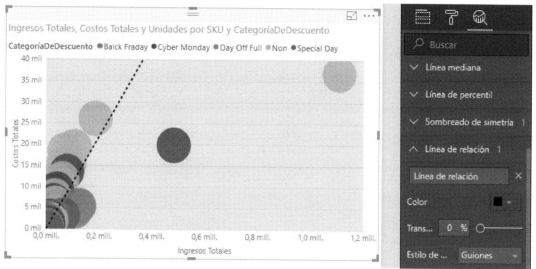

Figura 22. 32 – Pestaña Analytics en el Gráfico de Dispersión

Quiere decir que entre más cercanos se encuentren los puntos a la línea, las variables estarán más relacionadas.

CAPÍTULO 23

Gráficos de Seguimiento

Al finalizar el presente capítulo tú aprenderás:

- Para qué sirven los Gráficos de Seguimiento
- Cuáles son los Gráficos de Seguimiento
- Características particulares de cada visualización

¡No todo es análisis!, una de las falencias más marcadas en Microsoft Excel es la falta de visualizaciones diseñadas específicamente para monitorear los datos, por eso, debemos recurrir a infinidad de trucos que nos permiten tomar un gráfico preestablecido y transformarlo en uno de seguimiento, aunque no todo es malo, en Power BI Desktop ya contamos con un *"equipo de visualizaciones"* creadas exclusivamente para vigilar variables importantes de negocio y en el presente capítulo hablaremos de ellas.

Objetivo de los Gráficos de Seguimiento

Los gráficos de seguimiento fueron creados para vigilar o monitorear una variable importante para el negocio y dado el caso alertarnos si el estado en el que se encuentra es bueno o malo. Estas visualizaciones son ideales para representar indicadores o métricas, porque en algunos casos, podemos configurar niveles de referencia para comparar el resultado.

¿Cuáles son los Gráficos de Seguimiento?

- Medidor
- Tarjeta
- Tarjeta de Varias Filas
- KPI

Gráficos de Seguimiento

Medidor

Esta visualización es similar al velocímetro de un auto, es media circunferencia que se va llenando a medida que crece la variable, y además podemos establecer un límite a sobrepasar, dado como una Línea.

Aplicación

- Seguimiento de Datos
- Monitorear y comparar Objetivos

Creación

1. Insertar el Medidor, dando clic sobre el icono en el panel de visualizaciones

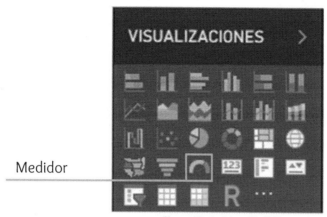

Figura 23. 1 - Icono Medidor

2. Configurar Campos o Medidas en las Áreas de Colocación del Medidor

Para empezar, lleva la medida *Ingresos Totales* a *Valor*.

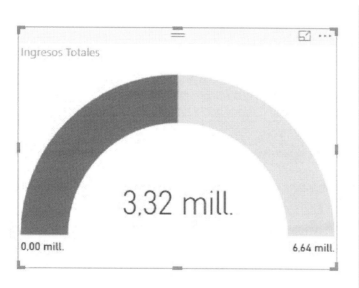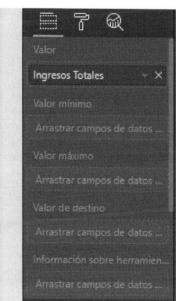

Figura 23. 2 – Medidor con un Campo

Luego, vamos a crear dos medidas, la primera la llamaremos *Valor Mínimo* y será una constante con un valor de 100,000, y la segunda la nombramos *Valor Máximo* con un valor de 5,000,000.

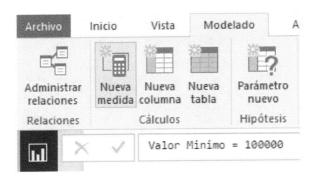

Figura 23. 3 – Valor Mínimo

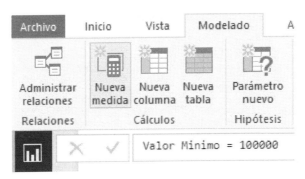

Figura 23. 4 – Valor Máximo

Luego, arrastramos la medida con el número más pequeño al área de colocación *Valor Mínimo*, y la medida con el número mayor, a *Valor Máximo*.

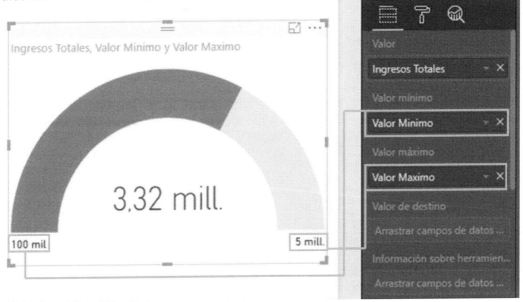

Figura 23. 5 – Medidas en las Áreas de Colocación del Medidor

En la figura anterior puedes notar que ahora han cambiado los niveles donde inicia y finaliza el gráfico. Después, vamos a definir el objetivo que queremos alcanzar para representarlo en el medidor, por esta razón, creamos una medida constante con un valor de 4,000,000 y la llevamos al área de colocación *Valor Destino*.

Figura 23. 6 – Valor de Destino

Figura 23. 7 – Configuración Valor de Destino

Configuración Adicional

3. Otra manera de conformar el gráfico es llevar **únicamente** la medida *Ingresos Totales* al área de colocación *Valor* y después configurar manualmente los valores mínimo, máximo y destino, en las opciones del *Eje Medidor* de la Pestaña *Formato*

Figura 23. 8 – Opción Eje Medidor

Diseño y Personalización

4. En la pestaña *Formato,* podemos modificar el diseño de los elementos que componen el Medidor

En la opción *Colores de Datos*, cambiamos el color del relleno, así como el *Destino* que tiene la visualización.

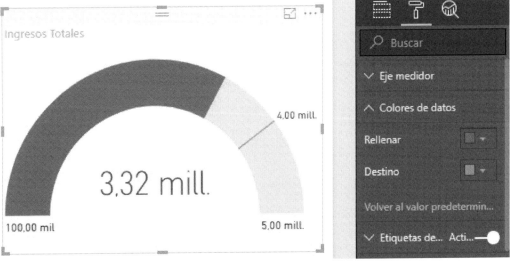

Figura 23. 9 – Opción Eje Medidor

Para cambiar las cifras del valor que aparece en el centro del medidor referente al estado actual, debes ir a la opción *Valor del Globo* y reajustamos la configuración preestablecida.

Figura 23. 10 – Opción Eje Medidor

 ¡Advertencia! Ninguno de los Gráficos de Seguimiento tiene opciones en la pestaña *Analytics*.

Tarjeta

Es una *"Cajita de Información"* que muestra un **único valor**, independiente de si agregamos un Campo o Medida, es ideal para mostrar datos importantes o vigilar un indicador.

Aplicación

- Seguimiento de Datos

Creación

1. Dar clic en el icono de *Tarjeta* en el *Panel de Visualizaciones*

Tarjeta

Figura 23. 11 – Icono Tarjeta

2. Agregar un solo campo o una sola medida al Área de Colocación *Campos*

Figura 23. 12 – Tarjeta

Diseño y Personalización

3. En la pestaña *Formato* puedes modificar la apariencia de la *Tarjeta*

En *Etiqueta de Datos* vamos a cambiar las cifras que muestra la visualización, y el color del dato.

Figura 23. 13 – Configuración Etiqueta de Datos

¡**Advertencia!** La *Tarjeta* solo deja llevar un Campo o una Medida al área de colocación.

Tarjeta de Varias Filas

Es una "*Caja de Información*" que nos permite mostrar diferentes valores discriminados en filas a diferencia de la *Tarjeta*, si es posible visualizar varios campos o medidas.

Aplicación

- Seguimiento de Datos
- Comparación

Creación

1. Seleccionar la *Tarjeta de Varias Filas*

Figura 23. 14 – Icono Tarjeta de Varias Filas

2. Mover Columnas y/o Medidas al Área de Colocación *Campos*

Por ejemplo, lleva la columna *País* y la medida *Ingresos Totales* a *Campos.*

Figura 23. 15 – Tarjeta con Varias Filas

Nota Gráfico personalizado recomendado *Card With States* by OKViz.

En la figura anterior, puedes ver que la Tarjeta con Varias Filas muestra los valores correspondientes al campo y medida que han sido añadidas, agrupados por filas. Si llevamos otra columna, la agrupación continua ...

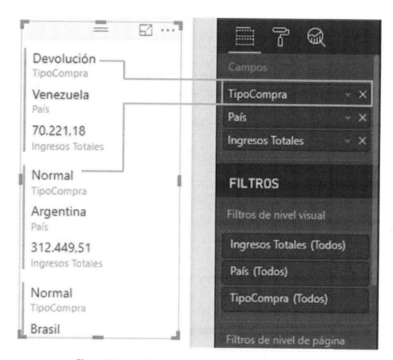

Figura 23. 16 – Varios campos en la Tarjeta con Varias Filas

KPI

Es una *"Caja de Información"* evolucionada, porque nos brinda la posibilidad de hacer seguimiento a una métrica o indicador con respecto a un objetivo que deseamos alcanzar y también podemos mostrar cambios a través del tiempo.

Aplicación

* Seguimiento de Datos
* Comparación

Creación

1. Seleccionar la visualización KPI

Figura 23. 17 – Icono KPI

2. Mover Columnas y/o Medidas al Área de Colocación *Campos*

Para este escenario, vamos a crear una visualización de tipo *KPI* que nos indique si los ingresos del año actual superaron a los del año anterior. Por esta razón vamos a utilizar las medidas *Ingresos Totales* y *PY Ingresos* que hace referencia a los ingresos, pero del año anterior, si quieres recordar cómo se creó puedes ir al Capítulo 19 del libro.

Con esto en mente, llevamos la medida *Ingresos Totales* a *Indicador*, el campo *Mes Número* de la Tabla de *Calendario* a *Eje de Tendencia* y *PY Ingresos* a *Objetivos de Destino*.

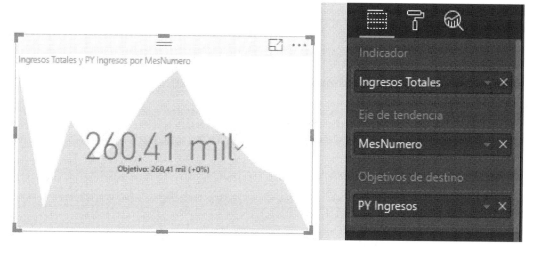

Figura 23. 18 – KPI

Aunque el *KPI* muestra datos y aparentemente se ve bien, debemos tener cuidado porque los valores son erróneos, ya que las medidas están agregando los datos para todos los años, es decir, están haciendo la suma desde el año 1999 hasta 2015 y nosotros queremos compararlos uno a uno. Para resolver el problema, debemos insertar una segmentación de datos, lo que limitara el cálculo de las medidas en el KPI para el año seleccionado, en ese orden de ideas creamos un *"Slicer"* con el campo *Año* de la Tabla de *Calendario,* en el Capítulo 25 hablaremos de esta visualización que nos permite filtrar datos.

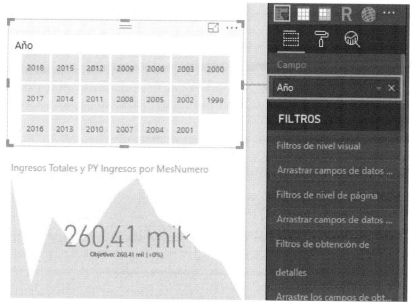

Figura 23. 19 – Segmentación de Datos y KPI

Si elegimos un año en la *Segmentación de Datos*, ahora si el *KPI* nos revelará los valores correctos, porque como ya te lo mencionamos, se restringe el cálculo de las medidas para el año correspondiente.

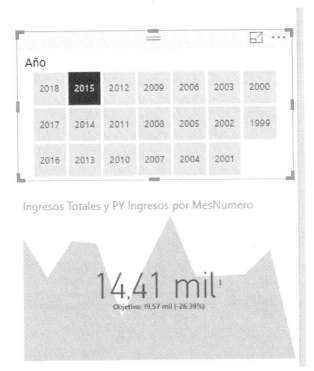

Figura 23. 20 – KPI para el año 2015

La visualización KPI señala que no se ha cumplido el objetivo de superar los ingresos del 2014, es decir, que los ingresos del año 2015 están por debajo un 26.39% con respecto al año anterior, por eso el gráfico se vuelve rojo. El área que aparece detrás nos marca los ingresos en cada mes para el 2015.

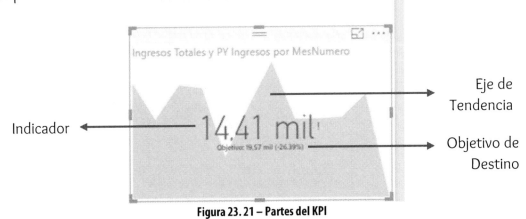

Figura 23. 21 – Partes del KPI

Al cambiar el año en el Slicer, se revela nueva información en el KPI.

Figura 23. 22 – KPI para el Año 2014

En la imagen anterior, se evidencia que en el año 2014 superamos los ingresos del año 2013 en un 36.66% y por eso el KPI toma un color verde.

Diseño y Personalización

3. En la Opción *Codificación de Color* de la pestaña *Formato*, puedes cambiar el código de color del gráfico

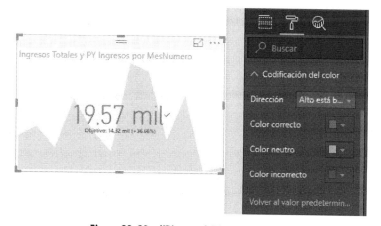

Figura 23. 23 – KPI para el Año 2014

CAPÍTULO 24

Gráficos Geográficos

Cunado finalices con el capítulo tú aprenderás:

- Para qué sirven los Gráficos Geográficos
- Cuáles son los Gráficos Geográficos
- Características particulares de cada visualización

Para mejorar la estrategia de nuestra compañía es importante ver los datos desde diferentes perspectivas, porque existen visualizaciones que nos revelan información que de otra manera seria más difícil de identificar, en Power BI Desktop contamos con una categoría de gráficos que nos permite mostrar y comparar información sobre diferentes tipos de mapas, todo para entender que está pasando con una variable asociada a una ciudad, país o un lugar en específico.

Objetivo de los Gráficos Geográficos

Esta categoría de objetos visuales tiene como misión principal localizar datos sobre un mapa para comparar valores según donde se encuentren, brindándonos así una perspectiva más *"realista"* sobre lo que está pasando con una métrica. Lo interesante de esta categoría es que contamos con diferentes tipos de mapas que podemos utilizar según el escenario y la información que deseamos revelar.

¿Cuáles son los Gráficos Geográficos?

- Mapa
- Mapa Coroplético
- Mapas ArcGIS para Power BI

Gráficos Geográficos

Mapa

Esta visualización permite esbozar circunferencias sobre un mapa según su ubicación y el tamaño que toma cada una depende del valor correspondiente.

Aplicación

- Geolocalización
- Comparación entre Categorías

Creación

1. Insertar la visualización Mapa en el Lienzo

Figura 24. 1 – Icono Mapa

2. Agregar Campos y medidas en las áreas de colocación del Mapa

Por ejemplo, mueve el campo *País* de la tabla *Pedidos* a *Ubicación* y la medida *Ingresos Totales* a *Tamaño*.

Figura 24. 2 – Mapa

Para optimizar el gráfico, debemos estar seguros de que el campo agregado a *Ubicación*, se le ha asignado la Categoría de Datos: País o Región. Si aún no lo has hecho, simplemente seleccionas la columna *País* en el *Panel de Campos*, vas a la pestaña *Modelado* y en el grupo Propiedades defines la Categoría de Datos.

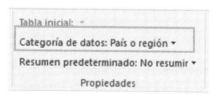

Figura 24. 3 – Categoría de Datos

Si has asignado correctamente la Categoría de Datos, aparecerá un icono con forma de planeta cerca al nombre de la columna, en el *Panel de Campos*.

Figura 24. 4 – Campo con la Categoría de Datos Asignada

En la Figura 24.2, puedes ver que cada dato esta representado como una *"Burbuja"* y el diámetro está asociado a los ingresos. Para Argentina, tenemos la esfera más grande pues allí fue donde hicimos más ventas con respecto a los demás países. Si llevas un campo a Leyenda, las circunferencias se dividen de acuerdo con los ítems que tiene la columna, para nuestro ejemplo, arrastramos el campo *Tipo de Compra* de la tabla *Pedidos.*

Figura 24. 5 – Campo en el Área de Colocación Leyenda

Como ya te lo mencionamos, las circunferencias se están dividiendo según el tipo de compra.

Diseño y Personalización

3. En la pestaña *Formato* puedes cambiar el tamaño de todas las circunferencias, así como el estilo del mapa

Para aumentar proporcionalmente el diámetro de todas las burbujas, vas a la pestaña *Formato*, opción *Burbujas* y en *Tamaño* aumentas el porcentaje.

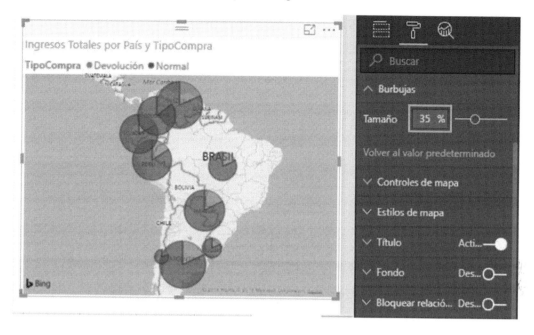

Figura 24. 6 – Campo en el Área de Colocación Leyenda

Puedes personalizar el mapa cambiando su apariencia, en la opción *Estilos de Mapa* se encuentra una lista de temas que puedes utilizar, por defecto está configurado el denominado Carretera, cámbialo por el tema *Aéreo* para obtener un mapa más *"realista"* .

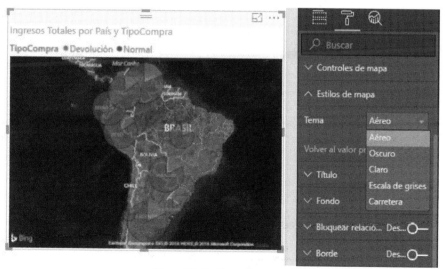

Figura 24. 7 – Tema Mapa

¡Advertencia! Ninguno de los Mapas de Power BI cuenta con opciones en la pestaña Analytics.

 ¡Advertencia! Debes estar conectado a Internet para que los Mapas funcionen correctamente, de otra manera, no se visualizan los datos.

Mapa Coroplético

Es un tipo de mapa que permite colorear regiones de acuerdo con la intensidad de una variable en esa ubicación, es decir, que entre más oscura una región, allí fue más grande la variable.

Aplicación

- Geolocalización
- Comparación entre Categorías

Creación

1. Añadir el Mapa Coroplético dando clic en el icono del panel de visualizaciones

Figura 24. 8 – Icono Mapa Coroplético

2. Añadir Columnas y Medidas en las áreas de colocación de la visualización

Nuevamente, mueve la columna *País* a *Ubicación* y la medida *Ingresos Totales* a *Saturación de Color*.

Figura 24. 9 – Mapa Coroplético

El país con mayores ingresos tiene un color más oscuro (Argentina), mientras que los países con menores ingresos tienen una saturación de color más clara. Y es fácil identificar en cuales no tenemos participación de mercado porque aparecen sin ningún relleno.

Diseño y Personalización

3. En la pestaña *Formato* podemos cambiar la *Escala de color*, así como el estilo del mapa

Con la visualización seleccionada, nos dirigimos a la pestaña *Formato* y damos clic en *Colores de Datos* y allí establecemos la nueva paleta de colores.

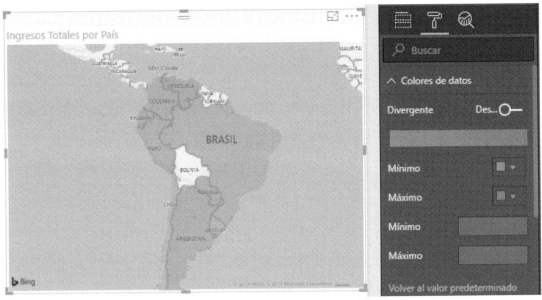

Figura 24. 10 – Colores de Datos en el Mapa Coroplético

Después, te vas a dirigir a la opción *Estilos de Mapa* y eliges el tema *Aéreo*.

Figura 24. 11 – Estilos de Mapa

En el mapa se ve claramente que en Chile y Uruguay obtuvimos los ingresos más bajos, y en Bolivia y centro américa no hemos vendido ningún producto.

Mapas ArcGIS para Power BI

Los Mapas ArcGIS son una categoría especial de mapas que pueden llevar a otro nivel nuestro análisis, porque además de geolocalizar los datos y visualizarlos para compararlos, es posible agregar capas de referencia, modificar el tema por un catálogo más extenso, ver tiempos de recorrido e incluso tomar datos públicos para verlos junto con nuestro modelo.

Aplicación

- Geolocalización
- Comparación entre Categorías

Creación

Si el icono de los Mapas ArcGIS no aparece en el panel de visualizaciones, es necesario habilitarlo, por esta razón, vamos a la pestaña *Archivo*, *Opciones y Configuración* y damos clic en *Opciones.*

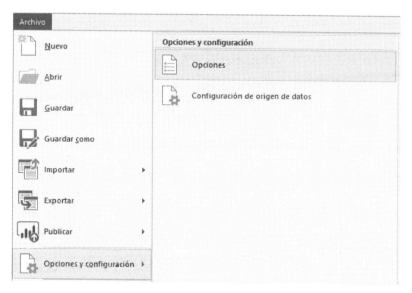

Figura 24. 12 – Opciones y Configuración

En el cuadro de diálogo, vamos a la pestaña *Seguridad*, habilitamos la opción **Usar ArcGIS Maps For Power BI** y damos clic en Aceptar, como consecuencia, aparece el icono en el *Panel de Visualizaciones*.

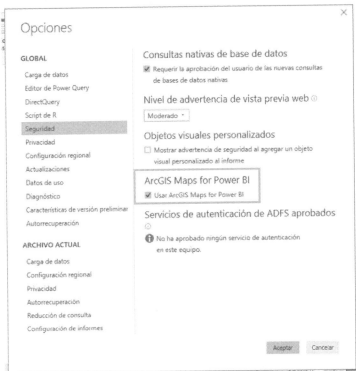

Figura 24. 13 – Opciones

1. Dar clic en el icono correspondiente a los mapas ArcGIS

ArcGIS Maps For Power BI

Figura 24. 14 – Icono Mapas ArcGIS para Power BI

2. Agregar campos *País* y medidas **Ingresos Totales** en las áreas de colocación del Mapa

Figura 24. 15 – Mapas ArcGIS para Power BI

Una primera impresión nos hace pensar que son similares a la visualización *Mapa*, aunque a medida que avancemos vas a darte cuenta de que esto no es del todo cierto. En la parte superior derecha se encuentra el botón *Más Opciones*, al abrirlo se listan una serie de acciones que podemos hacer sobre el objeto visual, seleccionamos *Editar*.

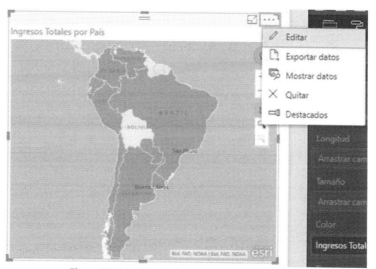

Figura 24. 16 – Más Opciones en el Mapa ArcGIS

Automáticamente, la visualización se coloca en Modo Expandido y aparecen en la parte superior, una lista de opciones que nos permiten llevar a otro nivel nuestro mapa.

Figura 24. 17 – Más Opciones en el Mapa ArcGIS

Mapa Base

Aquí modificamos el aspecto general del mapa, por ejemplo, si queremos una vista con calles y direcciones o simplemente cambiar el color. Para nuestro escenario, establecemos como mapa base el denominado *Calles*.

Figura 24. 18 – Mapa Base

Tipo de Ubicación

En Tipo de Ubicación definimos como queremos representar los datos en el mapa, ya sea como *Fronteras* que es la configuración por defecto o *Puntos*.

Figura 24. 19 – Tipo de Ubicación

Fronteras

Dependiendo del *Tipo de Ubicación* elegida, cambian los temas que podemos utilizar en el mapa, para las *Fronteras* contamos con dos, *Solo Ubicación* que nos indica en que lugares se encuentran nuestros datos sin importar la magnitud de la variable:

Figura 24. 20 – Tipo de Ubicación: Solo Color

Y *Color* que resalta a través de la intensidad, cuales tuvieron menores y mayores valores:

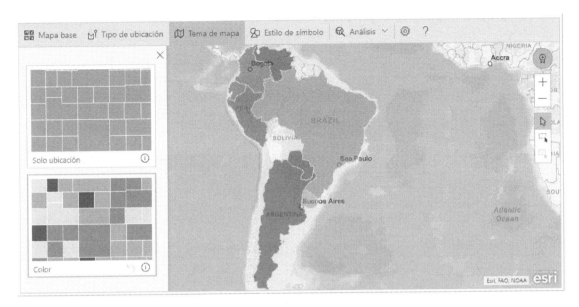

Figura 24. 21 – Tipo de Ubicación: Color

Estilo de Símbolo

En esta pestaña configuramos todo lo relacionado con el aspecto del *Tipo de Ubicación* elegida, para *Fronteras*, es posible modificar el color del gráfico, la transparencia y en general hacer cambios cosméticos.

Figura 24. 22 – Estilo de Simbolo

Análisis

En esta pestaña encontramos una lista de posibilidades para ir más allá en nuestros mapas

- **Chinchetas:** Sí lo sabemos, ese nombre no es tan claro, pero su función si, al dar clic sobre esta característica podemos agregar direcciones y marcarlas con un símbolo en el mapa.

Para hacer una prueba, vamos a dar clic en Chinchetas y agregamos las siguientes direcciones en el cuadro de búsqueda: Calle 100 2, El Bagazal, Chapinero, Bogotá, D.C., COL y Calle 45A 20 67, Palermo, Teusaquillo, Bogotá, D.C., COL

Figura 24. 23 – Chinchetas

Para ver las ubicaciones con mayor precisión, utilizamos Zoom en el gráfico haciendo scroll o dando clic en el botón de acercar en el mapa.

Figura 24. 24 – Ubicaciones en el Mapa

- **Tiempo de Recorrido:** en esta opción de análisis debemos elegir dos ubicaciones o más, para crear un radio o establecer un tiempo de recorrido

Si quieres establecer una ruta de acuerdo con las dos ubicaciones y un tiempo definido, vamos a dar clic en *Tiempo Recorrido*, elegimos las ubicaciones y luego definimos si queremos ver el tiempo de recorrido o el radio, finalmente clic en Aceptar.

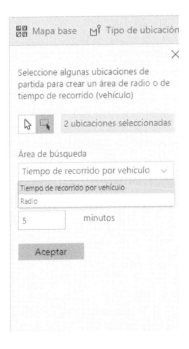

Figura 24. 25 – Configuración Tiempo Recorrido

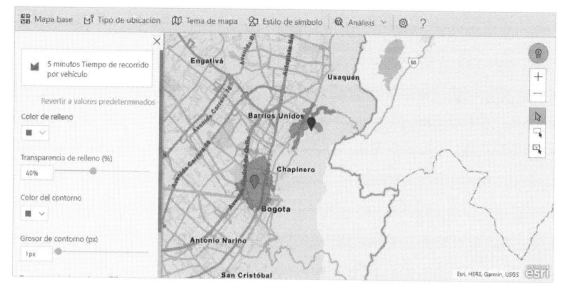

Figura 24. 26 – Tiempo Recorrido

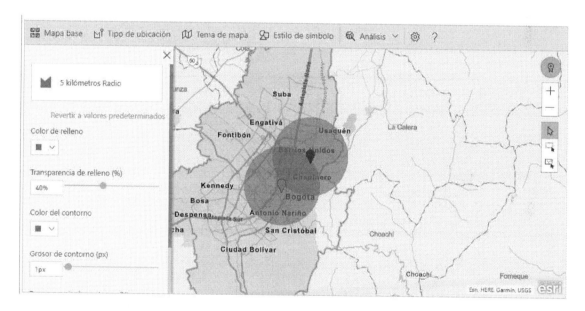

Figura 24. 27 – Radio

En ambos casos, tú debes especificar el radio o el tiempo de recorrido que quieres resaltar en el mapa.

- **Capa de Referencia:** Aquí podemos tomar datos públicos y contrastarlos con nuestro conjunto de datos

En ese caso, vamos a agregar el promedio de Ingreso per Capita en el 2016 para Estados Unidos. Clic en *Capa de referencia*, buscamos la capa denominada 2016 USA Per Capita Income y Agregar.

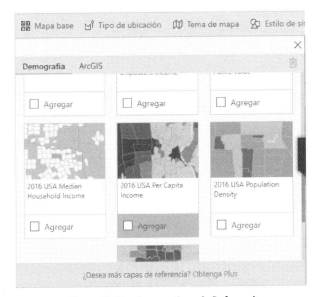

Figura 24. 28 – Agregar Capa de Referencia

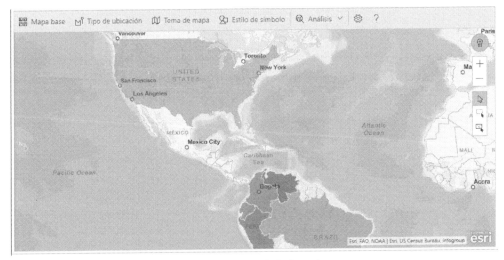

Figura 24. 29 – Capa de Referencia

Al seleccionar un estado de la capa, aparece la información asociada.

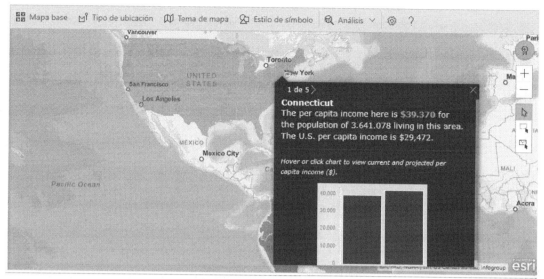

Figura 24. 30 – Información Capa de Referencia

- **Infografía:** esta opción nos permite agregar cajas de información sobre el mapa.

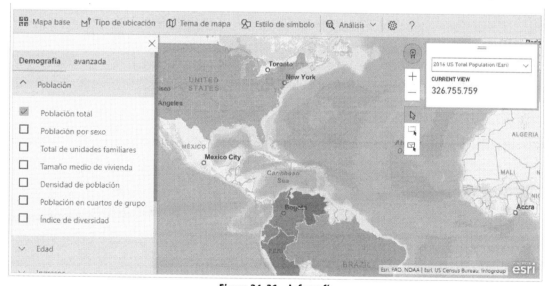

Figura 24. 31 – Infografía

Puntos

Al cambiar el *Tipo de Ubicación* por puntos se modifica la representación en el mapa.

Figura 24. 32 – Puntos

Así como los temas que podemos establecer para la visualización.

- **Solo Ubicación:** Únicamente muestra dónde están los datos

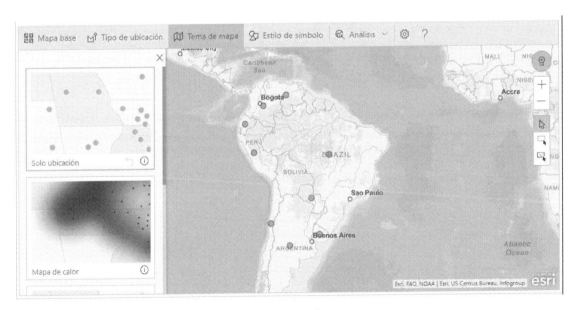

Figura 24. 33 – Puntos

- **Mapa de Calor:** Revela donde hubo mayor actividad dada la ubicación de los datos

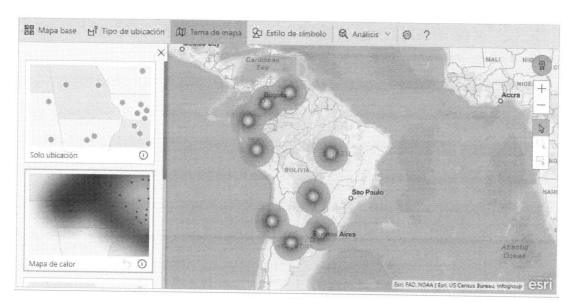

Figura 24. 34 – Mapa de Calor

- **Color:** Asocia la intensidad con el valor que toma la variable

Figura 24. 35 – Color

- **Clustering:** Cuenta y agrupa los puntos en el mapa según su ubicación

Figura 24. 36 – Clustering

Puedes combinar las opciones que hemos repasado aquí para obtener el mapa deseado, no olvides estar conectado a internet porque de otra forma no funcionaran las visualizaciones.